개정판

2019 개정 누리과정에 기초한 영유아 놀이지원

놀이지도

| 박찬옥 정남미 곽현주 공저 |

양 성 원

머리말

미국 최고의 놀이행동전문가로 불리는 스튜어트 브라운(Stuart Brown) 박사는 "놀이, 행복과 성공의 결정적인 열쇠"라고 정의하였습니다.

우리 모두는 행복하고자 하고, 성공하고자 하는 마음에서 열심히 살아갑니다. 서양의 속담이지만 '일찍 일어나는 새가 먹이를 얻는다'는 것을 신념으로 하여 경제적 차원의 행복론, 성공론이 지배적이곤 하였습니다. 이러한 신념은 업적 지향의 풍토로 이끌었고, 어린 시기의 어린이에게도 '놀기만 하면 후에 그 대가를 톡톡히 치를 것이다'는 엄포를 놓곤 하였습니다.

그러나 시간이 흘러 어린이가 어른이 되고, 산업화 사회가 정보화 사회로 변화되면서 놀이와 일에 대한 시각이 달라지고 있습니다. 아니 놀이와 일의 성격이 달라졌다기보다 놀이와 일의 장기적 효과를 통해 반성이 일어났다고 할까요? 일찍이 유아교육철학자 프뢰벨이 노래한 것처럼 '어른에게 일이 삶이듯 어린이에게 삶은 놀이'입니다. 어른들이 가족의 행복 · 결속을 꿈꾸며 열심히 직장에서 일을 하듯이, 어린이들 또한 놀이하며 사람으로서의 본분(역할놀이, 쌓기놀이, 미술활동, 동식물 기르기 등)을 호기심과 즐거움으로 익혀 나가고 자신감을 키워간다고 하겠습니다. 그러고 보니 어른이나 어린이나 어떤 일이든 즐겁게 하고 싶어서 한다면 이미 일은 놀이가 되고, 놀이스런 일로 인해 인생은 행복과 성공으로 이어질 것입니다. 즉, 행복한 놀이가 경쟁력입니다.

이와 같은 신념을 공유하고자, 그리고 어린이가 즐겁게 몰입할 수 있는 환경을 마련해 주는 방안을 모색해 보고자 이 책을 쓰게 되었습니다. 따라서 이 책은 영유아교육 현장에서 어린이들과 생활하는 선생님들에게, 아직 영유아교사 양성과정에서 공부하는 예비 선생님들에게, 그리고 영유아를 가정에서 양육하는 부모들에게 놀이와 영유아발달, 교육을 통합적으로 이해하고 실천하는 데 도움이 되리라고 봅니다.

특히 이 책은 2019 개정 누리과정에 기초하여, 놀이를 통해 경험된 의미가 누리과정이 추구하는 인간상 및 목적, 내용과 잘 연계될 수 있도록 집필하고자 하였습니다.

이 책은 모두 7개의 장으로 구성되어 있습니다. 1장은 어릴 적 놀았던 경험을 회상하며 놀이란 무엇이며 그 특징은 무엇인지, 왜 그렇게 놀이가 재미있고 즐거운지를 스케치하고 있습니다. 2장은 영유아발달과 교육을 연구한 학자들은 놀이를 어떤 시각에서 보고, 놀이의 기능과 효과를 어떻게 주장하는지를 알아보고 있습니다. 3장은 영유아가 각 연령 단계에서 어떤 놀이를 좋아하고 어떻게 놀이하는 모습을 보이는지를 소개하고 있습니다. 4장은 '영유아가 진정 몰입할 수 있는 좋은 놀이환경이란 무엇일까?'를 논의하고 있습니다. 5장은 영유아의 놀이가 행복하고, 성공적인 삶으로 이어질 수 있도록 우리 교사들은 어떻게 지원해야 할 것인지를 제안하고 있습니다. 6장은 '영유아들의 행동과 마음의 세계를 잘 이해하기 위해 어떻게 놀이행동을 관찰하면 좋을까?'를 소개하고 있습니다. 7장은 영유아교육 현장에서 신나게, 즐겁게 경험하는 놀이들을 실제로 제시하고 있습니다. 이 책에서 표기된 영유아의 연령은 모두 만 나이 임을 밝힙니다.

이 책이 정성껏 집필한 저자의 마음을 실어 읽는 분들과 소통하고 행복을 공감할 수 있기를 소망합니다.

2020년 2월에 초판이 나온 후로, 2023년 6월에 만 나이 도입에 따라 개정판을 출간하게 되었습니다.

출판하는데 도움을 주신 양성원 여러분께 깊은 감사를 드립니다.

2023년 1월

저자 일동

차례

Chapter 01

놀이의 개념화

1. 놀이에 대한 경험적 인식
2. 놀이의 내적 동기화 요인
3. 놀이의 개념 및 특성

개요

유아들은 아침부터 잠들 때까지 놀고 또 논다. 놀기를 좋아한다. 매일 하는 놀이이건만 지칠 줄 모른다. 몸을 움직이면서, 무언가 만들어가면서, 때로는 고개를 갸우뚱거리며 생각하는 듯하면서 친구들과 어울려 머리를 맞대기도, 이야기를 나누기도 한다. 유아들이 놀이하는 모습을 지켜보면서 학자들은 말하였다.

"유아들은 놀면서 자라나고, 놀면서 배우고, 놀면서 사랑한다"고. 1장에서는 놀이란 무엇이며, 왜 유아들이 놀이를 좋아하는지, 그리고 놀이의 특성이 무엇인지 알아보고자 한다.

Chapter 01

놀이의 개념화

1. 놀이에 대한 경험적 인식

어른이 되어도 귓가에 맴도는 즐거운 추억은 "○○야, 노~올자"일 것이다. 특별한 놀잇감이 없어도 두세 명이 모이면 놀이터를 만들어내고 땅거미가 질 때까지 놀곤 하였다.

6 · 25 전쟁터에서 유년기를 보내야 했던 70~80대 어른들은 폐허더미에서 주운 전쟁의 파편들을 가지고 놀았던 것을 추억하였다. 1960년대 보릿고개를 경험해야 했던 60~70대 어른들은 빨간 벽돌가루로 버무린 풀이파리 김치로 소꿉놀이 했던 것을 그리워하였다.

한편 50대 어른들은 1970년대 경제개발 5개년 계획의 성과로 부쩍 늘어난 놀잇감 가게 창문에서 한 발짝도 뗄 수 없었던 기억을 즐겁게 말하였고, 40대 어른들은 1980년대 컬러 TV가 보편화되면서 원더우먼, 슈퍼맨, 600만불의 사나이와 함께 타잔, 맥가이버를 따라 극놀이에 열중했던 것을 회상하였다. 소비가 미덕이다로 했다가 IMF 지원까지 받아야 했던 1990년대는 놀잇감, 놀이터, 게임의 전성기였다고 할 수 있다.

그러나 세계화와 정보화 시대로 특징짓는 2000~2010년대는 멀티미디어의 활용과 함께 전통놀이가 부각되는 경향을 보이고 있다. 2010~2020년대 들어와 Digital Kids(디지털 키즈)라고 불리며, 유아들도 일상에서 스마트폰, 드론, 로봇 등 인공지능에 의한 사물들이 놀잇감으로, 생활도구로 사용되고 있는 것을 경험하고 있다.

이렇듯 세대마다 처한 시대적 · 사회적 상황에 따라 놀이의 양상은 변화했지만, 놀이에 대한 공통적인 추억이 있다. 어느 연령에서나 그네타기, 낙서하기, 그림그리기, 소꿉놀이, 선생님 놀이, 사방치기, 공놀이, 고무줄놀이, 물놀이, 모래놀이, 개구리 잡기, 옛날이야기 듣기, 노래하기, 춤추기, 읽어주는 책 보고 듣기, 미끄럼타기, 우리 집에 왜 왔니 놀이, 무궁화꽃이 피었습니다 놀이, 점토놀이, 곤충잡기 등 헤아릴 수 없이 많은 놀이가 시대를 뛰어넘어 이어져 왔다.

유아들은 왜 이런 놀이들을 좋아할까? 대학에 갓 입학한 청년들에게 "어릴 적 놀았던 경험을 회상해 보고 그 느낌을 단어로 말해보자"고 하였다. 30명의 대학생들에게서 나온 단어들은 다음과 같았다.

즐겁다	행복하다	편안하다
보람 있다	재미있다	만족한다
열중한다	창의적이다	유쾌하다
뿌듯하다	부담 없다	발명한다
지루한 줄 모른다	신난다	새롭다
자율적이다	날아갈 것 같다	궁금하다
찾아본다	힘이 있다	시원하다
알고 싶다	상쾌하다	할 수 있다
진지하다	탐색한다	또 하고 싶다
자유롭다	궁리한다	활기차다

위의 단어들을 들여다볼 때, 놀이에 대한 경험적 인식이 크게 정서적 즐거움(快, pleasure)과 인지적 관심(흥미, interest)으로 대별됨을 알 수 있다. 우선, 놀이는 아무 부담 없이 자유롭게 시작하고, 재미있어서 자꾸 하게 되고, 열심히 만든 것을 부수면서도 아깝기보다는 즐거웠다는 인식이다. 다음으로는 처음에는 생각 없이 놀다가도 어느새 머릿속에는 생각이 떠올라 다르게 놀아보고, 새로운 사실을 발견하면서 뿌듯했다는 인식이다.

이와 같이 어른이 되어 추억한 유아기 놀이에 대한 인식이 긍정적인데도 불구하고, 실제로 어느 시대에나 부모가 갖는 인식은 완전히 개방적이지 못한 경향이 있다. 학교(유아교육기관)는 공부하는 곳이지 노는 곳은 아니라는 고정된 사고에서 쉽게 탈피하지 못하고 있다.

이에 대하여 한 유아교사는 부모들을 향해 다음과 같은 시(詩)로 설득하고 있다.

놀고 있어요(Just Playing)

Anita Wadley(김명희* 역)

내가 쌓기 놀이에서 무엇인가 만들고 있을 때
"놀기만 하는구나"라고 말씀하지 마세요.
저는 즐거운 놀이를 하면서 배우고 있으니까요.
균형과 여러 모양에 대해서요.
누가 알아요, 내가 커서 건축가가 될는지….

내가 예쁘게 치장하고
식탁도 꾸미며 아기를 돌보고 있을 때
"또 놀고 있구나"라고 생각하지 마세요.
저는 즐거운 놀이를 하면서 배우고 있으니까요.
언젠가 될 엄마, 아빠의 역할을 해보면서요.

여기저기 물감 칠을 하며 화판 앞에 서 있거나
점토로 무엇인가 만들 때
"놀기만 하는구나" 하시는 말씀은 싫답니다.
저는 즐거운 놀이를 하면서 배우고 있으니까요.
내 마음을 그려보면서 창의력도 기른답니다.
어쩌면 예술가나 발명가가 될지도 모르잖아요.

혼자 의자에 앉아
텅 빈 곳을 향해 책을 읽고 있다고
"혼자서 놀고 있구나"라며 웃으시면 싫어요.
저는 즐거운 놀이를 하면서 배우고 있으니까요.
언젠가는 선생님도 될 수 있는 꿈을 꿉니다.

벌레들을 찾아 풀숲을 헤쳐 다니며
오만가지 잡동사니로 주머니를 채웠다고
그대로 지나치지 마세요.
저는 지금도 놀이를 하면서 배우고 있답니다.
먼 훗날 유명한 과학자가 될 수도 있겠지요.

조작놀이를 하거나 다른 놀이들로 시간을 보낼 때
놀이로 시간을 낭비한다고 염려하지 마세요.
즐거운 놀이를 하면서 깨우치고 있는 중이니까요.
여러 놀이를 하면서 문제해결을 하고 집중력도 기른답니다.
언젠가는 큰 사업가가 될 수도 있을 테니까요.

음식을 만들고 맛을 보며 즐겁게 놀이하고 있을 때
"저 애는 또 놀고 있구나"라고 생각지 마세요.
순서를 따르고 그 변화를 느끼니까요.
둥글고 흰 기다란 모자를 높이 쓴 주방장 모습을 상상해 보세요.

깡충 뛰기, 달리기, 스킵, 온몸으로 움직이는 것을 보고
"열심히 놀고 있구나"라고 말씀하시겠지요.
저는 즐거운 놀이를 하면서 배우고 있답니다.

몸의 부분들이 할 수 있는 것을 해보며 몸을 단련한답니다.
어쩌면 의사나 간호사, 체육인이 될지도 모르잖아요.

'오늘은 유치원에서 무엇을 했니?'라고 물어보실때
'놀았어요'라고 대답한다고 실망하지 마세요.
여러 놀이를 하면서 많은것을 배우고 있으니까요.
즐거움이 무엇인가를 느끼고 내가 할 수있는 일에서 성취감을 얻으며
내일을 위해 준비하고 있답니다.
오늘! 나는 어린이이고 나의 일이란 즐겁게 놀이하는 것이랍니다.

* 2016년 현재 서울 강동구에 위치한 리아 유치원 이사장임.

그리고 한 유아교육 전문가가 역시 다음과 같은 시(詩)로 부모들에게 놀이를 설명하였다.

Play Today?

Leila P. Fagg*

You say you love your children,
And are concerned they learn today?
So am I–that's why I'm providing
A variety of kinds of play.

You're asking me the value
Of blocks and other such play?
Your children are solving problems.
They will use that skill everyday.

You're asking what's the value
Of having your children play?

Your daughter's creating a tower;
She may be a builder someday.
You're saying you don't want your son
To play in that "sissy" way?
He's learning to cuddle a doll;
He may be on their own someday.

You're questioning the interest centers;
They just look like useless play?
Your children are making choices;
They'll be on their own someday.

You're worried your children aren't learning
And later they'll have to pay?
They're learning a pattern for learning
For they'll be learners always.

당신은 아이들을 사랑하고 또한 아이들이 오늘 학습한 것에
관심을 갖고 있다고 말하겠지요?
나 역시 그래요. 그래서 나는 다양한 놀이를 제공한답니다.

당신은 블록이나 다른 놀이들이 갖는 가치에 대해 묻겠지요?
아이들은 문제를 해결하고 있어요. 아이들은 매일 그 기술을 사용하지요.

당신은 아이들이 놀이하면서 얻는 가치가 뭐냐고 묻겠지요
당신의 딸은 탑을 쌓고 있어요. 그 아이는 장차 건축가가 될지도 모르죠.

당신은 당신의 아들이 계집애같이 노는 걸 원치 않는다고 말하겠지요?
그 아이는 인형 토닥거리는 걸 배우고 있어요. 장차 아빠가 될 테니까요.
당신은 쓸모없는 놀이처럼 보이는 흥미영역에 대해 의문을 갖겠지요?
아이들은 선택을 하고 있어요. 장차 자신의 방식대로 살게 될 테니까요.

당신은 아이들이 공부를 하지 않아서 후에 그 대가를 치를 거라며 걱정하겠지요?
아이들은 학습하는 방법을 배우고 있어요. 아이들은 평생 동안 배우며 살 테니까요.

* 미국 인디애나 주립대학에서 초등교육학 석사학위 취득. 유치원 및 초등학교 저학년 교사 역임.

2. 놀이의 내적 동기화 요인

영유아들은 천성적으로 놀이하기를 좋아한다. 누가 일부러 놀거리를 마련해 주거나 놀이하는 방법을 말해주지 않아도 영유아들은 놀이를 만들어가며 논다. 그러나 어른이 어떤 목적을 가지고 과제를 수행하도록 강요하거나 지시할 때, 많은 아이는 이를 거부하거나 소극적 태도를 보인다. 로저스와 소여(Rogers & Sawyers, 1988)는 놀이가 어른에 의해 제시된 과제나 일과 다른 점은 우선 내적 동기를 갖는다는 점에 있다고 하였다. 내적 동기는 행동의 결과나 성취에서 만족을 찾기보다는, 행동 자체나 행동과정에서 만족을 얻는 것을 말한다. 레비(Levy, 1978)는 내적 동기화된 놀이를 하는 유아는 진지하게 놀이에 몰두하며 현실과 상상의 세계를 자유롭게 넘나들기도 하고 자신의 행동을 스스로 통제할 수 있는 힘을 갖게 된다고 하였다. 따라서 유아들은 내적으로 동기화된 놀이를 하면서 세상에 적응해 가는 법을 알게 되며 성숙해 간다고 할 수 있다.

놀이가 내적 동기화되는 이유에 대하여 갓프리드(Gottfried, 1985)는 여러 학자의 견해를 기초로 인지적 불일치 · 유능감 · 귀속성의 세 가지 요인이 놀이에 작용하는데 기인한다고 밝혔다.

1) 인지적 불일치

영유아가 이전에 알고 있거나 경험한 것과 다른 새로운 상황을 만나 갈등이 생길 경우 그 갈등의 정도가 적당한 수준의 것이기만 한다면, 영유아는 갈등을 해결하고자 하는 동기가 일어나고 이를 놀이로 시도한다는 것이다.

이 같은 견해는 인간은 본래 인지적 욕구가 있는 존재라는 데에서 출발한다. 쉐일레와 브리튼(Chaille & Britain, 1991)은 영유아는 호기심으로 가득 차 있으며 끊임없이 의문을 제기하고 자신의 생각을 시도해 보면서 세계를 탐구해가는 특성을 갖고 있다고 하였다.

> 4세 유아 학급의 역할놀이 영역에는 약솜, 마스크, 청진기, 수술 장갑, 가운, 인형, 처방철 및 연필 등이 비치되어 있었다. 영호는 가운을 입고 청진기를 목에 걸며 비치된 소품들을 죽 둘러보았다. 그러다 처방철을 발견하고는 "이것이 뭐지"하며 갸우뚱하였다. 처방지 위에 있는 Rx 글자를 손가락으로 짚어가며 생각에 잠겼다. 그리고는 연필로 5, 2이라는 숫자와 자기 이름 및 낯익은 철자들을 썼다. 선생님이 오자, "환자한테 약 써줬어요"하고 말하였다.

위의 사례에서 유아는 놀이 영역에 비치된 낯선 자료에 호기심과 문제의식을 가지고 그것에 대해 자신의 생각을 적용하여 시도해 보는 놀이를 하고 있음을 볼 수 있다.

포만과 쿠쉬너(Forman & Kuschner, 1983)에 의하면 영유아가 '뭔가 이상한데'하는 혼동감, '예상 밖인데'하는 놀라움, '내가 실수를 했나'하는 당혹감, '다른 뭔가가 있을 것 같은데'하는 의혹 등의 느낌이 있을 때 내적 동기를 갖고 능동적으로 놀이에 열중한다고 하였다(이종희, 1991).

인지적 불일치가 놀이의 내적 동기화를 일으키고, 이에 따라 놀이의 세계를 확장시켜 간다는 견해는 구성주의 시각과 상통한다고 볼 수 있다.

영유아들은 놀이상황의 모든 요소에게서 인지적 불일치를 인식하게 된다. 말하자면 놀이자료, 놀이장소, 놀이친구, 놀이주제, 놀이시간 등 놀이가 이루어지는 상황에서 이전에 해오던 놀이상황과 다른 점이나 새로운 점을 발견하고 갈등을 느끼게 된다면 영유아는 불일치를 경험하는 것이다. 이때 놀이상황이 모두 전혀 새롭고 낯설 때에만 불일치가 일어나는 것은 아니다. 익숙한 놀이자료라도 새로운 느낌이 들 수 있고 미처 깨닫지 못한 점들을 새삼스럽게 발견할 수도 있다. 항상 하던 방식이 아닌 다른 방식으로 놀이할 수도 있다. '이렇게 해보면 어떨까?'라는 생각을 시도할 수 있다.

구성주의에서는 영유아가 자발적으로 이전의 경험적 지식을 바탕으로 새로운 시도를 해가면서 지식을 재구성한다고 보았다. 이런 관점에서 보면 인지적 불일치는 놀이가 지식 구성의 중요한 방식인 것을 설명해 준다.

2) 유능감

영유아는 놀이를 통해 환경을 통제하고, 변화를 일으키며, 자신이 한 일에 대한 인과관계를 인식하면서 자신의 능력을 확인한다. 이 같은 견해는 인간은 본래 환경 통제의 욕구가 있는 존재라는 데에서 출발한다.

이는 동식물을 비롯하여 하늘과 땅을 다 창조한 후에 이들을 통제하고 보전할 수 있는 인간을 마지막으로 만들었다는 구약 성경의 창세기뿐만 아니라, 거듭되는 세포 분열을 거쳐 가장 고등하게 진화한 것이 인간이라는 진화론에 근거해서도 설명할 수 있다. 따라서 인간이 통제해야 할 대상은 모든 경험의 세계, 즉 물리적 세계 · 사회적 세계 · 개인적 세계가 된다.

앤더슨과 메식(Anderson & Messick, 1974)은 환경 통제능력, 즉 유능성에 작용하는 하위 능력으로 자아인식 · 자기통제 · 기본 생활습관 형성 · 자기가치감 · 상황 판단 · 민감성 · 긍정적 인간관계 · 역할 인식 · 행동 조절 · 친사회적 행동 · 탐구행동 · 주의집중 · 감각능력 · 소근육 기술 · 대근육 기술 · 지각운동 기술 · 언어 기술 · 범주화 기술 · 긍정적 태도 · 기억력 · 비판적 사고력 · 창의적 사고 · 유머 · 문제해결 기술 · 융통성 · 논리 수학적 사고 · 일반적 지식 · 성취동기 · 자원 활용 능력 등 29가지를 열거한 바 있다. 이 능력들은 인간이 당면하는 상황에 따라 각각 독립적으로 작용하기도 하며, 또한 여러 능력이 통합적으로 상황에 적절하게 활용될 때 유능하다는 평가를 받게 된다. 인간은 태어나서 생을 마칠 때까지 각 발달단계마다 유능한 사람이 되기 위해 노력한다. 특히 영유아기에는 생활의 전부라고 할 수 있는 놀이를 통해 잠재된 능력들을 개발하고 확장해 나간다. 영유아기에 개발된 능력들은 이후의 발달과정에서 보다 정교화되고 확장되므로 영유아기는 매우 중요한 의미를 지닌다.

이와 같이 영유아가 놀이를 통해 유능감을 발달시켜나가는 것은 잠재된 능력들의 기능적 개발만이 아니라, 영유아가 주위로부터 존중받고, 용기 있게 도전할 수 있으며, 성공적인 경험을 한다는 데 더욱 중요한 의미가 있다. 갓프리드는 유능감에 작용하는 심리적 요소로 자기 존중감, 도전, 성공감의 세 가지를 들었다. 이 세 가지 요소가 충족될 때 영유아는 주변 환경을 자신 있게 통제하는 유능한 사람으로 커 나갈 것이다.

3) 귀속성

영유아들이 놀이를 좋아하는 이유는 즐겁기 때문이라는 것이다. 놀이는 어른이 정해 놓은 목표도 없고, 어떤 결과물이 꼭 나와야 하는 부담도 없으므로 그저 좋고 즐거울 수밖에 없다. 따라서 놀이는 영유아가 나름대로의 생각과 느낌을 펼칠 수 있는 안전지대라고 할 수 있다.

루소와 같은 자연주의자나 프로이드와 같은 정신분석학자들이 주장했던 대로, 인간은 본디 자연으로의 귀인 속성이 있다고 본다. 사회에 인위적 구조와 규칙, 제약이 있다면 자연에는 자생적 규칙과 자기 조절력이 있다. 놀이는 자연과 같은 성격을 지닌다.

따라서 영유아의 놀이는 자발적이다. 자발적 놀이는 잔설이 채 가시지 않은 초봄에 샛노란 꽃잎을 피우는 개나리와 같이, 영유아의 내부에서 자연스럽게 표출되는 행동이다. 이와 같이 놀이가 영유아기의 자연스런 생활방식임에도 불구하고 어른들에 의해 제약을 받는다면 성인이 되어서도 놀이 욕구의 분출 기회를 갖고자 할 것이다. 그 부정적 예가 놀음 → 노름이라고 할 수 있다.

그러나 영유아가 놀이에 관심을 보이지 않는데도 억지로 놀이에 몰두하도록 이끌기 위하여 어른이 칭찬이나 보상을 자주 하는 것은 바람직하지 않다고 할 수 있다. 오히려 무분별한 칭찬이나 보상에 길들여진 영유아들은 놀이에 대한 흥미

보다는 어른이 제시하는 놀이에 수동적으로 참여하게 될 것이다. 더구나 발달에 적합한 수준 이하로 수행한 것에 대해서도 칭찬과 보상을 할 경우, 영유아는 그 수준에서 만족할 것이며 자신의 능력을 확장시키기 위한 필요를 느끼지 못할 수 있다.

이상에서 살펴본 인지적 불일치, 유능감, 귀속성의 세 가지 요인은 놀이의 동기화를 잘 설명해 준다고 하겠다. 그러나 이들이 영유아의 놀이상황에서 모두 작용하는 것은 아니며 영유아의 발달 수준이나 놀이 자체 성격에 따라 한 가지 요인이 주요할 수도 있고 또는 세 가지 요인이 다 작용할 수도 있다.

3. 놀이의 개념 및 특성

1) 놀이의 개념

이제 놀이에 대한 어릴 적 경험, 놀이를 좋아하는 이유 등을 다시 회상하면서 놀이의 개념을 생각해 보고자 한다.

놀이로 번역되는 'play'에 대하여 옥스퍼드 영어사전은 서로 다른 116개의 의미로 해석하고 있다. 그림 1-1에 나타난 play의 일부만 보더라도 이들은 하루 생활 중에 경험되는 사건, 활동들과 모두 연관되어 있음을 알 수 있다.

따라서 로저스와 소여(1988)는 "Play is life for young children(놀이는 곧 유아들의 생활이다)"라고 개념화하였다. 이는 일찍이 프뢰벨(Froebel)이 유아와 성인을 대비하여 삶의 현장을 놀이 대 일로, 삶의 도구를 놀잇감 대 실제 생활도구로 제시한 것과 상통한다고 하겠다.

| 그림 1-1 | play의 사전적 해석

성인이 삶의 의미를 주는 일을 통해 자신의 능력을 발휘하고 확장하며 성공(또는 실패)감을 느끼고 더 나은 삶을 위해 노력하듯이, 유아는 놀이를 통해 잠재된 능력을 표출하고 확장해가면서 자아를 발견하고 실현하고자 한다.

이와 같은 맥락에서 일찍이 김옥련(1978)은 "놀이란 유아의 티 없는 생명의 발로이므로 유아의 생활에서 놀이를 빼앗는다는 것은 마치 물고기에게서 헤엄을 치는 자유를 빼앗는 것과 같다"고 하였다. 그리고 유아의 놀이를 어른의 일과 대비하여 구분하는 것을 경계하였다. 그는 유아기의 놀이란 놀이 자체의 즐거움이 목적인 경우도 있고, 처음부터 계획을 세워 탐색하고 문제를 해결하는 데 목적을 두는 경우도 있다면서, 이처럼 구분이 뚜렷하지 않은 것이 한 마디로 놀이라고 하였다.

이제까지 많은 학자가 공통적으로 '놀이란 무엇일까?'를 정의하기 위하여 놀이와 대비될 수 있는 행동들을 통해 접근하는 방식을 취해 왔다. 예를 들어 놀이와 일을 하나의 연속선상에 두고, 놀이는 일의 특징일 수 있으나 일은 놀이의 특징이 아니라고 보았다. 즉 놀이는 능동적 · 자발적이며 재미있고 특정 목표를 두지 않으며 스스로 시작하고 진지하게 임하는 데 비하여, 일은 수동적 · 강요적이며 단조롭고 힘들다고 느끼며 타인의 지시에 의해 착수되는 경향이 있다고 지적하였다.

그런가 하면, 훗(Hutt, 1971)은 놀이와 탐색활동을 별개의 행동으로 구분하였다. 즉 놀이와 탐색이 특정한 외적 목표의 성취가 아닌, 내적으로 동기화된 행동이라는 점에서는 같으나 놀이가 '이 물건을 가지고 무엇을 할 수 있을까?'라는 의문에 연관된 행동인 반면, 탐색은 '이 물건의 속성은 무엇인가?'라는 의문을 풀기 위한 행동이라는 것이다. 특히 놀이는 특정 사물이 없어도 상상에 의한 활동이 가능한 데 비하여, 탐색은 반드시 사물이 필요하다는 것이다. 그러나 10여 년이 흐른 후에 훗은 동료들(Hutt, Tyler, Hutt, & Christopherson, 1989)과 발표한 연구에서 김옥련(1978)과 마찬가지로, 유아들의 놀이를 엄격하게 일 또는 탐색행동과 구분짓기는 어렵다고 주장하였다. 이들은 이 모든 행동을 종합하여 놀이라고 하였으며, '놀면서 배운다'는 인식하에 특히 유아교육기관에서의 놀이를 내적으로 동기화된 학습활동으로 해석하였다.

그림 1-2는 유아놀이의 범주에 속하는 행동들의 특성과 차이에 근거해 분류한 것이다. 유아교육기관에서 일반적으로 이루어지는 놀이들을 내적으로 동기화된 학습활동으로 정의할 때 지적인 흥미가 발현되는 인지적 활동과 재미가 발동한 자연적 활동으로 크게 나눌 수 있다. 그리고 이들 간의 중간적 입장을 취하는 것이 규칙 있는 게임이 된다.

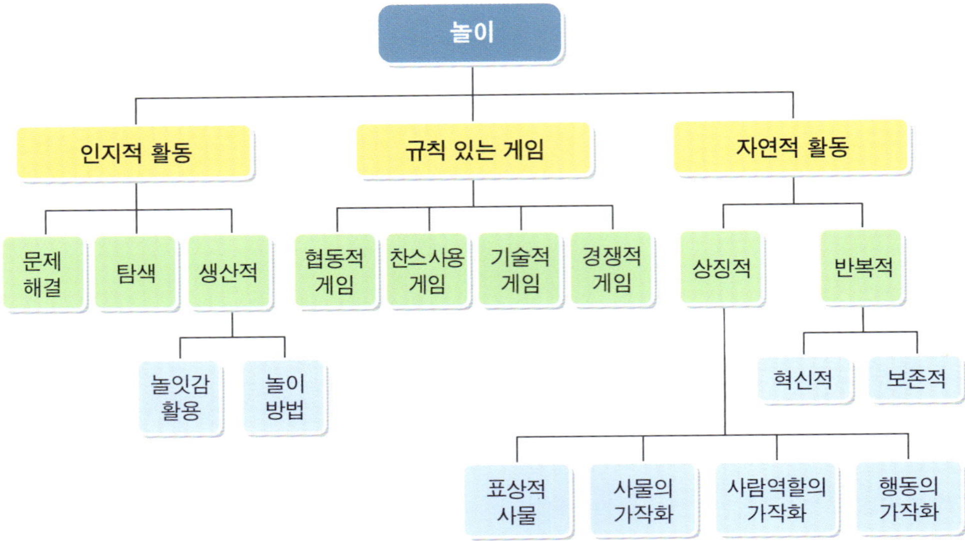

| 그림 1-2 | 유아놀이의 범주화

출처: Hutt, Tyler, Hutt, & Christopherson(1989).

(1) 인지적 활동으로서의 놀이

인지적 활동의 성격을 갖는 놀이에서는 지식의 구성에 관심을 둔다. 따라서 이 활동은 외부에서 제기된 자극에서 실마리를 얻어 이루어지며 비교적 기분이나 정서의 영향을 받지 않는다. 이 활동을 다시 구분하면 문제해결 활동, 탐색활동, 생산적 활동 등이 있다.

① 문제해결 활동

모양판, 조각 그림 맞추기, 미로 찾기와 같은 활동과제 자체에 목표가 내재된 활동이다. 2세 유아라도 모양판을 보면 모양(□, △, ○)을 집어 알맞은 곳에 끼우며, 때로는 시행착오를 하면서 성공적으로 활동하려는 모습을 볼 수 있다.

② 탐색활동

새로운 자극물을 접할 때 그것을 만져 보고 조작하여 시험해 보는 활동이다.

예를 들어, 인형에게 옷을 입히기 위해 유아는 여러 가지 옷감을 피부에 대 보고, 구겨 보며, 물에 젖게 해 보는 등의 다양한 시도를 해 보고 마음에 드는 옷감을 고른다.

③ 생산적 활동

유아가 이전에 비하여 놀잇감 활용이나 놀이 방법 면에서 변화가 있기를 기대하는 활동이다. 예를 들어, 모래놀이터에서 두꺼비집만 짓던 유아가 크고 작은 블록들과 포크레인 등을 활용하여 다리나 성을 만든다든지, 세발자전거를 타고 반환점을 돌아오거나 공 주고받기 놀이를 할 수 있다는 등의 변화를 보여줄 수 있다.

(2) 자연적 활동으로서의 놀이

자연적 활동의 성격을 갖는 놀이에서는 일차적으로 자기 즐거움에 관심을 둔다. 따라서 이 활동은 유아의 기분이나 정서에 따라 이루어지는 경향이 많다.

이 활동은 다시 상징놀이와 반복놀이로 구분할 수 있다.

① 상징놀이

가작화 요소가 내포된 놀이로서, 이 가작화가 어떤 측면에서 나타나는가에 따라 표상적 사물의 사용, 사물의 가작화, 역할의 가작화, 행동의 가작화로 나뉜다.

예를 들어, 유아는 장난감 차(표상적 사물)를 사용하여 밀면서 차의 소음을 나타내며, 의자를 휠체어로, 접시를 바퀴로 가작화하기도 하고(사물의 가작화), 극놀이에서 간호사나 우체부 역할을 하는 것을 볼 수 있다(역할의 가작화). 그리고 놀잇감이나 자료가 없는데도 불구하고 마치 컵으로 물을 마시는 듯한 행동이나 빗으로 머리 빗는 행동(행동의 가작화)을 하면서 즐거워한다.

② 반복놀이

같은 유형의 놀이를 반복해서 하는 활동으로 두 가지 접근방식으로 나눌 수 있다. 하나는 혁신적 반복놀이로서 같은 유형의 놀이라 할지라도 할 때마다 새로운 요소를 첨가하여 반복하는 놀이이다. 예를 들어, 종을 치고 반환점으로 돌아오기 게임에서 처음에는 손바닥으로 종을 치기를 했다가 다음에는 팔꿈치로, 머리로, 어깨로, 심지어 발로 옮겨가며 종 치고 반환점 돌아오기 게임으로 반복할 수 있다.

다른 하나는 보존적 반복놀이로서 새로운 요소가 없이 매번 같은 방식으로 반복하는 놀이이다. 예를 들어, 바깥놀이터 시설기구를 매일 같은 방식으로 타면서도 즐거워하는 유아들을 볼 수 있다. 그러나 유아가 특정 놀이자료나 놀이도구를 선택하여 언제나 같은 방식으로 놀이한다면 교사는 놀이 형태를 바꿀 수 있도록 지원하여야 할 것이다.

(3) 규칙 있는 게임

규칙 있는 게임은 정해진 놀이 규칙이 있거나, 사회적으로 구성원끼리 동의를 하여 규칙을 만들고 이를 지켜야 하는 놀이를 말한다. 이 게임은 협동적 게임, 찬스를 사용하는 게임, 기술이 요구되는 게임 및 경쟁적 게임 등으로 나눌 수 있다.

예를 들어, 주제 환상극놀이를 할 때 학급의 유아들을 다섯 개 조로 나누어 각 조의 협동적 측면을 강조할 수도 있고, 유아들을 청군과 백군으로 나누어 풍선터뜨리기와 같은 경쟁적 측면이 내포된 게임을 할 수도 있다. 경우에 따라서는 게임 규칙에 찬스를 사용할 수 있도록 하여 게임을 진행하기도 하며, '스무고개'와 같이 기억력 · 재치 등 기술적 측면을 겨루는 게임도 있다.

훗 등(Hutt et al., 1989)은 이와 같이 놀이를 범주화하면서 유아일수록 인지적 활동의 놀이보다는 자연적 활동의 놀이가 격려되는 놀이환경과 분위기가 필요하다고 하였다. 이와 함께, 실제로 유아들은 자발적으로 문제해결 활동이나 탐색활동을 하면서 지식을 구성하고 확장함과 동시에 활동 자체의 즐거움이나 만족감을 느낄 수 있다는 점을 강조하였다. 또한 즐겁게 상징놀이나 반복놀이를 하면서도 인지적 측면의 발달을 도모할 수 있음을 강조하였다.

최근에 브라운과 본(Brown & Vaughan, 2010)은 놀이의 반대가 일이 아니라, 우울함(deprsession)이라고 주장하기도 하였다(윤미나 옮김, 2010에서 재인용). 그것은 일이 재미있어서 할 때 훨씬 발견의 기쁨과 생동감을 느끼며, 놀이 또한 진지하게 몰입하는 과정에서 어려운 문제를 다룰 수 있게 되고 앎의 지평을 넓혀주기 때문이다.

따라서 이 둘은 서로 반대방향을 향하고 있는 것이 아니라, 오히려 상호보완적이라고 할 수 있다는 것이다. 놀이가 자꾸만 하고 싶고, 또 하고 싶은 활동이라는 점에서, 그렇지 못한 상태는 우울일 수밖에 없는 것이다.

2) 놀이의 특성

놀이가 유아들의 중요한 생활이며 즐거운 표현방식이고 배움의 과정이 된다면 놀이의 어떤 점 때문일까? 존슨, 크리스티와 야키(Johnson, Christie, & Yawkey, 1999)는 놀이의 특성을 비사실성, 내적 동기화, 과정 중시, 긍정적 정서, 자유로운 선택으로 설명했고, 그 밖에 가비(Garvey, 1977), 루빈, 화인과 반덴버그(Rubin, Fein, & Vandenberg, 1983) 등의 학자들은 놀이가 갖는 특성을 다음과 같이 열거하였다(Johnson, Christie, & Wardle, 2005).

(1) 내적 동기화

내적 동기화(intrinsic motivation)는 배고픔과 같은 충동이나 부의 축적과 같이 외적으로 동기화된 것이 아니라 유아 내부에서 놀이에 대한 동기가 생겨 자발적으로 놀이를 하는 것이다. 즉, 유아가 놀이를 하고 싶어서 하는 순수한 욕구를 말한다.

다음 일화는 자기 주도로 신나서 놀이하는 유아의 모습을 보여준다.

"나는 토토! 페더킹이 데려간 엄마를 구하러 가자." 영훈이는 역할놀이 영역에 있는 토끼 옷을 입고 몬스터 왕국으로 당당하게 떠났다. 함께 놀던 유아들도 "몬스터 왕국으로 출발!"하며 뒤따랐다.

(2) 결과보다 과정 중시

결과보다 과정 중시(process orientation)는 유아들이 놀이할 때, 놀이의 목적이나 결과보다는 놀이 자체에 중점을 두는 것을 말한다. 다시 말하면, 수단이 목적보다 더 중요하다고 본다. 목표 성취에 대한 압력이 없을 때 유아는 다양한 놀이를 시도할 수 있으며, 놀이가 목표 지향적 행동보다 더 융통성을 띠는 중요한 이유가 된다.

(3) 비사실적 행동

비사실적 행동(nonliterality)의 특성은 유아기 상징놀이에서 많이 볼 수 있다. 유아가 사물이나 상황을 놀이주제에 맞추어 변형하는 것을 말한다. 예를 들어, 작은 블록을 달걀인 것처럼 사용하고, 우유 마시는 것을 나타내기 위해 놀잇감 컵을 들어올리는 행동을 한다. 이러한 가작화 행동은 이후의 가설적 추론 기술이나 '마치 ~인 것처럼(as if~)' 사고로 이끌 수 있다는 점에서 중요하다.

(4) 적극적 참여

놀이에 방관적이거나 산만함을 보이지 않고 열의를 다하여 참여하는 것을 말한다. 실제로 유아들은 호기심이 생기고 하고 싶어서 하는 놀이에는 적극성을 띤다. 따라서 유아들의 적극적 참여(active engagement)는 교사들이 중요하게 고려해야 할 관찰거리가 아닐 수 없다.

유아가 어떤 놀이를 하는지, 얼마나 오랫동안 놀이를 지속하는지, 놀이방법이 다양한지 등을 관찰하면서 필요한 경우에 놀이지원을 하는 것이 중요하다.

(5) 긍정적 정서

기쁘고 즐거운 마음으로 놀이를 하지만, 언제나 반드시 즐거운 것만은 아니다. 높은 미끄럼틀을 타기 전에 올려다보면 두려운 마음이 생길 수 있다. 그러나 미끄럼틀을 반복해서 타 보면 두려운 마음이 없어지고 재미있고 즐거운 놀이가 된다. 따라서 놀이는 유아의 두렵거나 불안하고 슬픈 기분도 긍정적 정서(positive emotion)로 전환시키는 특성을 갖고 있다.

(6) 외적 규칙으로부터의 자유

외적 규칙으로부터의 자유(free from external rules)는 정해진 규칙이나 외부 지시에 따르지 않고, 유아가 자발적으로 나름대로의 방식으로 놀이하는 것을 말한다. 공을 가지고 반드시 던져야 하는 것이 아니라, 유아 나름대로 다리 사이에 끼거나 머리 위에 올려놓기도 하고 공튀기기 놀이를 할 수도 있다. 외부 지시에 의지하지 않고 자유롭게 놀이를 할 수 있다는 것은 유아의 자신감을 높여 준다. 그러나 그렇다고 하여 놀이를 아무렇게나 해도 된다는 말은 아니다.

어떤 놀이든 나름대로의 규칙이 내재되어 있다. 예를 들어, 블록 쌓기를 할 때, 큰 블록을 아래에 두고 그 위로 작은 블록들을 올려야만 블록을 무너뜨리지 않고 쌓을 수 있다. 극놀이를 할 때에도 엄마 역할을 하는 유아는 극의 성격에 맞게 엄마 역할을 해야 한다.

(7) 자유선택

자유선택(free choice)은 유아놀이를 설명하는 중요한 요소 중의 하나이다. 유아가 자유롭게 선택하여 놀이를 할 때, 잠재된 능력들을 최대한 표출할 수 있다. 자유선택놀이를 관찰함으로써 교사는 유아의 생각과 느낌, 다양한 능력을 발견하게 된다.

자유선택은 자체 내에 책임과 자기 통제를 포함하고 있는 놀이를 말한다. 따라서 유아기의 자유선택은 자율성의 바탕이 된다고 할 수 있다.

(8) 유연성

유연성(flexibility)이란 유아의 놀이에는 실험행동이 많이 포함되어 있어, 유아가 다각도로 탐색을 하고 융통성 있는 사고를 하게 되는 것을 말한다. 놀이 경험이 많은 유아일수록 어떤 상황에서든 호기심과 흥미를 나타내고 융통적이며 자발적인 성향을 보인다.

다시 생각해보기

우리가 흔히 말하는 "공부한다"는 것은 놀이에 해당할까? 아닐까?

놀이의 본질이 자유롭고 즐겁게 경험하는 데 있다고 할 때, 최근의 학자들이 주장하듯이 학습자가 스스로 알고 싶고 해보고 싶어서 몰입한다면 공부도 놀이에 해당한다고 봅니다. 단, 외부 강요, 경쟁심, 지나친 성과 추구가 작용하지 말아야 하겠지요.
그러나, 다른 의견도 들어볼까요?

연습문제

1. 다음 문장을 읽고 진위를 O, X로 표시하시오.

- 사람들은 누구나 어렸을 적에 똑같은 놀이를 경험한다. ( )
- 같은 5세라도 미국 유아와 한국 유아는 선호하는 놀이가 다를 수 있다. ( )
- 탐색은 놀이의 필요조건이다. ( )
- 일은 놀이의 반대 개념이다. ( )
- 놀이는 부담 없이 자유롭게 하는 것이므로 완수할 필요가 없다. ( )
- 놀이하기를 좋아하는 이유 중 하나는 인지적 불일치가 있을 때이다. ( )
- 잦은 칭찬과 보상은 유아의 놀이를 확장시키는 데 효율적이다. ( )
- 비사실적 행동은 유아기 상징놀이에서 많이 볼 수 있다. ( )
- 놀이에 몰입한다는 것은 내적 · 외적 규칙으로부터 자유롭다는 것을 말한다. ( )
- 놀이 경험이 많은 유아일수록 융통적이며 자발적인 성향을 보인다. ( )

2. 다음 질문에 간단히 답하시오.

- '놀기만 하는 유아에게 나중에 대가를 치를 거'라며 걱정하는 부모의 놀이 개념은 무엇인가?
- 갓프리드가 제시한, 놀이의 내적 동기화 요인은 무엇인가?
- 유능감에 작용하는 세 가지 심리적 요소는 무엇인가?
- 놀이와 탐색의 차이는 무엇인가?
- 놀이와 일의 차이는 무엇인가?
- '놀이의 반대는 우울함'이라고 주장한 브라운과 본의 속뜻은 무엇인가?
- 놀이의 특성을 다섯 가지 정도로 요약한다면 무엇인가?

참고문헌

김옥련 (1978). **어린이 이해와 지도.** 서울: 중앙대학교 출판부.

이종희 (1991). 과학적 사고와 놀이. 유아교육과 놀이. **한국어린이육영회 유아교육세미나**, 19-36.

Anderson, S., & Messick, S. (1974). Social competency in young children. *Developmental Psychology*, 10(2), 282-293.

Brown, S., & Vaughan, C. (2010). **플레이-즐거움의 발견.** 윤미나 역. 서울: 흐름출판(원본발간일 2010).

Chaille, C., & Britain, L. P. (1991). *The young child as scientist: A constructivist approach to early childhood science education*. New York: Harper-Collins.

Forman, G., & Kuschner, D. (1983). *The child' construction of knowledge: Piaget for teaching children*. Washington, D.C.: NAEYC.

Garvey, C. (1977). Play. Cambridge, MA: Harvard Univ. Press.

Gottfried, A. E. (1985). Intrinsic motivation for play. In C. C. Brown, & A. W. Gottfried (Eds.), *Play interactions: The role of toys and parental involvement in children' development*(pp.45-52). Skillman, NJ: Johnson & Johnson.

Hutt, C. (1971). Exploration and play in children. In P. E. Herron, & B. Sutton Smith (Eds.), *Child' play*(pp.231-251). New York: John Wiley & Sons.

Hutt, C., Tyler, S., Hutt, S. J., & Christopherson, H. (1989). *Play, exploration and learning: A natural history of the preschool*. London: Routledge.

Johnson, J. E., Christie, J. F., & Wardle, F. (2005). *Play, development and early education*. Boston: Pearson/Ally & Bacon.

Johnson, J. E., Christie, J. F., & Yawkey, T. D. (1999). *Play and early childhood development*. New York: Addison Wesley Longmans, Inc.

Levy, J. (1978). *Play behavior*. New York: Wesley.

Rogers, C. S., & Sawyers, J. K. (1988). *Play in the lives of children*. Washington, D.C.: NAEYC.

Rubin, K. H., Fein, G. G., & Vandenberg, B. (1983). Play. In P. H. Mussed (Ed.), *Handbook of child psychology: Vol.4, Socialization, personality, and social development*(pp.693-774). New York: Wiley.

Chapter 02

놀이이론

개요

놀이이론은 크게 고전적 놀이이론과 현대적 놀이이론으로 구분한다. 고전적 놀이이론은 19세기에서 20세기 초에 걸쳐 제기된 이론이며, 현대적 놀이이론은 1920년 제1차 세계대전 후에 발달한 이론이다. 말하자면 1920년을 경계로 하여 이전에 나타난 이론과 이후에 나타난 이론을 시대적으로 구분한 것이다. 각 이론은 나름대로의 당위성을 가지고 놀이에 관한 견해를 밝히고 있으나, 학습자의 입장으로서는 비판적으로 놀이이론을 분석하는 것이 중요할 것이다. 2장에서는 다양한 놀이이론을 제시하고자 한다.

Chapter 02

놀이이론

1. 고전적 놀이이론

놀이에 관한 최초의 가설은 진화론의 영향을 받아 이루어졌다. 주로 실러(Schiller), 스펜서(Spencer), 라자루스(Lazarus), 홀(Hall), 그루스(Groos) 등의 학자들에 의하여 정립된 고전적 놀이이론은 '놀이는 왜 필요한가?'를 설명하는 데 중점을 두었다. 엘리스(Ellis, 1973)는 고전적 이론이 실험적 연구에 바탕을 두기보다는 관념적 · 사색적으로 놀이를 조망했다는 점에서 '안락의자이론'이라고도 불렀다.

고전적 놀이이론은 에너지 조절 수단으로서의 관점과 본능과 연관된 관점으로 대별된다. 이들은 다시 하위 구분되는데, 에너지 조절 수단의 관점으로는 잉여에너지이론과 레크리에이션이론이 있으며, 본능의 관점으로는 반복이론과 연습이론이 있다.

1) 에너지 조절 수단으로서의 관점

(1) 잉여에너지이론

잉여에너지이론(surplus energy theory)은 각 생명체는 생존에 필요한 일정량의 에너지를 유지하기 위해 놀이가 필요하다고 보는 입장이다. 말하자면 생존에 필요한 에너지를 소모했는데도 불구하고 에너지가 남아 있다면 이를 어떠한 방식으로든 다 소모하여야 일정량의 에너지를 다시 채울 수 있다는 것이다. 이때 소모 방식이 놀이이며 따라서 놀이는 무의미한 행동이라고 보았다. 예를 들어, 사람이 생존에 필요한 일정량의 에너지가 100이라고 가정할 때, 유목적적 행동인 일(생업)에 전념한 에너지가 80 정도였다면, 나머지 20의 에너지를 생업과는 무관한 놀이로 방출하여야만 항상 100의 에너지를 보유할 수 있다고 믿었다.

이 같은 관점은 18세기 독일의 시인이며 철학자인 실러가 "놀이란 풍부한 에너지의 표현이며, 모든 예술의 근원"이라고 주장한 데서 비롯된다. 그리고 이에 영향을 받은 스펜서가 놀이를 생리학적으로 고찰하여 "놀이는 잉여 에너지의 발산"이라고 주장하면서 정립되었다. 그는 하등동물에 비하여 고등동물이 생존 유지를 위한 에너지 소모량이 적은 관계로 놀이를 많이 한다고 하였으며, 이는 아이들이 어른에 비하여 놀이를 더 많이 하는 이유도 된다고 보았다.

(2) 레크리에이션이론

레크리에이션이론(recreation theory, 휴식이론)은 잉여에너지이론과 상반된 관점에서, 놀이란 일에 소비된 에너지를 재충전하기 위한 것이라고 보는 입장이다.

이 이론은 독일의 시인 라자루스가 제기하였는데, 그는 생존에 필요한 일정량의 에너지 중 생업인 일에 사용된 에너지는 결국 결핍 현상을 일으키므로, 잠을 자는 등의 일과는 다른 성격의 활동을 함으로써 에너지를 재생산하여야 한다고 하였다. 이때 놀이는 일의 반대 성격을 지니므로 잃어버린 에너지를 재충전하는 데 매우 이상적이라고 보았다.

2) 본능과 연관된 관점

(1) 반복이론

반복이론(recapitulation theory)은 처음에 미국의 심리학자이며 교육학자인 홀에 의해 제기되었다. 반복이란, 개체발생(한 인간의 성장과정)이 계통발생(인류라는 종의 진화과정)을 그대로 따른다는 개념이다. 이와 같은 차원에서 놀이 또한 우리 조상들의 생활방식 자취를 따라가는 것이며, 아이들은 놀이를 통해 인류의 발달과정과 같은 단계로 발달해간다고 보는 입장이다. 중요한 것은 놀이의 목적이 현대 생활에 불필요한 원시적 본능들을 제거한다는 데 있다. 실제로 아이들의 놀이 발달을 보면, 영아기 때는 본능적으로 몸을 움직이고 감각적인 활동을 하다가 점차 놀잇감을 사용하여 놀고, 친구들과 함께 놀기를 좋아하다가 유아기에서 아동기에 이르기까지 규칙 있는 게임, 문제해결 활동 등 사회적 · 인지적 놀이활동으로 변화되어가는 것을 알 수 있다. 이는 원시 사회에서 구 · 신석기 사회, 부족 등 국가 사회, 현대의 다원화된 사회 등 생활문화 방식이 발전해 온 인류의 변천과정을 반복한 것과 같은 맥락이다. 따라서 유아는 성장하면서 놀이를 통해 원시적인 감각운동적 수준의 활동을 줄이고 현대 생활에 필요한 좀 더 세련된 활동들을 준비한다고 보았다.

예를 들어, 야구놀이를 하면서 5세 아이는 더 이상 야구 방망이로 아무 거나 때리는 본능적 행동을 하지 않으며, 경기 규칙을 준수하고자 노력하는 것을 볼 수 있다.

그러나 반복이론에 충실하다 보면, 인위적으로 연령에 맞는 놀이행동을 규정하고 그 이전 단계에서 하던 행동을 더 이상 수용하지 못하는 경우도 생긴다. 예를 들어, 대부분의 어른은 청소년기 아이들이 인형을 가지고 노는 것은 적절하지 못하다고 생각하며, "그것은 아기들이나 갖고 노는 것이다"라고 말하는 것을 볼 수 있다.

(2) 연습이론

연습이론(practice theory)은 놀이가 미래에 성인으로서 살아가는 데 필요한 본능들을 강화해 준다고 보는 입장이다. 이 이론은 철학자 그루스(Groos)가 주장한 것으로, 갓 태어난 아기나 동물은 생존에 필요한 본능들을 불완전하고 미숙한 형태로 갖고 있다고 보았다. 따라서 이 불완전한 본능들을 실질적인 기술로 완성시키기 위한 방법이 필요한데 그것이 바로 놀이라는 것이다. 이러한 관점에서 보면, 놀이의 목적은 성인 생활에 요구되는 기술들을 연습하고 정교하게 하는 데 있다고 할 수 있다.

연습이론을 설명해 주는 한 예로, 고양이가 털실뭉치를 이리저리 굴리며 노는 놀이를 들 수 있다. 이 놀이를 통해 고양이는 쥐를 잡을 수 있는 기술을 연습하고 있다고 하겠다. 우리 유아들에게서도 연습이론의 예시를 볼 수 있다. 말하자면, 사회극놀이를 하면서 부모의 역할들을 해 본다든가, 청소기로 청소하는 행동을 하고, 여러 가지 병원 도구를 활용하여 의사 역할을 하는 것 등이다.

이상 네 가지 고전이론은 놀이를 설명하는 데 있어서 몇 가지 취약점과 한계를 갖고 있다. 실제로 잉여에너지이론은 아이들이 놀이를 많이 하여 피곤한데도 불구하고 계속해서 놀이에 열중하는 이유를 설명해 주지 못한다. 그런가 하면 레크리에이션이론은 '일을 많이 한 어른일수록 아이들보다 더 많이 놀 것이다'라는 엉뚱한 가설을 만들게 한다. 반복이론 역시 현대 공학을 반영하는 우주선, 자동차와 같은 놀잇감들을 아이들이 좋아하는 이유를 설명해 주지 못한다.

그러나 고전이론은 여러 가지 측면에서 놀이를 이해하는 데 중요한 역할을 하기도 한다.

첫째, 고전이론이 19세기 실증주의 철학이 지배하던 시기의 어른들이 놀이에 대해 어떻게 생각했는가를 설명해준다는 점이다. 예를 들어, 당시 어른들은 잉여에너지이론에 입각하여 놀이가 무의미하고 비생산적인 행동이라고 보았는가하면, 연습이론에 근거했던 어른들은 놀이가 생존의 활력소라고 주장하였다는 것을 알 수 있다.

둘째, 고전이론의 주장이 현대의 일부 어른들에게 매력적으로 들린다는 점이다. 예를 들어, 학업성취 지향적인 어른들은 공부나 일에 비중을 두고 아이들에게 "숙제하고 놀아라"고 채근하는 것을 볼 수 있는데, 이는 고전이론들이 일과 놀이를 구분한 것과 유사하다고 하겠다.

셋째, 고전이론은 현대 놀이이론을 주장함에 있어 어느 정도 시사점을 제공하였다는 점이다. 예를 들어, 홀의 반복이론은 놀이의 발전단계를 설명함으로써 유아놀이를 체계적으로 관찰하는 데 도움을 주었고 이는 피아제의 놀이이론과도 일맥상통하였다고 할 수 있다.

2. 현대적 놀이이론

1920년대 이후 제기된 놀이이론들은 대체로 유아의 발달과 학습에 있어서 놀이의 기능이나 역할을 규명하는 데 중점을 두는 경향이었다. 이는 현대 심리학의 영향으로 활발해진 아동 관찰 및 교수 · 학습방법의 연구 등에 기인한다고 볼 수 있다. 이에 따라, 현장 교사들은 교실에 실제로 적용해 보고 놀이의 교육적 효과를 검증해 보는 움직임을 보여 왔다.

본질적으로 놀이는 복잡하여 어떤 이론도 놀이가 유아 발달과 학습에 미치는 영향력을 완전히 설명하기 어렵다. 따라서, 학자들의 견해를 종합적으로 참고하여 유아 생활에 있어서 놀이가 갖는 다양한 의미와 가치를 통찰하는 것이 중요할 것이다.

1) 정신분석이론

정신분석학자 프로이드가 제기한 놀이이론으로서, 놀이가 유아의 정서 발달에 중요한 역할을 한다고 보는 입장이다. 어떤 행동이든 동기가 있다고 본 프로이드는 유아의 놀이 역시 우연히 일어나는 것이 아니라 자신이 의식을 하든 안 하든 개인의 감정과 정서에 의해 결정된다고 보았다. 특히, 놀이의 동기를 근본적으로 쾌락 추구에 두었던 그는, 유아는 놀이를 하면서 희망을 성취하고 기쁨을 느끼며 고통스러운 경험을 감소시킨다고 하였다.

프로이드는 놀이의 발달단계를 리비도를 중심으로 한 심리성적 발달단계와 연합하여 설명하였다.

① 1단계 : 생후 1년간의 구강기에는 영아가 배고프지 않아도 손가락을 빨거나 입을 오물거리는 등 신체적 감각활동을 즐기는 것을 볼 수 있다.

② 2단계 : 2세 항문기에는 영아가 배변과 관련된 활동을 즐기는데 모래놀이, 물놀이를 하면서 더럽히고 젖게 하는 데 적절한 대치 현상을 보여준다.

③ 3단계 : 2~5세 남근기에 유아는 성적 감각이 강해지면서 외디푸스 · 일렉트라 콤플렉스를 비롯한 모든 사회적 관계에서의 갈등을 해결해야만 하는 과제를 갖게 된다. 이때 유아는 불안정한 감정이나 소망을 투사하거나 혹은 대치함으로써 해소하고자 한다. 투사는 자신의 충동을 타인에게 전가시키는 것으로서, 예를 들어 마법사 인형을 만들어 괴롭혔던 친구들을 혼내 주는 놀이를 하여 갈등을 해결하는 것을 들 수 있다. 대치는 대상을 덜 위협적이며 사회적으로 용납될 만한 것으로 바꾸는 것을 말하는데, 예를 들어 새로 태어난 동생에 대한 미운 마음을 인형을 물속에 빠뜨리는 놀이로 해소하는 것을 들 수 있다. 따라서 이 시기의 유아는 엄마, 아빠를 동일시한 역할놀이에서부터 주변의 사회적 모델들을 모방하고 확장한 사회극놀이에 이르기까지 다양한 극놀이를 통해 정서적 갈등을 해결하는 것을 볼 수 있다.

이와 같은 놀이를 통한 불쾌한 정서의 감소는 정화이론과 매우 유사하다고 볼 수 있다. 정화이론은 공격 에너지를 발산하면 공격성이 감소된다는 가정을 하고 있다. 예를 들어, 엄마로부터 꾸중을 들은 유아는 인형을 꾸짖거나 벌주는 것처럼 가장하여 놀이를 하면서, 부정적인 정서를 감소시키는 것을 들 수 있다.

그러나 이와 반대로 공격성을 발산하며 놀았던 유아들이 그렇지 않은 유아들보다 공격성이 감소되었다는 결과가 나타나지 않았다고 주장하는 연구자들도 많다. 이들은 오히려 웰더(Walder)의 반복 강박의 개념이 설득력 있다고 주장한다.

즉, 불유쾌한 경험을 놀이에 자주 반복하여 그 강도를 차차 약화시켜 해결한다는 것이다. 예를 들어, 2001년 9월 11일 미국 뉴욕의 세계무역센터가 테러 공격을 받아 잿더미가 되는 광경을 TV로 본 한국의 유아들이 이 사건과 관련된 역할놀이를 반복하는 것을 볼 수 있었다고 당시의 유아교사들이 말한 바 있다. 유아들은 처음에는 그 사건에 매우 충격을 받은 듯하였는데 몇 주가 지나자 그 놀이도 많이 줄어들었고 나중에는 더 이상 그 사건에 시달리지 않는 것으로 나타났다고 한다.

이에 따라 프로이드도 후에 반복 강박의 개념을 사용하여 유기체는 가능한한 정신적 긴장을 낮은 수준으로 유지하려고 하는데 불유쾌한 긴장이나 갈등은 반복에 의해서 흥분이 감소되기 때문에 놀이에서 재연된다고 하였다.

욕구를 투사하고 갈등이나 불유쾌한 사건을 다시 반복하는 놀이에 대한 프로이드의 설명은 놀이가 개인의 동기를 드러낸 것이라는 가정에서 나왔다. 인형을 가지고 노는 상상놀이, 그림이나 잉크 반점을 보고 이야기 꾸미기, 그 밖의 투사적 방법은 오늘날에도 임상적 진단이나 연구에 많이 쓰여지고 있다.

2) 인지발달이론

놀이에 대한 인지발달론적 관점은 피아제를 중심으로 제기되었다. 그는 유아는 다른 사람, 사물, 놀이자료와의 상호작용을 통해 세계에 대한 나름대로의 지식을 구성해 간다고 하였다. 유아는 알고 있는 것을 실제 생활에 활용하는데, 이러한 유아의 능력이 잘 반영되는 장면이 놀이라고 할 수 있다. 따라서 놀이를 관찰하면 유아의 발달 수준을 파악하고 통찰하게 된다. 유아는 놀이하는 중에 새로운 아이디어를 시도하기도 한다.

피아제는 놀이의 소산을 두 가지로 주장하였는데, 하나는 즐거움(pleasure)이고 다른 하나는 적응(adaptation) 또는 학습(learning)이라고 보았다. 적응은 동화(자신의 인지구조에 맞추어 대상을 받아들이는 인지기능)와 조절(대상에 맞추어 자신의 인지구조를 변화시키는 인지기능) 간의 균형을 요한다. 그런데 피아제는 이 두 인지기능 중, 특히 동화가 조절보다 우세한 상태가 놀이라고 보았다. 예를 들어, 블록, 달걀, 컵, 모자 등 사물에 대하여 알고 있는 유아가 사회극놀이를 할 때 블록을 달걀로 표상하고, 종이컵을 모자로 활용하는 등 놀이상황에 맞추어 사물을 본래 기능에서 변형하여 나타내는 것을 볼 수 있다. 놀이에서와 달리, 조절이 동화보다 우세하게 작용하는 상황에서는 모방이 일어나게 된다. 즉 모방을 통해 유아는 이전의 알고 있는 것과는 다른 새로운 기술을 획득하게 된다.

그러므로 피아제의 관점에서 볼 때, 학습은 새로운 정보를 받아들이는 적응적 행동이고, 놀이는 이 정보를 구성하고 활용하도록 하는 수단이 된다고 할 수 있다.

인지발달론적 입장에서 브루너(Bruner, 1972)는 놀이의 목적보다 놀이의 과정을 중요시할 것을 강조하였다. 어떤 목표 성취에 대한 걱정 없이 자유롭게 놀이할 때, 유아는 새롭고 흔하지 않은 방법들을 시도할 수 있을 것이다. 놀이하면서 시도했던 다양한 방법은 유아가 일상생활 문제를 해결하는 데에도 유용하게 사용될 것이다. 이런 점에서 브루너는 놀이가 유아의 융통성을 증진시킨다고 주장하였다.

서튼 스미스(Sutton-Smith, 1967) 역시 가장놀이에서 나타나는 상징적 변형(예 막대기를 말인 것처럼 타고 논다)이 유아의 융통성을 증진시킨다고 주장하였다. 그는 'as if(마치 ~인 것처럼)' 변형을 하면서 유아는 인습적인 사고에서 자유로워지고 새로운 아이디어를 생각해 낸다고 하였다.

3) 사회문화적 상호작용이론

러시아의 심리학자인 비고츠키(Vygotsky, 1976) 역시 인지 발달에 관심을 두었는데, 중요한 것은 인지 발달을 가져오는 주요 변인이 사회문화적 상호작용이라는 점을 강조한 것이다. 유아가 생활환경에 적응하기 위하여는 익혀야 할 지식 · 기술 및 문화적 가치와 신념이 있으며, 이것들은 유아 주변의 부모 · 교사 · 형제 · 친구 등과의 상호작용을 통해 유아에게 형성된다고 보았다. 유아가 친구나 성인들과 지지적인 상호작용을 할 때 그는 아이디어를 표현하고 문제를 해결하는 데 사회문화적으로 적절한 방법들을 발견하게 된다.

이러한 사회적 상호작용을 원활하게 하는 것이 놀이이며, 따라서 놀이는 인지 발달에 직접적인 역할을 담당한다고 보았다. 어린 시기의 유아는 추상적인 사고를 하지 못한다. 즉 실제로 진짜 말(馬)을 보지 않고는 말을 생각해내기 어렵다.

그러나 상징놀이를 할 때 유아들은 막대기 같은 사물을 말(馬)이라고 가장하여 사용하곤 한다. 이것은 유아가 사물과 사물이 가진 의미를 분리시켰음을 뜻한다.

이때 말의 대체물(막대기)이 말로부터 말의 의미를 분리시키는 축의 역할을 했다고 볼 수 있다.

이와 같은 점에서 비고츠키는 상징놀이가 유아의 추상적 사고 발달에 중요함을 강조하고, 나아가 사회극놀이에서 구성원들 간의 사회적 상호작용을 통해 인지 발달을 더욱 확장시킬 수 있음을 언급하였다.

4) 생태이론

인간과 환경과의 상호관계성을 탐구하는 생태학에서도, 놀이가 유아의 발달과 학습을 지원한다는 점에서 놀이의 중요성을 강조한다. 특히 생태학적 관점에서 브론펜브레너(Bronfenbrenner, 1979)는 유아놀이의 질을 결정짓는 환경 요인으로 다음의 세 가지를 제시하였다.

① 유아를 둘러싼 물리적 · 사회적 생활환경
② 유아가 소속한 생활문화권의 역사적 영향력
③ 유아가 소속한 생활문화권의 문화적 · 이념적 신념들

이 요인들은 서로 복잡하게 얽히고 서로 영향을 주고받으면서 유아의 놀이구조에 다양하게 작용한다. 따라서 생태이론가들은 주로 '유아가 놀이하는 방법에 영향을 끼치는 것은 무엇인가?', '놀이가 어떻게 유아 학습방법에 영향을 끼치는가?' 등에 초점을 두고 연구해 왔다. 이에 따라 연구자들은 유아의 놀이가 이루어지는 다양한 환경(예 가정, 유아교육기관, 공원 등) 및 놀이에 영향을 주는 다양한 요인(예 가정 문화, 유아교육기관의 철학, 지역사회 문화, 정치적 풍토 등) 등을 탐구하고 여러 환경 및 요인들 간의 상호작용이 유아의 성장과 발달에 어떻게 영향을 주는지를 연구해 왔다.

실제로, 사회문화적 환경에 따라 유아들의 상상놀이를 연구한 스밀란스키(Smilansky, 1968)에 의하면 중류층 유아들이 저소득층 유아에 비하여 사회극놀이에의 참여도가 높았다고 한다. 연구 당시에 스밀란스키는 저소득층 유아들이 비상상적이고 반복적이며 단순하고 사물 의존도가 높았다고 하면서 놀이결핍론을 제기하고, 이를 보충하기 위한 놀이훈련을 해야 한다고 주장하였다. 그러나 1990년대 이후 최근에는 이 같은 스밀란스키의 연구를 다양한 각도에서 논의하는 경향이 있다. 즉, 그 연구가 하류층 유아들에게 낯선 소품들로 구성된 역할놀이 영역에서 이루어진 것은 아닌지, 하류층 유아들의 일상환경이 상상놀이를 자극할 만한 사람, 놀잇감, 책 등의 요소들이 별로 없는 것은 아닌지 등을 고려해야 한다고 하면서, 연구결과를 놀이결핍보다는 환경의 차이로 인한 놀이 동기의 문제로 해석하는 학자들도 있다.

5) 각성조절이론

각성조절이론은 벌라인(Berlyne, 1960)에 의해 제기되고, 엘리스(Ellis, 1973)에 의해

수정된 이론이다. 이들은 놀이란 최적의 수준으로 각성을 유지하려는 중추신경계의 요구와 추동(drive)에 의해 야기되는 활동이라고 설명한다. 각성조절의 방법은 두 가지로 나누어지는데 하나는 자극감소활동이고, 다른 하나는 자극추구활동이다. 자극감소활동은 자극이 지나쳐서 정서적으로 흥분되거나 긴장되면 각성수준이 높아지는데, 이를 적정 수준으로 조절하기 위해 참여하는 놀이활동을 말한다.

예를 들어, 낯선 사물을 보고 각성 수준이 높아졌다면 그 사물을 탐색하거나 그 사물에 친숙해짐으로써 각성을 낮출 수 있다. 반면에, 자극이 충분하지 않을 경우 각성은 현저히 낮은 수준으로 떨어져 지루하고 심심해지는데, 이를 적정 수준으로 조정하기 위해 참여하는 놀이활동이 자극추구활동이다. 새롭고 신기한 방법으로 미끄럼 타는 것을 싫어한다면 나름대로의 다양한 방법을 생각하여 미끄럼을 탐으로써 자극 수준을 높일 수 있다. 엘리스는 각성조절 방법 중 특히 자극추구 활동의 입장에서 놀이를 강조하였다.

이와 같은 각성조절이론은 현대의 놀이환경을 구성하거나 놀이활동의 균형을 기하고자 할 때 많이 참고되고 있다. 유아교육기관의 실내 환경과 실외 환경, 동적 활동과 정적 활동, 친숙한 놀잇감과 새로운 놀잇감, 활동과제의 난이도 고려 등은 그 좋은 예이다.

다시 생각해보기

5세 유아가 다양한 형태의 블록을 가지고 며칠 동안 놀고 또 놀고 있다. 유아의 놀이 행동을 어떤 이론에 근거하여 설명하면 좋을까?

연령(발달) 수준, 블록의 다양성, 놀이의 지속성, 놀이방법의 변화, 몰입 정도, 블록놀이 전후 맥락 등 여러 요인을 고려하면 한 가지 이론만이 아닌 몇 가지 이론을 연관지을 수 있겠지요!

연습문제

1. 다음 문장을 읽고 진위를 O, X로 표시하시오.

- 놀이에 관한 최초의 가설은 진화론의 영향을 받아 이루어졌다. ( )
- 고전적 놀이이론은 안락의자이론이라고도 부른다. ( )
- 잉여에너지이론은 놀이로 에너지를 소모한다는 입장이다. ( )
- 잉여에너지이론에 의하면 아이들이 어른보다 놀이를 더 많이 하게 된다. ( )
- 반복이론에서는 청년기에도 인형을 갖고 노는 것을 수용한다. ( )
- '5세 유아가 축구놀이를 열심히 하는 것'은 연습이론을 설명해 준다. ( )
- 현대놀이이론은 고전놀이이론에 근거를 두고 주장되었다. ( )
- 홀의 반복이론은 피아제의 인지놀이이론과도 상통한다. ( )
- 프로이드는 유아의 놀이가 감정과 정서에 의해 결정된다고 보았다. ( )
- 현대적 놀이이론은 1920년대 이후 제기된 놀이이론들이다. ( )

2. 다음 질문에 간단히 답하시오.

- 프로이드가 주장한 놀이의 발달단계는 무엇인가?
- 정신분석학자들이 말하는 정화이론과 반복 강박의 차이는 무엇인가?
- 피아제가 주장한 놀이와 모방의 차이는 무엇인가?
- 인지발달론적 입장에서 브루너가 주장한 놀이란 무엇인가?
- 비고츠키가 주장한 상징놀이의 기능은 무엇인가?
- 생태이론에서 말하는 놀이결핍과 놀이차이가 뜻하는 바는 무엇인가?
- 각성조절의 두 가지 방법은 무엇인가?
- 현대놀이에서 동적 · 정적 활동의 균형을 기하고자 할 때 우선적으로 참고 되는 놀이이론은 무엇인가?

참고문헌

Berlyne, D. (1960). Confl ict, arousal and curiosity. New York: McGraw-Hill.

Bronfenbrenner, U. (1979). *The ecology of human development: Experiments by nature and design*. Cambridge, MA: Harvard Univ. Press.

Bruner, J. S. (1972). The nature and uses of immaturity. *American Psychology*, 27, 687-708.

Ellis, M. (1973). *Why people play*. Englewood Cliffs, NJ: Prentice-Hall.

Smilansky, S. (1968). *The effects of sociodramatic play on disadvantaged preschool children*. New York: Wiley.

Sutton-Smith, B. (1967). The role of play in cognitive development. *Young Children*, 22, 361-370.

Vygotsky, L. S. (1976). Play and its role in the mental development of the Child. In J. S. Bruner, A. Jolly, & K. Sylva (Eds.), *Play: Its role in development evolution*(pp.537-554). New York: Basic Books.

Chapter 03

영유아 발달과 놀이

1. 영유아의 발달과 놀이 특징
2. 놀이의 발달단계
3. 발달에 적합한 놀잇감
4. 놀이 발달에 영향을 미치는 요인

개요

영유아들의 놀이는 연령에 따라 다르게 나타난다. 즉 영유아들의 놀이를 관찰해 보면 개인차는 있지만 대체로 연령이나 발달수준에 따라 공통점과 특징을 발견할 수 있다.

놀이에 대한 관심과 흥미가 변화하기 때문에 같은 놀잇감을 가지고 다르게 놀이한다. 각 발달단계마다 현저하게 발달하는 기능을 사용하여 놀이에 몰두하기 때문에 놀이에는 발달 상태가 반영되어 나타난다.

교사나 부모로서 놀이 발달단계의 특징 및 전반적인 놀이 발달 경향을 아는 것은 각 성장시기에 적합한 놀이환경을 마련하고, 놀이 지원자로서의 역할을 하는데 도움이 된다. 3장에서는 이에 대해 살펴보고자 한다.

Chapter 03

영유아 발달과 놀이

1. 영유아의 발달과 놀이 특징

1) 0~1세 미만 아기

(1) 발달 특징

① 신체운동 발달

- 손과 입을 사용해서 사물을 탐색한다.
- 출생 후 1세 미만에 이르기까지 턱 들기, 가슴 들기, 몸 뒤집기, 다리에 힘주기, 물건 쥐기, 앉기, 기기, 붙잡고 일어서기가 가능해지고, 돌 무렵이면 걷기 시작한다.

② 인지 발달

- 사물에 초점을 맞추기 시작하며 눈으로 사물을 추적한다.
- 소리나는 방향으로 몸을 돌린다.
- 단순한 움직임을 모방한다.

- 음악과 노랫소리에 따라 몸을 움직이며 반응한다.
- 두드리기, 흔들기, 던지기, 쥐기를 통해 사물을 탐색하고, 행위를 가하여 일어난 결과에 흥미를 보인다.
- 대상 영속성의 개념이 발달한다.

▶ **대상 영속성**
대상, 즉 사물이나 사람이 존재하다가 안 보여도 없어진 것이 아니라는 사실에 대한 지식

③ 사회성 및 정서 발달

- 사람의 얼굴과 목소리에 관심을 보이며, 낯가림을 한다.
- 사람들과 접촉하고 싶어 하며, 관심을 끌고 싶어 한다.
- 주변의 자극에 흥미와 호기심을 보인다.
- 까꿍놀이, 물건 주고받기와 같은 사회적 게임을 한다.
- 다른 사람의 행동을 모방한다.

▶ **소리내기**
생후 1~3개월경 아기가 편안하고 만족감을 느낄 때 호흡하는 과정이나 입 안에 침이나 젖이 고여 있을 때 '으~, 아~, 그 ~, 크~, 프~' 등과 같이 웅얼거리는 소리를 내는 것.

④ 언어 발달

- 엄마와 낯선 사람의 목소리를 구별한다.
- 소리내기(cooing)와 옹알이(babbling)를 한다.
- 엄마의 말을 이해하고 반응을 보이기 시작한다.
- 간단한 명령을 이해한다.

▶ **옹알이**
생후 4~6개월경 아기의 발성기관과 구음기관이 발달함에 따라 자음과 모음이 합쳐져 한 음절로 된 소리를 내는 것(예 마마마, 바바바, 다다다). 주위에서 많이 듣는 음을 발성하며, 점차 억양이 곁들여짐

(2) 놀이 특징

① 붙잡고 서기, 걷기와 같은 대근육 운동놀이를 좋아하며, 손과 입으로 사물을 탐색하는 시기이므로 손에 잡히는 대로 입에 가져간다.

② 본능적으로 오감의 발달을 자극하는 놀이를 좋아하며, 부드러운 재질의 촉감 공, 놀잇감을 쥐거나 건드렸을 때 소리가 나거나 움직이는 것을 좋아한다.

③ 자신의 행동에 따른 변화(결과)를 인식하고 행동에 숙달되는 즐거움을 위해 반복한다.

④ 성인이 함께 반응해 주고, 놀아주는 것을 좋아하며, 까꿍, 잼잼잼, 곤지곤

지, 도리도리, 짝짜꿍 놀이를 한다. 놀이를 통해 애착 형성, 타인 인식, 역할 바꾸기, 차례 지키기, 신호 보내기, 관찰하기 등 상호작용에 필요한 기본적인 기술을 익힌다.

(3) 대표적인 놀잇감

딸랑이, 모빌, 치아발육기(teether), 손으로 잡아당기는 놀잇감, 침대에 매달아 주는 놀잇감, 그림책, 음악상자, 종, 오뚝이, 작고 폭신한 공, 보행기, 헝겊 인형, 블록, 거울, 물놀이 도구, 장난감 전화기, 감각을 자극하고 성취감을 느낄 수 있는 단순한 놀잇감, 다양한 소리가 나는 악기, 누르면 소리가 나고 빛이 나는 장난감, 냄비 뚜껑, 숟가락, 플라스틱 컵, 유모차, 아기 놀이울(playpen) 등

▶ **모빌**
아기가 바라보는 정면에 위치하며, 약 45° 각도, 높이 30cm 정도가 좋음

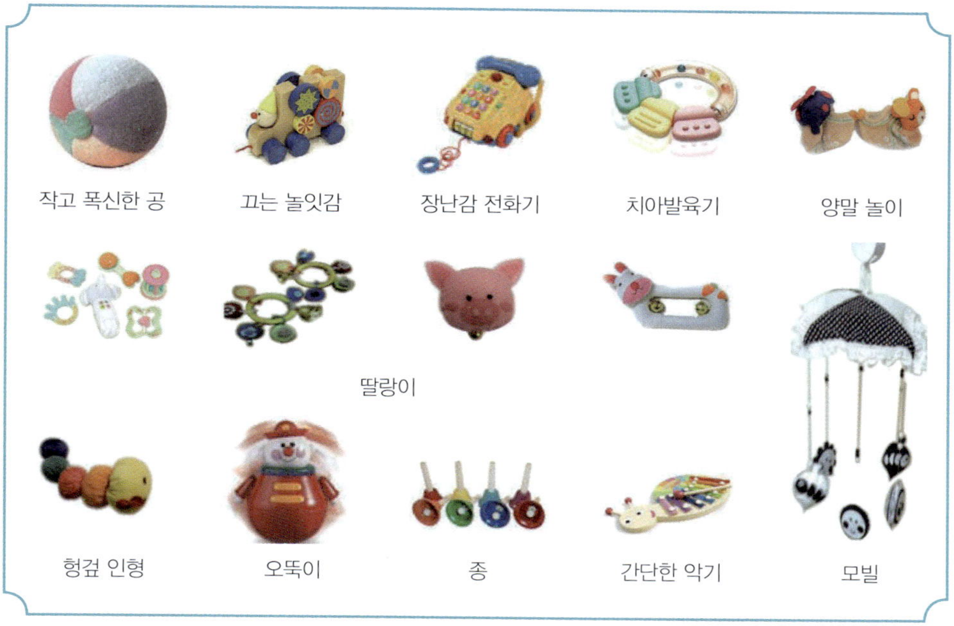

| 그림 3-1 | 0~1세 미만 아기 놀잇감의 예

2) 1~2세 걸음마기 영아

(1) 발달 특징

① 신체운동 발달

- 걷기 시작하면서 활동 반경이 넓어진다.
- 사물을 조작하고 탐색하며, 새로운 활동을 시도한다.
- 뛸 수 있으며, 층계를 오르내리고, 큰 공을 찰 수 있다.
- 크레파스, 색연필 등의 도구로 종이 위에 긁적거린다.
- 책장을 넘길 수 있으며, 블록을 몇 개 쌓는다.

② 인지 발달

- 사물의 질감, 모양, 크기, 색, 기능적인 관계에 관심을 갖는다.
- 비슷한 사물끼리 짝지을 수 있다.
- 표상능력의 발달로 상징놀이를 시작하고, 감각운동 놀이를 즐긴다.
- 그리기, 만들기 놀이를 하며, 결과보다는 과정을 즐긴다.
- 구체적 사물과의 상호작용을 통해 개념이 발달하며, 추상적인 개념은 이해하지 못한다.

③ 언어 발달

- 자기의 이름과 몇 개의 단어를 말한다.
- 그림책을 보고 듣는 것을 즐긴다.
- 말을 통해 다른 사람에게 원하는 것을 표현하고, 대화가 가능하다.
- 간단한 심부름을 할 수 있다.
- 두 단어로 한 문장을 표현하는 두 단어기 언어 표현을 사용한다(예 엄마 까까, 엄마 물 등).

④ 사회성 및 정서 발달

- 혼자 놀거나 성인과 함께 놀며, 성인의 인정과 칭찬을 받고자 노력한다.
- 자신의 감정과 느낌을 솔직하고 강하게 표현한다.
- 독립심을 보이며, 자신이 한 일에 자신감을 보인다.
- 또래 상호작용이 시작되나 지속시간이 짧다.
- 남녀의 차이를 알고, 자신의 성에 관심을 갖는다.
- 다른 사람의 감정에 관심을 나타내고 그것을 이해한다.

(2) 놀이 특징

① 감각운동 놀이가 주를 이루나 이전보다 운동기술이 안정되고, 협응력과 균형감각은 증진되지만 소근육을 사용하는 놀이는 아직 미숙하다.

② 대근육 운동놀이를 좋아하여 계단 오르내리기, 흔들말 타기, 공 던지고 받기, 끌고 다니는 장난감을 좋아하고, 기능 숙달에 흥미를 느낀다.

③ 간단한 일상생활 관련 상징놀이(아기 돌보기, 빨래하기, 전화 받기, 먹기, 자기 등)를 좋아하며, 실제 사물과 유사한 놀잇감을 선호한다.

④ 사회적 놀이에 대한 관심은 있으나 상호작용은 잘 이루어지지 않는다.

⑤ 문제해결 능력과 독립심이 증가하며, 활동적 · 적극적 · 열정적이므로 놀이 시 안전에 유의해야 한다.

⑥ 놀잇감을 탐색하고, 사물의 속성(질감, 모양, 크기, 색)에 흥미를 갖기 시작하며, 초보적인 수 세기가 가능하다.

⑦ 그림책에서 읽은 단순한 내용을 반복해서 듣기를 좋아한다.

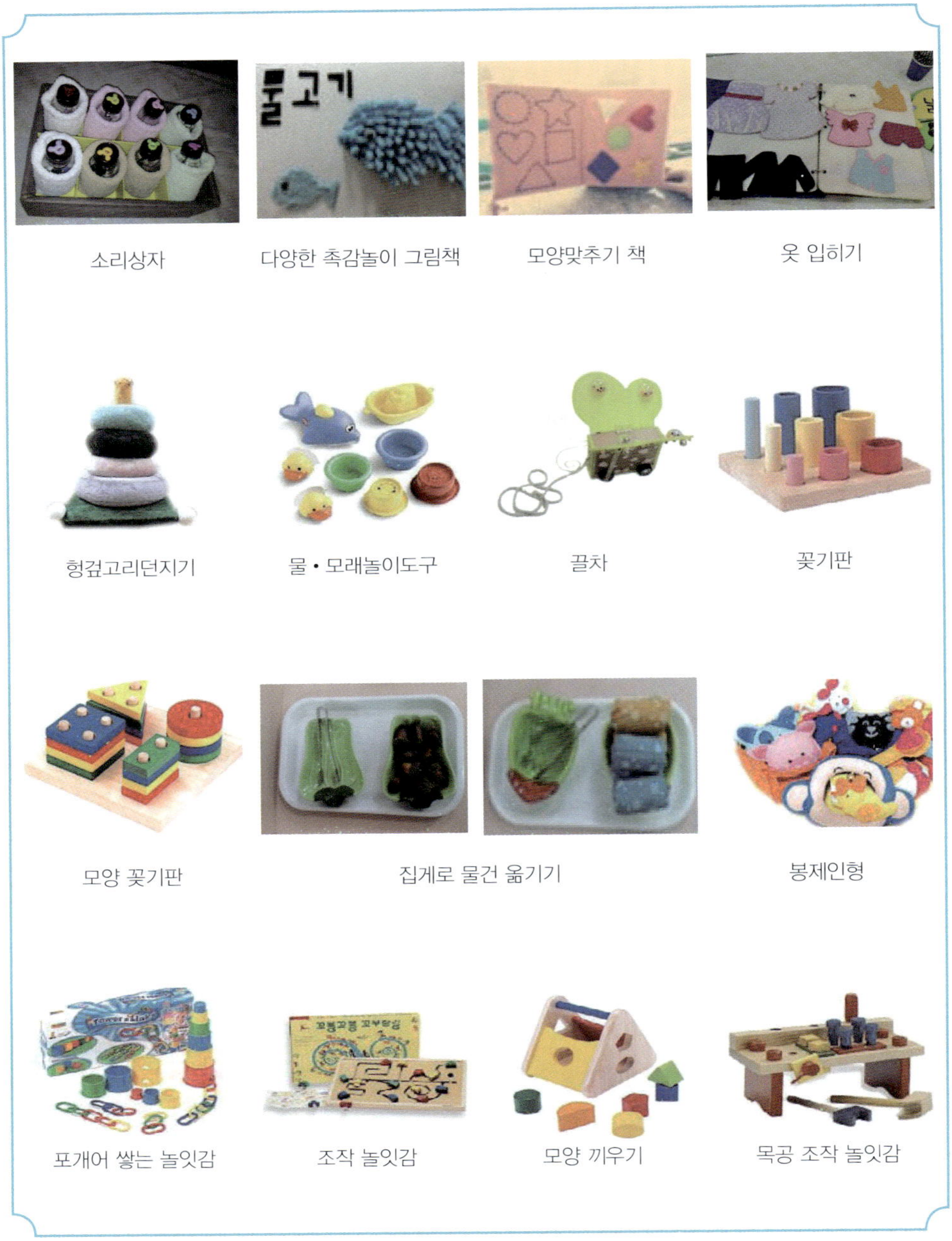

| 그림 3-2 | 1~2세 걸음마기 영아 놀잇감의 예

(3) 대표적인 놀잇감

탈것, 끌차, 미끄럼, 그림책, 물 · 모래놀이 도구, 블록, 모양 끼우기, 구슬 레일, 꼭지 달린 퍼즐(3~5조각), 인형, 동물, 교통기관 모형, 미술 재료, 리듬악기, 조작 놀잇감, 소꿉놀이 도구, 점토, 밀가루 반죽, 핑거 페인팅(finger painting), 포개어 쌓는 놀잇감(stacking toy), 다양한 촉감놀이, 그림책, 줄에 꿰는 색구슬, 꽂기판, 낮고 부드러우며 오르내릴 수 있는 계단, 기어들어갈 수 있는 터널, 열쇠상자, 느낌 주머니, 스펀지로 된 계단, 서프라이즈 상자 등

3) 3세 유아

(1) 발달 특징

① 신체운동 발달

- 대근육의 운동조절 능력이 증진된다.
- 속도를 변화시키며 뛰거나 돌 수 있고, 계단 오르기, 세발자전거 타기가 가능하다.
- 소근육 기술이 세련되지는 못하나 양손을 사용한 신체적 기술에 관심이 많다.
- 운동기능 및 감각기능의 협응과 눈의 협응력이 필요한 활동이 가능하다.
- 초보적인 가위질하기와 그리기가 가능하다

② 인지 발달

- 인과관계를 이해하고, 결과를 예견하는 능력이 나타난다.
- 주의집중시간이 짧고 실제와 가상을 구별하지 못한다.
- 상상력이 이전보다 뚜렷이 증가하지만 추상적 사고를 다룰 수 없다.
- 보고 들은 것의 재생이 가능하나 두 가지 이상의 정보를 기억하지 못한다.
- 단순하고 구체적이며, 감각적인 사고를 하며, 한 가지 특성에 의존하여

사물을 판단하는 경향이 있다.

③ 사회성 및 정서 발달

- 자율성과 독립심이 싹튼다.
- 혼자놀이에 익숙하고, 양보능력이 거의 없으며, 성인과 가까이 있기를 좋아한다.
- 자신의 감정을 솔직하게 표현하고, 부정과 반항의 표시가 많으며, 특히 피곤하거나 통제를 받으면 화를 잘 내고 변덕을 부린다.
- 성인 및 또래의 인정과 칭찬에 관심이 많으며, 또래에 대한 질투의 감정이 강하게 나타난다.
- 시각적인 것에 공포심을 표현한다.

④ 언어 발달

- 어휘 수가 급격하게 증가한다(약 1,000개).
- 말하는 것을 즐기고, 새로운 단어에 관심이 많으며, 우스운 소리나 말놀이를 좋아한다.
- 세 단어로 한 문장을 표현하는 세 단어기 언어 표현을 사용하며, 다양한 문장 표현과 의문문, 부정문을 사용하나 문법에 맞지 않는 불완전한 문장을 사용할 때도 있다.
- 그림책을 보면서 실제 내용과 비슷하게 꾸며 읽는다.

(2) 놀이 특징

① 감각기관을 훈련하고 초보적인 운동능력을 사용하는 놀이가 주를 이룬다.

② 놀이 형태가 단순하고 간단한 조작활동을 좋아하며, 놀이 시 같은 행동을 계속 반복하는 특징이 나타난다.

③ 주의집중력이 짧아 놀이지속시간이 매우 짧다.

④ 사회성이 발달되지 않아 혼자놀이나 1~2명과의 병행놀이를 많이 하고, 놀

이 선호도에 성차가 나타나지 않으며, 남녀 구별이 없이 또래와 사귄다.

⑤ 자신의 신체에 호기심을 갖게 되고, 몸을 움직여 뛰고 기어오르는 등의 활동을 통해서 자신감과 성취감을 느끼며, 신체기술을 연습하고 숙달하는 놀이를 많이 한다.

⑥ 고집이 세고 반항적이나 2세보다 또래에 잘 적응하려고 하지만, 대처기술이 부족하다.

⑦ 놀이 시 결과물을 중시하며, 창의적으로 만들고 꾸미기를 좋아한다.

⑧ 성인 의존적인 놀이를 하며, 협력하기, 차례 지키기, 나누기, 자신의 행동이 주변 세계에 미치는 영향에 관심을 갖기 시작한다.

(3) 대표적인 놀잇감

그네, 미끄럼, 시소, 흔들 목마, 자동차, 싱싱카, 붕붕카, 스카이콩콩, 그림책, 자신의 앨범, 간단한 조작 놀잇감, 구멍에 막대나 실 끼우기, 포개고 쌓기, 물건짝 찾기, 뚜껑 찾기, 단순한 수수께끼판, 소꿉놀이 도구, 소형 장난감, 미술 재료, 끼우기나 맞추기, 세발자전거, 가볍고 폭신한 공, 꼭지 달린 퍼즐(5~8조각), 장난감 전화기, 큰 블록, 밀가루 점토, 리듬악기, 물 · 모래 놀잇감, 트램펄린, 봉제인형, 신발끈 매기, 허리띠 채우기, 도미노 카드, 자신의 앨범, 트램펄린 등

| 그림 3-3 | 3세 유아 놀잇감의 예

4) 4세 유아

(1) 발달 특징

① 신체운동 발달

- 신체운동 기술이 발달하여 독립적이고 활동적인 운동과 새로운 신체적 기능을 활용한다.
- 대근육 활동이 활발해지고, 소근육과 눈과 손의 협응력의 발달이 점차 정교해진다.
- 단순한 협응력이 요구되는 기술은 도움을 필요로 하지 않으나 시간이 오래 걸린다.
- 한 발로 서서 균형을 잡는다.

② 인지 발달

- 인과관계의 유추가 가능하며 간단한 사건의 이유를 설명할 수 있다.
- 상상과 가상을 구별하며 현실을 인식하고, 사물의 속성과 기능의 유사점 및 차이점에 의하여 분류하고 범주화하는 능력이 형성되기 시작한다.
- 탐색적 · 논리적 사고, 기억력, 언어표현력의 발달이 활발히 이루어진다.

③ 사회성 및 정서 발달

- 친구를 좋아하고, 동성의 유아에게 관심을 보인다.
- 혼자놀이를 중심으로 하지만, 집단놀이가 나타난다.
- 타인의 요구사항을 이해하게 되고, 규칙을 배울 수 있으며, 상대방을 고려하고 도와줄 수 있다.
- 남녀의 성역할을 인식하기 시작하며, 사회적 인간관계에도 관심이 많다.
- 성인 및 또래의 인정과 칭찬에 민감하다.

④ 언어 발달

- 3~7개의 단어를 사용하여 완전한 문장으로 말할 수 있으며, 어휘 수가 1,600개 정도 된다.
- 과장이나 유머를 좋아하고 이야기를 듣거나 다른 사람과 이야기하기, 노래 부르기, 책 읽기를 좋아한다.
- 글자, 숫자, 단어를 인식하기 시작하며, 읽고 쓰기 위한 모양의 변별이 가능하다.
- 왕성한 호기심으로 질문이 많아진다.

(2) 놀이 특징

① 놀이가 확장되고 다양해지면서 친구와 함께 노는 연합놀이가 나타난다. 놀이를 통해 집단의식을 느끼게 되며, 놀이지속시간이 길어진다.

② 인지능력 및 언어능력이 급격히 발달하며 사회성도 발달하기 때문에 친구도 많아지고 보다 확장된 놀이를 즐긴다.

③ 탐색적이고, 모험적인 놀이를 좋아하기 때문에 대근육 활동이 더욱 활발해지고, 자신감이 넘친다.

④ 상상놀이나 극놀이 활동이 질적 · 양적 면에서 크게 확대되어 극놀이 활동 자료가 풍부해지고 역할도 복잡해지기 시작한다.

⑤ 창의적인 놀이를 즐기며 무엇인가를 의미하는 물건을 만들어낸다.

⑥ 소근육이 발달하고, 눈과 손의 협응력, 균형 감각 및 미적 감각 등이 발달함에 따라 작은 조각들을 조립하여 정해진 형태를 만드는 조작적인 놀이를 즐긴다.

⑦ 지적 자극에 민감해지므로 학습과 연관된 놀이(수, 분류, 언어놀이 등)에 관심을 보이기 시작한다.

| 그림 3-4 | 4세 유아 놀잇감의 예

(3) 대표적인 놀잇감

보조바퀴 달린 두발자전거, 인라인 스케이트, 폐품으로 만든 놀잇감, 만들기, 사다리 기어오르기, 바퀴, 색칠하기, 바느질하기, 구슬 꿰기, 유아의 현실세계를 확장시키는 역할놀이 소품(가족놀이, 전화놀이, 병원놀이), 자석, 돋보기, 동식물 키우기, 퍼즐(9~12조각), 인형과 소꿉놀이 도구, 미술 재료, 레고 블록 중형, 목공놀이 도구, 수 · 조작 놀잇감, 자물쇠 잠그기, 운동놀이기구(탈것, 매트, 뜀틀, 볼링, 공), 그림동화책 등

5) 5세 유아

(1) 발달 특징

① 신체운동 발달

- 신체적 비율이 유아 전기보다 성인의 신체 비율에 가까워진다.
- 안정되고 민첩하며 균형적인 동작이 가능하며, 대근육 발달에 의해 뛰기, 달리기, 균형 유지하기, 두발자전거 타기를 할 수 있다.
- 신체협응 능력과 소근육 발달이 더 정교해진다.
- 운동신경이 발달하며, 자신의 운동기술을 실험해 보는 놀이를 선호한다.

② 인지 발달

- 사물의 속성과 기능의 유사점 및 차이점에 의해 분류하고 범주화한다.
- 구체적 사물의 지각 경험과 논리적인 사고능력에 기초한 보존개념, 시간 · 공간개념 및 인과관계, 과학개념이 발달한다.
- 회상과 재생 및 기억력이 점차 아동기의 수준과 비슷하게 발달한다.
- 문제를 해결하기 위해 탐색, 질문, 예측, 관찰, 실험하기를 즐긴다.

③ 사회성 및 정서 발달

- 협동하기, 돕기, 협상하기, 공감하기 등의 사회적 기술과 규칙이 발달한다.
- 또래의 인정에 민감하며, 또래의 규제력이 유아의 중요한 사회적 준거가 된다.
- 사회적 기술과 역할을 인식하며, 사회적 상호작용에 관한 지식이 발달한다.
- 감정 표현이 풍부하고, 분화된 정서 형태에 의한 정확한 감정을 표현할 수 있다. 상황에 맞게 부정적인 정서를 피할 줄 알게 되고 감출 수도 있다.
- 자신감이 증가하며, 상상력이 발달하여 상상적인 공포감이 나타난다.

④ 언어 발달

- 완전한 문장으로 말할 수 있으며, 다른 사람과 적절히 의사소통할 수 있다.
- 문장 형태와 문장 이해력이 성인의 언어 형태와 유사하며, 글자의 이름 · 소리 · 단어의 변별이 가능하며, 말하기에 사용되는 어휘 수가 늘어나 의사소통에 거의 불편이 없게 되며, 읽기와 쓰기에 흥미를 느끼고, 기본기술을 습득한다.

(2) 놀이 특징

① 신체, 사회, 정서, 언어, 인지 등 모든 발달이 조화롭게 이루어지는 시기로 다양하고 정교하며 복잡한 놀이를 즐기며, 놀이지속시간이 증가한다.
② 극놀이를 할 때도 보다 계획된 내용으로 조직적으로 놀이를 진행한다.
③ 문제를 해결하는 과정에서 결과에 대한 원인을 찾아보려는 노력을 하게 된다.
④ 예측하고 관찰 · 실험해 보는 활동을 즐기며, 세밀하고 구체적으로 할 수 있다.
⑤ 협동놀이를 즐기고 놀이에 집중하는 시간이 길어지며, 놀이집단의 소속감을 느끼고, 놀이의 규칙을 이해하며, 집단을 위해 최선의 노력을 기울인다.
⑥ 여아는 제일 좋은 친구를 선택하고, 남아는 집단놀이를 선호한다.

⑦ 규칙 있는 게임을 선호하며, 정교한 색칠하기, 오리기, 복잡한 쌓기 구조물 만들기를 좋아하며, 자신의 작품과 타인의 작품을 비교한다.

(3) 대표적인 놀잇감

정교한 기술이 요구되는 가위질, 기하도형 맞추기, 종이접기, 규칙 있는 게임(주사위, 체스, 바둑, 장기, 빙고, 게임판 등), 두발자전거, 퍼즐(13~20조각), 다양한 블록(카프라, 플라스틱, 유니트, 공간, 레고 소형 블록 등), 디자인과 패턴 만들기, 조립 세트, 운동놀이기구(퀵보드, 탑블레이드, 인라인 스케이트), 바느질, 미술 재료, 컴퓨터, 숫자 및 단어 카드, 그림동화책, 과학놀이 도구, 목공놀이 도구, 상징놀이 소품 등

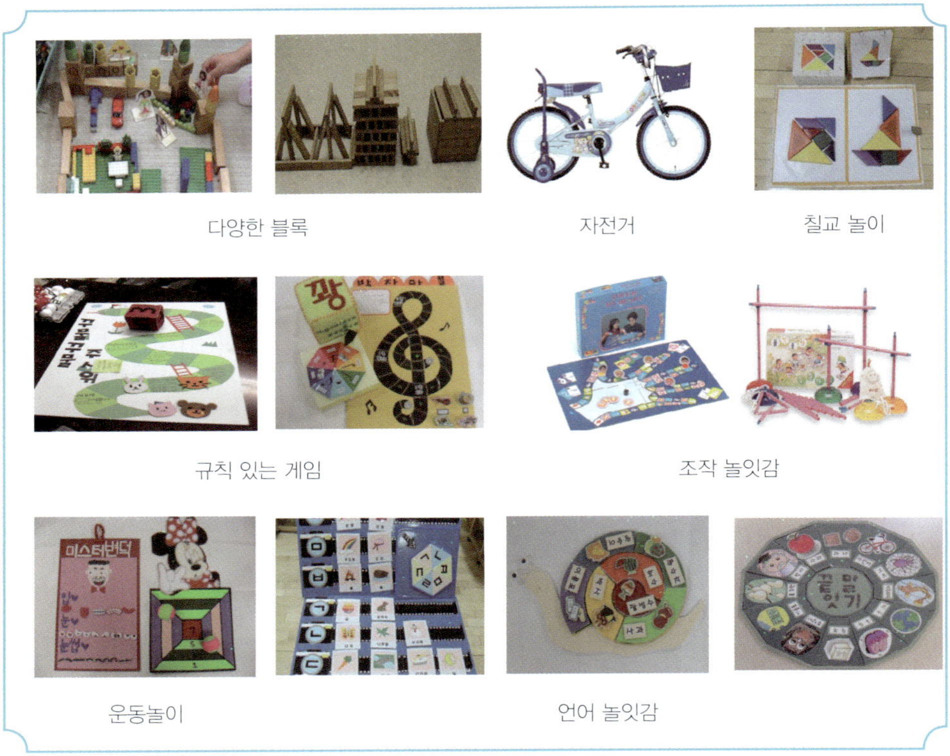

| 그림 3-5 | 5세 유아 놀잇감의 예

이상의 연령별 놀이 특징을 종합하면 다음과 같다.

① 0~1세 미만 영아는 감각운동놀이를 하고, 주로 손과 입으로 사물을 탐색하며, 자신의 우연한 행동 결과를 발견하고 그것을 반복하여 놀이로 발전시킨다. 성인이 놀이를 주도한다.
② 1~2세 영아는 걷기 시작함에 따라 활동 반경이 넓어지고, 대근육 운동놀이를 주로 하고, 소근육 운동은 아직 미숙하다.
③ 3세 유아는 짧은 주의력과 흥미를 가지고 혼자놀이와 단순한 놀이를 즐기면서 탐색활동을 하는 특징이 있다.
④ 4세 유아는 단순하고 구체적인 놀이에서 점차적으로 복잡하고 다양한 놀이를 시도하게 되고, 친구와 함께 상호작용하면서 노는 놀이 형태가 나타나는 것이 특징이다.
⑤ 5세 유아는 또래와의 상호작용이 증가하면서 놀이의 지속시간과 주의집중력이 길어지며, 다양하고 복잡한 놀이를 선택하게 되고, 집단 내에서 놀이 규칙을 지키며, 집단 구성원들과 협동하는 놀이 특징을 보인다.

요컨대, 영유아의 발달 초기의 놀이는 단순하고 반복적이며, 주로 감각운동을 사용하는 놀이가 주를 이룬다. 또한 주의집중시간이 짧아 놀이지속시간이 매우 짧고, 자기중심적이며, 혼자놀이를 많이 하고, 놀이에서 성차를 보이지 않는다.

연령이 증가할수록 신체운동 놀이는 민첩하고 안정되며, 단순한 놀이에서 복잡하고 다양한 놀이로 변화하며, 창의적이고 구체적인 놀이를 한다. 또한 놀이지속시간이 길어지고, 놀이에 성별 차이가 나타나며, 혼자놀이에서 병행놀이, 연합놀이, 협동놀이 순으로 발전한다.

2. 놀이의 발달단계

영유아는 신체 및 인지적 제반 발달 수준에 따라 놀이 유형도 다르게 나타난다. 또한 여러 놀이의 유형마다 단계적으로 일정한 방향으로의 전환 및 발달이 이루어진다.

인지적 측면에서 피아제는 영유아 놀이를 연습놀이, 상징놀이, 규칙 있는 게임으로 구분하고, 스밀란스키는 기능놀이, 구성놀이, 극놀이, 규칙 있는 게임으로 구분하였다. 사회적 측면에서 에릭슨(Erikson)은 자기 세계 놀이(자신 및 엄마의 신체 탐색, 활동의 반복, 자기 세계), 미시영역 놀이(작고, 자신이 다룰 수 있는 놀잇감 및 사물의 세계, 혼자놀이의 세계), 거시영역 놀이(다른 사람과 공유하는 세계)로 구분하고, 파튼(Parten)은 비참여 행동, 지켜보기, 혼자놀이, 병행놀이, 연합놀이, 협동놀이로 구분한 바 있다.

이처럼 놀이의 유형 및 단계는 학자들 간에 견해차가 있다. 이를 기초로 사회적 · 인지적 놀이의 발달단계를 살펴보고자 한다.

영유아 놀이의 발달적 변화는 한 가지 놀이에서도 개인차가 있으며, 여러 가지 발달적 변화가 동시에 일어나기도 하고, 오랜 기간에 걸쳐 일어나기도 한다는 점을 고려해야 한다.

1) 사회적 놀이단계

영유아들이 성장 · 발달함에 따라 사회적 상호작용도 그 형태를 달리하며 놀이 형태도 달라진다. 사회적 놀이단계는 영유아가 다른 영유아들과 어느 정도로 어떻게 상호작용을 하느냐에 따라 놀이를 분류하여 그 발달단계를 나타낸 것이다. 따라서 2~3세 영유아들에게서 흔히 나타나는 혼자놀이나 병행놀이도 4~5세 유아들의 놀이행동에서 얼마든지 볼 수 있다.

(1) 비참여 행동

비참여 행동(non-play behavior)은 놀이에 참여하지 못하고 순간적인 관심과 흥미에 따라 잠시 바라볼 뿐이다. 놀이로 간주할 수 없지만 놀이 발달 과정에서 겪게 되는 단계라는 데 의미가 있다. 예를 들면 가만히 앉아 좌우를 두리번거리거나, 교사를 졸졸 따라다니거나, 놀잇감을 가지고 놀지 않고 만지작거리기만 한다. 이 행동은 정확히 놀이로 간주할 수 없지만 사회적 놀이 발달과정에서 모든 영유아가 겪게 되는 단계라는 데 의미가 있다.

놀이환경이나 대상이 낯설거나, 놀이에 흥미가 없을 때, 아프거나 기분이 좋지 않을 때, 친구관계가 원만하지 않을 때 이런 행동을 보인다.

(2) 지켜보기

지켜보기(looking behavior)는 다른 영유아들이 노는 것을 지켜보며 대부분의 시간을 보낸다. 가까운 거리에서 남들이 노는 것을 지켜보며, 말을 건네거나 질문을 한다든지 제안을 하지만 놀이에 참여하지는 않는다. 비참여 행동과의 차이점은 우연히, 순간적인 흥미에 의해 쳐다보는 것이 아니라 특정 놀이집단을 지켜보면서 말을 주고받는다는 점이 다르다.

내성적이고, 소극적인 영유아가 놀이에 참여하지 못할 때, 다음 놀이 주제를 찾을 때 이런 행동이 관찰된다.

(3) 혼자놀이

혼자놀이(solitary play)는 2~3세 영유아들에게서 볼 수 있으며, 주변에 있는 친구와 다른 놀잇감을 가지고 혼자서 독자적으로 놀이하는 형태이다. 다른 영유아와 가까이에서 놀면서도 같이 놀려는 생각은 없고 자신의 놀이에만 몰두한다. 이 시기의 영유아들은 사회성이 발달되지 않아 자기중심적인 사고를 하기 때문이며, 놀이 시 대화가 거의 없는 것이 특징이다.

(4) 병행놀이

병행놀이(parallel play)는 친구들과 함께 노는 것을 좋아하면서도 상대편 영유아와 상호작용하지 않고 곁에서 혼자 논다. 즉, 다른 사람들과 같은 놀잇감을 가지고 놀지만, 자기가 하고 싶은 놀이를 하면서 자신의 놀이에 몰두해 있다. 같이 놀자고 하면서도 곁에서 따로 노는 경우이다. 친구들 곁에서 친구와 비슷한 놀잇감을 갖고 놀지만, 상호작용은 없는 것이 특징이다. 얼핏 보면 집단놀이처럼 보이는 것이 특징이다.

(5) 연합놀이

연합놀이(associative play)는 친구들과 어울려 놀면서 놀이내용에 대한 공동의 관심사에 대해 대화를 나누며, 놀잇감을 빌려주기도 하지만 아직 역할분담이나 놀이내용의 조직적인 전개는 이루어지지 않는 단계이다. 즉, 어울려 놀기는 하지만 집단에 대한 관심보다는 자기가 원하는 대로 놀이를 하면서 친구들과 놀이하는 집단놀이 형태이다.

(6) 협동놀이

협동놀이(cooperative play)는 유아들끼리 조직적이고 체계적인 놀이를 하는 형태로서 주로 5세 유아들에게서 볼 수 있다. 놀이 리더(대장)가 있고, 공동의 관심과 목표에 따라 역할을 분담하며, 조직적으로 놀이가 진행된다. 함께 놀면서 놀이역할, 놀잇감, 놀이 주제를 공유하며, 놀이의 목표는 구조물을 완성시키기, 극놀이하기 등이며, 게임 시 협동놀이가 나타난다.

이상으로 사회적 놀이 발달과정을 살펴보았다. 한 연구에 의하면(지성애, 김영옥, 홍혜경, 2002), 영유아들의 사회적 놀이행동 참여 빈도는 혼자놀이 → 연합놀이 → 병행놀이 → 협동놀이 → 지켜보기 → 비참여 행동 순으로 대체로 골고루 균형 있게 나타났다.

사회적 놀이 발달에 관한 논의점은 다음과 같다. 첫째, 연합놀이와 협동놀이 발달 순서에 관한 견해차이다. 파튼은 거의 비슷한 시기에 연합놀이에서 협동놀이 순으로 발달한다고 보았으나, 이원영(2006)은 두 놀이가 거의 동시에 나타난다고 보았다. 연합놀이와 협동놀이는 자세히 관찰하지 않으면 구분하기 어려우므로 교실에서 영유아의 놀이를 관찰할 때 교사는 연합놀이와 협동놀이를 통합하여 집단놀이 범주로 관찰할 수도 있다(제6장 사회/인지놀이 관찰척도 참조). 둘째, 혼자놀이가 놀이 발달의 미성숙 지수가 아니라는 점이다. 영유아들은 혼자놀이를 할 때 독립적으로 사고하고 문제를 해결하며, 새로운 놀이방법과 놀이를 모색하는 경향이 있다. 따라서 혼자-기능놀이, 혼자-구성놀이, 혼자-극놀이, 혼자-규칙 있는 게임 중 혼자-기능놀이만 사회적 놀이 발달의 미성숙과 관련이 있다는 점에 주의하여야 한다.

한편, 영유아는 사회적 놀이에 참여하고 싶을 때 다음과 같이 독특한 접근행동(access ritual or presentation)을 취한다.

> 첫째, 다른 영유아들이 노는 곳을 구경하거나 훼방하기
> 둘째, 다른 자리가 있는데도 굳이 옆에서 친구와 비슷한 놀이하기
> 셋째, 자기 땅이라고 우기기
> 넷째, 놀이에 함께 참여하고 싶음을 언어나 몸짓, 미소로 표현하기(예 나도 끼워줘, 같이 놀자~)
> 다섯째, 유능한 친구임을 입증하는 행동하기(예 나를 시켜주면 이기게 할 수 있어~)

영유아들은 나름대로 우정을 쌓아간다. 교사의 개입으로 또래관계가 쉽게 달라지지 않으므로 영유아들의 친구관계를 지속적으로 관심을 갖고 관찰할 필요가 있다. 영유아기의 친구관계는 이후의 성장과정에 큰 영향을 미치므로 교사는 영유아가 다양한 우정관계를 맺을 수 있도록 관심을 갖고 지원해야 한다.

영유아들은 학기 초에는 놀이 권유, 이름 알기, 따라 만들기로 우정관계를 형성한다. 이후, 경쟁관계의 변화로 인한 갈등을 겪다가 의리 지키기(자리 맡아주기, 기다려 주기), 비밀 장소 공유하기, 의견 조정하기 등으로 관계를 유지하고 확고히 한다.

영유아들에게 친구관계는 소속의 경험, 관계의 경험, 공유의 경험을 준다. 친구는 즐거움과 정서적 지지, 사회적 비교의 준거, 사회적 기술의 학습, 인지적 발달을 촉진한다(오채선, 염지숙, 2004).

교사는 영유아들이 친구를 사귀고, 사회적 놀이에 참여할 수 있는 기회를 마련해 주어야 한다. 영유아에게 사회적 놀이의 참여는 중대한 관심사이며, 사회성 및 발달 전반에 영향을 미치므로 사회적 놀이에 대한 교사 및 부모의 적극적인 관심과 지원이 필요하다.

2) 인지적 놀이단계

피아제의 인지이론에 의하면, 놀이는 그 자체로서 인지 발달을 의미한다고 보았다. 즉, 영유아의 인지가 감각운동기로 질적인 변화를 계속하면서 영유아의 놀이도 감각적이고 기능적인 연습 수준에서 전조작기 특유의 상징적인 놀이시기를 거쳐 점차 규칙이 포함되는 높은 수준의 놀이로 변화하게 된다(이은해, 지혜련, 이숙재 편역, 1993).

이처럼 영유아는 자신의 인지능력과 부합된 놀이의 유형에 참여하는데 일반적으로 다음과 같은 인지적 놀이단계가 나타난다.

(1) 기능놀이

기능놀이(functional play)는 영유아의 최초 놀이로서 감각운동기에 있는 영유아가 신체 움직임의 기능적인 즐거움을 위해 반복적으로 되풀이하는 놀이행동이다. 예를 들어 뛰기, 공 굴리기, 모으고 부수기, 물건 또는 자료 조작하기와 같이 사물을 가지고 혹은 사물 없이 운동의 움직임을 계속 반복하는 놀이가 여기에 속한다.

단순하고 반복적인 근육운동으로 인지능력이 적게 요구된다고 할 수 있다. 2세 전후의 영유아들은 주로 경험해 본 행동을 반복하거나 약간의 변형을 통한 놀이를 많이 한다. 예를 들어, 사물을 떨어뜨린 후 그것을 주워주면 다시 떨어뜨리는 행동을 하는데, 이러한 반복적인 행동이 그들에게는 놀이인 것이다.

(2) 구성놀이

구성놀이(constructive play)는 놀잇감을 이용하여 새로운 사물을 만들어 보는 활동으로 기능활동으로부터 시작되는 창조적 활동이다. 2세 영유아는 다양한 놀잇감을 이용하여 무엇인가를 만들어 보는 놀이를 시작한다. 크고 작은 블록을 이용하여 여러 가지 사물을 만들어 보며, 자료를 이용하여 주변 사물과 유사한 사물을 만든다.

블록 쌓기나 목공놀이 도구, 조형놀이 자료를 이용하여 집 만들기, 자동차 만들기, 그림 그리기 놀이를 하게 되는데 이러한 구성놀이는 영유아에게 창조에 대한 기쁨을 제공한다. 구성놀이를 시작하면서부터 주의집중 시간이 현저히 증가하게 되면, 놀이에 대해 구체적인 주제를 설정하고 놀이의 내용을 조직화하는 것이 가능해진다.

구성놀이는 3~4세에는 전체 놀이 활동의 약 40%, 4~6세는 약 50%를 차지한다. 구성놀이의 발달(발전)단계는 그림 3-6과 같다.

1단계 : 블록 나르기

2단계 : 블록 쌓아올리기와 바닥에 늘어놓기

〈폐쇄공간 만들기〉 〈다리 만들기〉 〈디자인 만들기〉

3단계 : 구조물을 만들기 위해 블록을 연결하기(구성놀이)

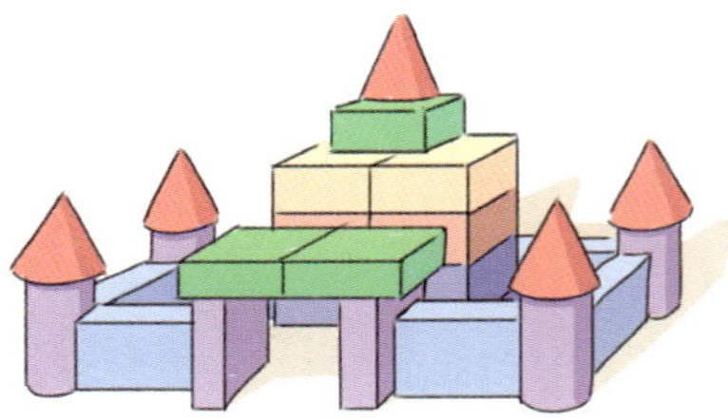

4단계 : 정교한 구조물 만들기

| 그림 3-6 | 구성놀이 발달단계

(3) 상징놀이

상징놀이(symbolic play)는 돌 무렵 상징행동이 처음 시작된 후, 점차 정교하게 발달한다. 2세가 지나면 영유아는 상징놀이를 통해 역할이나 사물을 가상하거나 대치한다. 상징놀이는 가상놀이(make-believe play, pretend play), 역할놀이(role play), 극놀이(dramatic play), 환상놀이(fantasy play) 등의 다양한 용어로 불리는데 용어는 약간씩 다르지만 가작화 요소(as-if elements)가 포함된다는 공통점이 있다.

상징놀이의 발달은 초기에는 가작화가 자신의 신체와 일상생활에 집중되다가 가작화의 범위가 점차 확대되고 체계화되며, 계획을 세워 본격적으로 놀이를 전개한다. 상징놀이의 발달 정도는 통합(integration), 탈중심화(decentration), 탈맥락화(decontextualization)의 세 가지 요소로 판단한다(Boyatzis & Watson, 1993; Rogers & Sawyers, 1988).

| 표 3-1 | 상징놀이의 요소

구분	의미
통합	단편적인 상징행동에서 주제나 줄거리가 있는 이야기 형식으로 조직되는 것을 말한다.
탈중심화	놀이 시 자신의 행동에 대한 상징에서 타인 또는 대상물에 대한 상징으로 자신에게 초점을 두는 정도가 자기중심으로부터 벗어나는 것을 말한다.
탈맥락화	사물 대체에 의해 사물의 물리적 특성이나 현실에서의 용도가 현실의 맥락과 벗어난 정도를 말한다.

이상의 세 가지 요소가 발달함에 따라 단순한 상징놀이에서 복잡한 상징놀이로 발전한다. 그러나 가상행동에도 언제나 현실 상황의 논리가 적용된다는 점이 특징이다(예 가상놀이지만 갓난아기가 전화를 거는 일은 놀이자 간에 용납되지 않는다).

상징놀이의 발달(발전)과정을 간략히 살펴보면 표 3-2와 같다(Gowen, 1995; Rogers & Sawyers, 1988).

| 표 3-2 | 상징놀이의 발달과정

단계		특징	행동의 예
1	전 상징기	가상행동에 참여하는 것 같지만 뚜렷한 증거가 없다.	전화기를 잠시 귀에 댄다.
2	자기 상징기	가상행동에 참여하는 것이 분명해지며, 주로 자신의 신체나 일상행동을 가상한다.	빈 컵을 들고 마시는 흉내를 낸다.
3	타인 상징기	가상행동을 다른 대상에게 적용하거나 다른 사람의 행동을 모방하여 가상한다.	인형을 안고 젖먹이는 흉내를 낸다.
4	대체기	사물을 실제와는 다른 방식으로 가상행동에 사용한다.	점토를 빚어 햄버거라고 한다.
5	가상적 대행기	어떤 사물이나 사람, 동물이 실제로 있는 것처럼 가상한다.	오토바이를 탄 것처럼 부릉 소리를 내며 방을 돌아다닌다.
6	적극적 대행기	놀잇감이 적극적인 주체가 된다.	인형이 직접 말하는 것처럼 한다.
7	복합적 상징기	한 상징행동을 여러 대상에게 적용하거나, 한 대상에게 여러 상징행동을 적용한다.	인형에게 뽀뽀하고 침대에 눕힌 후 재운다.
8	계획적 상징기	상징놀이가 사전에 계획된다.	보물섬 놀이를 하자며 지도와 보물을 만들고 역할을 분담한다.

(4) 사회극놀이

사회극놀이(sociodramatic play)는 두 명 이상의 유아가 같은 놀이주제를 가지고 언어적으로 상호작용(의사소통)하는 놀이이다. 사회적 가상놀이, 사회적 역할놀이라고도 하며, 상징놀이의 가장 발전된 형태로 평가되고 있는데, 단편적인 생활 경험의 통합과 규칙 지배성이 특징이다.

사회극놀이는 대체로 3세 후반에 시작되어 계속 발전하다가 7세경에 감소하는 뒤집혀진 U자형의 발달경로를 따른다(Rubin, Fein, & Vandenberg, 1983).

사회극놀이로 정의할 수 있는 여섯 가지 준거는 표 3-3과 같다(Smilansky, 1968).

| 표 3-3 | 사회극놀이의 준거

구분	의미
역할의 가작화	가상적인 역할을 언어와 행동으로 표현한다. 예를 들어 부모나 의사, 슈퍼맨 같은 역할을 수행하고 표현하는 행동이다.
사물의 가작화	사물의 용도를 실제와 다르게 상상해서 언어나 행동으로 표현하거나 다른 사물로 대치한다. 예를 들어 나무 블록을 들고 마시는 동작을 하면서 우유를 마시고 있다고 말하는 것이다.
행동과 상황의 가작화	상황이나 행동을 상상해서 언어로 표현한다. 예를 들어 "자! 이제 우리는 자동차를 탄 것처럼 하자"라고 말하면서 행동으로 표현하는 것이다
지속성	한 가지 놀이 주제를 일정 시간 동안 계속한다.
상호작용	동일한 놀이 주제와 관련하여 적어도 두 명 이상이 함께 어울린다.
언어적 의사소통	놀이 주제와 관련하여 놀이자들 간에 언어를 사용한 의사소통이 이루어진다.

이상의 사회극놀이 여섯 가지 준거 중 역할의 가작화, 사물의 가작화, 행동과 상황의 가작화, 지속성은 상징놀이와 공통되는 준거이며, 상호작용과 언어적 의사소통은 사회극놀이만의 준거이다.

사물 대체(이것–저것의 변화), 탈맥락화(지금–여기의 변화), 탈중심화(나와 너의 변화)는 사회극놀이 시 개별적으로 일어날 수도 있으나, 이 상징놀이의 요소들이 한 주제로 통합될 때는 이야기가 된다.

놀이 에피소드(play episode or script)란 5분 이상 지속되는 놀이 이야기(play story)를 말하는데, 놀이에 주제가 생기고 이야기로 발전하는 데는 어느 정도 시간이 걸린다(Roskos, 1987).

사회극놀이는 유아에게 상상력과 창의력, 추상적 사고를 길러주며, 자기 중심성에서 벗어나 사회적인 존재로 성장할 수 있도록 한다(정진, 성원경, 1998). 사회극놀이는 3세 이후부터 시작되어 규칙 있는 게임이 시작되는 6~7세경까지 지속된다.

사회극놀이의 발전 단계는 다음과 같다.

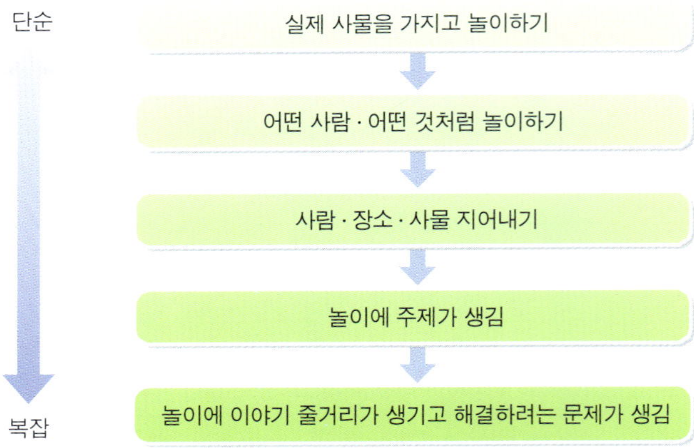

| 그림 3–7 | **사회극놀이의 발전단계**

출처: Roskos, K. A. (1987).

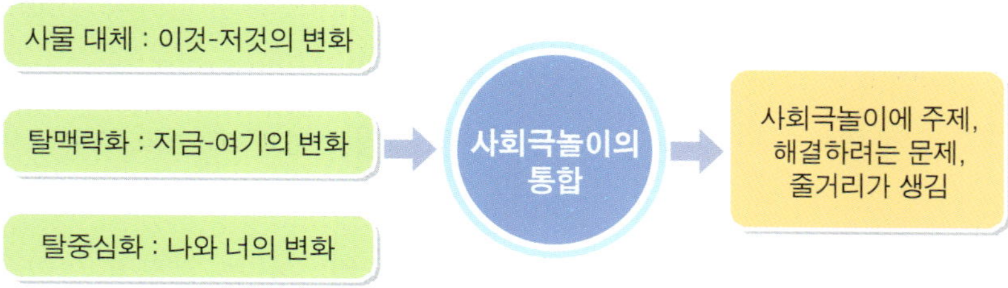

| 그림 3-8 | 사회극놀이의 발전단계

출처: Roskos, K. A. (1987).

(5) 규칙 있는 게임

규칙 있는 게임(game with rules)은 게임에 포함되는 규칙의 의미를 이해하고 내면화할 수 있는 인지적 수준을 요구하므로 영유아의 인지발달이 전조작기를 지나 구체적 조작기에 이르면 가능하다. 이 놀이는 6~7세에 시작되어 활발해지다가 성인기까지 지속적으로 발달하게 된다.

규칙 있는 게임에서 영유아들은 정해진 규칙에 따라 자신의 감정과 행동을 조절하는 방법을 터득하고, 다른 사람의 의견을 수용하며, 집단에 필요한 사회적 기술도 배우게 된다. 다른 영유아들과 함께 경쟁할 수도 있지만 혼자 경쟁하는 경우도 있으며, 규칙은 미리 정해진 것도 있고, 게임에 참여한 영유아들이 함께 정하고 변경하는 경우도 있다.

게임의 종류에는 세 가지 유형이 있다. 즉 신체적 기술을 요하는 신체 게임(예 달리기, 숨기, 과녁 맞추기 등), 인지적 기술에 의하여 영향을 받는 인지 게임(예 바둑, 장기, 체스 등), 우연에 의하여 승부가 결정되는 우연 게임(예 빙고, 카드 게임, 주사위 던지기 게임 등)이 있다.

연구에 의하면, 유아교육현장에서 가장 빈번히 발생하는 인지적 놀이 유형은 상징놀이, 구성놀이, 규칙 있는 게임, 기능놀이 순이다(지성애 외, 2002).

3. 발달에 적합한 놀잇감

양질의 놀잇감이 구비되어 있다 하더라도 발달에 적합하지 않다면 영유아의 관심과 흥미를 유발할 수 없으며, 교육 성과도 기대할 수 없다. 따라서 연령별 놀이 발달 특징을 이해하고 발달에 적합한 놀잇감을 제공하는 것이 중요하다.

영유아들은 동일한 놀잇감이라도 연령에 따라 다르게 사용하며, 처음 놀이를 익힐 때는 한 가지 놀잇감을 충분히 탐색하고 난 후, 다른 놀잇감으로 관심을 돌리는 경향이 있다. 그러므로 영유아가 흥미를 보이는 장난감을 충분히 가지고 놀게 하고, 점차 관심을 보이는 놀잇감과 관련된 다른 놀잇감으로 전이되도록 지도하는 것이 바람직하다.

예를 들면 자동차 놀잇감을 좋아해서 계속 그것만 가지고 논다면 블록이나 점토를 이용해서 차를 만드는 놀이로 유도하거나, 다양한 자동차가 등장하는 그림책을 보여주는 방식으로 지도한다(조선일보, 2007. 5. 16).

영유아들은 ① 마음대로 할 수 있는 것, ② 재미있는 것, ③ 신체적으로 힘들지 않고 인지적 노력이 많이 요구되지 않는 것, ④ 능동적으로 참여하는 것, ⑤ 교사의 지시와 간섭이 없는 것을 놀이로 인식한다(양옥승, 이정란, 나은숙, 2002).

이것은 발달에 적합한 놀잇감을 제공했을 때 볼 수 있는 현상이며, 반대의 경우, 놀잇감은 부담스럽고 과중한 과제로 전락되어 놀잇감을 가지고 놀지 않고 회피하거나 놀이를 지루하고 부담스럽게 느끼게 된다. 이것은 놀이성을 파괴하며, 성인기까지 악영향을 미칠 수도 있다.

▶ 놀이성 (playfulness)
놀이 성향, 장난기, 다양한 놀이행동을 일으키는 개인 성향으로서 신체적 자발성, 사회적 자발성, 인지적 자발성, 즐거움의 표현, 유머 감각으로 구성됨

발달에 적합한 연령별 놀잇감은 본 장 1절을 참고하기 바라며, 놀잇감의 선정기준과 배치방법에 대해 살펴보면 다음과 같다.

1) 놀잇감의 선정기준

영유아에게 적합한 놀잇감은 한두 가지 간단한 규칙이 있고, 참여하고 싶은 영유아들이 모두 참여할 수 있으며, 영유아 스스로 사물이나 사태를 파악할 수 있고, 이기고 지는 것을 강조하지 않는 것이다. 지나친 경쟁보다는 함께하는 것에 초점을 둘 때 영유아들은 점차 다른 사람의 입장을 생각하게 되고, 서로를 소중하게 느끼는 경험을 갖게 된다. 이러한 과정을 통하여 영유아들은 참여의 즐거움을 느끼고, 사회, 정서, 신체, 언어, 인지적으로 성장한다.

연구에 의하면, 유아교육기관에 구비된 놀잇감의 50% 이상은 구입한 것이며, 폐품 활용은 5%에 불과한 것으로 조사된 바 있다(지성애 외, 2002). 영유아들은 가정에서 상품화된 다양한 놀잇감을 경험했기 때문에 교실에 비치된 것에 흥미를 느끼지 못하고 싫증내기 쉬우며, 자연물(흙, 모래, 돌, 물, 나무, 풀, 조개껍데기 등)을 소재로 한 놀잇감에는 생소함을 느끼기 쉽다. 또한 플라스틱, 우레탄, 페인트 등의 화학성 재질은 영유아들의 건강에 유해하며, 영유아들이 나름대로 놀잇감과 놀이방법을 만들어 놀이하는 경험을 제공하는 것도 필요하다.

또한 사회적 여건과 부모들의 필요에 따라 영유아들이 유아교육기관에서 보내는 시간이 길어짐[방과 후 과정반(종일반), 엄마품돌봄(시간연장제)]에 따라 실내 · 외 자유놀이 시간에 놀잇감이 차지하는 비중이 더욱 커지게 되었다. 교사의 교육전담 시간이 길어져 놀잇감을 제작할 시간이 부족하므로, 시간 · 비용 · 노력의 효율성을 점검하여 제작할 때와 구입할 때를 판단하고, 관리와 활용에 관심을 기울여야 한다.

영유아들은 놀잇감에 많은 영향을 받는다. 어떤 놀잇감이 선정되고, 어떻게 제시되느냐에 따라 영유아들의 놀이가 달라진다. 놀잇감을 선택할 때 사실성(realism; 세밀하고 실제처럼 보이는 정도, 예 퍼즐, 인형, 수교구 등)과 구조성(structure; 사용방법이 고정된 정도, 예 퍼즐, 인형, 수교구 vs. 블록, 물, 모래, 종이 등)을 고려한다. 2~3세아에게는 사실성과 구조성이 높은 놀잇감이 적합하고, 4~6세아에게는 사실성과 구조성이 낮은 놀잇감이 창의성을 촉진한다.

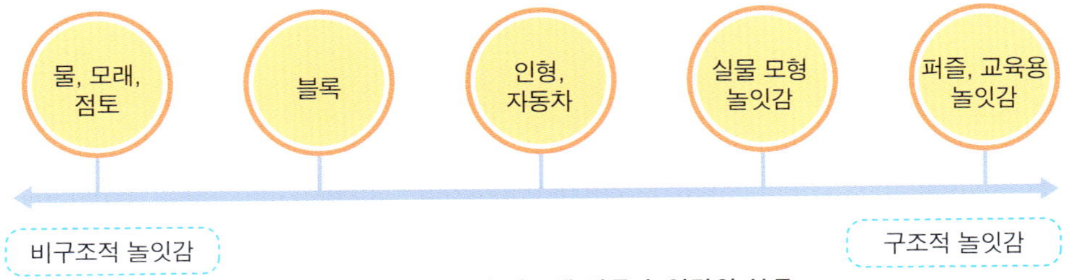

| 그림 3-9 | **구조성 정도에 따른 놀잇감의 분류**

출처: 엄정애(2012); 신은수 외(2011).

놀잇감의 양이 사회적 상호작용과 공격성에 영향을 미치는데, 놀잇감의 양이 많으면 상호작용과 공격성이 감소하고, 양이 적으면 반대 현상이 나타난다(김희연, 2003). 그러므로 놀잇감을 선정할 때 교사는 영유아들의 관심과 흥미 및 발달 수준에 적합하고, 놀이 경험의 의미가 누리과정 5개 영역과 잘 연계될 수 있는 놀잇감을 선정하여 놀이를 통해 영유아가 자신감과 성취감, 주도성, 협동심, 창의성, 기본 기술 연습, 타인에 대한 이해심과 갈등 해결역량을 기를 수 있도록 지원한다(Isenberg & Jalongo, 2001).

놀잇감의 선정기준은 다음과 같다(김정규, 이광자, 조정숙, 2002; 정남미, 이현경, 유경숙, 김나경, 2005).

▶ **무독성 재료**
놀잇감에 사용된 페인트에서 검출된 납성분은 영유아들의 두뇌장애, 혈액장애를 유발할 수 있으므로 무독성 여부를 반드시 점검하도록 한다.

① 안전과 위생을 가장 우선적으로 고려한다. 튼튼하고 잘 깨지지 않는 것, 무독성 재료, 끝과 모서리가 날카롭지 않은 것, 삼키거나 귀 · 코 속에 들어가

지 않는 크기의 것, 조각이 지나치게 작지 않은 것, 손 · 발 · 머리카락에 걸리는 부분이 없는 것, 표적을 쏘지 않는 것, 연결 부위의 처리가 날카롭지 않은 것, 크기와 무게가 영유아가 다루기에 안전한 것을 선정한다.

② 영유아의 연령과 발달 수준에 알맞고, 놀이 경험의 의미와 가치가 잘 살아나는 것을 선정한다. 영유아의 흥미를 고려하고, 다음으로 교육적 측면을 고려한다. 또한 신체 특성이나 문화 차이, 남녀의 성역할 개념, 빈부 차이, 직업에 대한 편견 등 왜곡된 가치관과 태도의 형성을 조장하지 않는 것을 선정한다. 인형의 외모 특성에 따라 놀이 주제와 내용, 역할, 이름이 달라지므로 반편견 및 다문화 교육 측면을 고려해야 한다(신동주, 유영의, 2002).

③ 한두 번 가지고 놀면 이내 싫증나는 것이 아니라 융통성과 창의성을 발휘할 수 있는 것을 선정한다.

④ 영유아의 적극적인 참여와 구체적이고 직접적인 경험을 통해 학습 및 흥미 증진, 비판적 사고, 문제해결력을 촉진하는 것을 선정한다.

⑤ 견고하게 제작되어 영유아가 가지고 놀다가 쉽게 망가지거나 깨지지 않는 것을 선정한다. 부품의 구성이 비교적 단순한 것일수록 내구성이 좋다.

⑥ 깨끗하고, 부식되지 않고, 옮기기 쉬우며, 가볍고, 공간을 적게 차지하는 등 유지 · 관리 · 보관이 용이한 것을 선정한다. 위생관리를 위해 세척이 가능한지 점검한다.

⑦ 심미적으로 아름다울 뿐만 아니라 정확하게 설계되어 있으며, 기능, 질감, 형태, 색채 면에서 다양하고, 호기심과 즐거움, 성취감을 주어 영유아에게 놀고 싶은 마음이 들도록 하는 것을 선정한다.

⑧ 영유아들 간에 활발한 상호작용을 매개할 수 있는 것을 선정한다. 혼자놀이를 할 때도 창의력과 문제해결력을 기를 수 있지만, 또래와의 활동을 통해 더 잘 학습할 수 있기 때문이다.

⑨ 최소의 경비와 노력으로 최대의 교육 효과를 거둘 수 있는 양질의 놀잇감을 선정한다. 다양한 교육적 기능도 고려하고, 비싸다고 해서 반드시 놀이 경험

의 질이 높은 것은 아니므로 맹신하지 말고, 구입 후 서비스 여부도 꼭 체크한다.

⑩ 이미 알고 있는 것과 새로운 경험의 통합, 생활과의 통합, 발달 영역의 통합, 각 놀이 영역에서 갖게 되는 경험의 통합, 지역사회와의 통합된 경험을 줄 수 있는 것을 선정한다.

2) 놀잇감의 배치

같은 놀잇감이라도 어떻게 배치하느냐에 따라 영유아들의 반응은 다르게 나타난다. 즉 배치 형태에 따라 영유아들의 흥미와 활동 형태(개별/ 집단활동 등), 놀이지속시간이 달라진다. 영유아들이 한눈에 어떤 놀잇감이 배치되어 있는지 알 수 있도록 배치하고, 영역별로 놀잇감을 배치하여 다양한 활동에 고루 참여할 수 있도록 한다. 또한 전시 장소와 방법에도 변화를 주어 영유아들의 흥미를 유지시킨다. 그렇다고 너무 많은 놀잇감을 한꺼번에 내어 놓거나, 배치를 자주 바꾸어 영유아들이 불편함을 느끼지 않도록 주의해야 한다.

안전하고 다양한 놀잇감, 낯익고 새로운 놀잇감들의 짜임새 있는 배치, 쾌적하고 활동하기에 적절한 공간, 균형 있는 일과 운영, 상호작용하기에 알맞은 교사 대 영유아의 비율, 수용적이고 지원적 학급 분위기는 진지하고 창의적인 놀이를 가능하게 한다. 교실 환경에서 느끼는 이러한 느낌은 영유아에게만 일어나는 것이 아니라 교사에게도 영향을 준다(박찬옥, 2006).

놀잇감은 영유아의 관심과 요구, 계절, 행사, 주제, 경험내용에 따라 변화를 주어 배치하도록 한다. 놀잇감 배치 시 고려할 점은 다음과 같다(교육부, 1998; 김정규 외, 2002; 이대균, 송정원, 2002; Decker & Decker, 1976, Isenberg & Jalongo, 2001에서 재인용).

① 조화롭고 정돈된 배열 및 놀이 경험의 의미를 반영하여 배치한다.

② 활동 의욕을 불러일으킬 수 있도록 잘 보이면서 활용하기 쉽게 배치한다.

③ 용도에 맞는 다양한 형태의 장을 준비하고, 정리하기 쉽도록 놀잇감을 놓는 자리를 표시하거나 작은 자료는 바구니를 활용하여 정리하기 쉽도록 한다.

④ 연관성이 있는 놀잇감은 인접 배치하여 공동으로 활용하거나 상호 보완적인 놀이가 되도록 한다.

⑤ 놀잇감의 양과 종류는 교실 내 영유아의 수, 연령, 활동공간 · 목적 · 방법 등을 고려하여 배치한다. 놀잇감이 부족할 경우나 활동 공간이 비좁을 때 싸움이 발생하기 쉬우며, 공격성을 유발하는 놀잇감은 교실 놀이 상황에 따라 가감한다.

⑥ 친숙한 것이 주는 편안함과 새로운 것이 주는 신기함, 도전감을 균형 있게 경험할 수 있도록 배치한다. 학기 초반에는 영유아에게 익숙한 것, 구체적인 실물 또는 개인용 놀잇감을 주로 제공해 주고, 학기 후반으로 갈수록 새롭고 추상적인 것, 집단으로 이용할 수 있는 놀잇감을 배치한다.

⑦ 색과 재질의 조화를 고려해서 배치한다. 놀잇감의 다양한 색과 재질을 활용하여 원색과 중간색, 밝은색과 어두운색, 부드러움과 딱딱함, 매끈함과 거침, 따뜻함과 차가움을 균형 있게 배치한다.

⑧ 놀잇감의 이동성과 고정성을 고려하여 배치하고, 이동하기 어려운 것은 교구장에 고정하고, 파손되기 쉬운 것은 안전한 장소에 배치한다.

⑨ 쉬움–어려움, 단순–복잡, 동적–정적, 대근육–소근육, 실내–바깥 놀이활동을 균형 있게 배치한다.

⑩ 혼자 하는 놀잇감과 여럿이 하는 놀잇감, 영유아–영유아, 영유아–교사, 영유아–놀잇감의 상호작용이 일어날 수 있도록 배치한다.

4. 놀이 발달에 영향을 미치는 요인

시대는 많이 변했지만 영유아들의 놀이 욕구는 우리의 어린 시절과 별다를 것이 없다. 그러나 가정환경과 사회환경이 변화한 만큼 영유아들의 놀이 방식과 형태, 놀잇감 등은 변화하고 발전했다. 또한 많은 형제와 어울려 지내던 시절과는 달리 놀이친구가 적어졌다는 것도 달라진 점이다. 이는 그만큼 부모나 교사의 역할이 더 중요해지고 있다는 의미이다.

흔히 성장 욕구이며 본능적이라고 하는 놀이도 여러 가지 요인의 영향을 받는다. 놀이행동에 영향을 미치는 요인들은 매우 다양하여 영유아에 따라 개인차를 보이기도 하지만, 크게 개인적 요인과 환경적 요인으로 나눌 수 있다.

개인적 요인에는 연령, 성별, 지적 능력, 성격, 상상력, 스트레스, 놀이성 등이 있으며, 환경적 요인에는 가정환경 요인과 교육환경 요인이 있다. 가정환경 요인으로는 부모, 가정의 사회경제 · 문화적 배경, 형제 수와 형제 순위가 있으며, 교육환경 요인으로는 놀이공간, 놀이시간, 놀잇감, 친구, 교사, 교육 프로그램 등이 있다. 이에 대해 간략히 살펴보면 다음과 같다.

① 성별

남아는 싸우는 척하며, 공격 의도가 없는 거친 신체놀이(rough and tumble play)를 많이 한다. 남아는 신체 움직임이 많으며, 여아보다 1.5배의 놀이공간을 더 사용하고, 쌓기놀이와 모험적인 주제의 극놀이를 선호한다. 반면, 여아는 정적인 놀이를 선호하고, 바깥놀이에 덜 참여하며, 책상에 앉아 색칠하기, 만들기를 좋아하고, 가정 관련 일상생활 극놀이 주제를 많이 하는 경향이 있다.

② 성격

사물 지향적 성격의 영유아는 놀잇감으로 혼자놀이를 하거나 분류 · 조직하는 과제에 익숙하고, 사람 지향적 성격의 영유아는 타인과의 상호작용, 사회적 지식이나 기술이 뛰어난 경향이 있다.

③ 스트레스

스트레스가 많은 영유아는 상상놀이 참여 빈도가 낮고, 단순 반복적인 낮은 수준의 놀이를 하며, 혼자놀이나 병행놀이를 많이 한다. 남아가 여아보다 가정의 스트레스(가정 불화나 이혼 등)에 더 민감한 반응을 보이는 경향이 있다.

④ 놀이성

놀이성은 교사보다 부모의 영향이 더 크다. 그러므로 가정에서 놀이지원방법에 대한 부모교육이 병행될 필요가 있다(임성혜, 차현화, 윤현숙, 2003; 최석란, 2001).

⑤ 부모

부모-영유아 간에 안정 애착이 이루어진 영유아는 사회적 기술이 뛰어나며, 또래와 잘 어울리고 갈등 상황을 잘 해결한다. 또한 부모의 결혼의 안정성이 부모-영유아 간의 애착에 영향을 준다.

⑥ 놀이공간

놀이공간의 크기가 놀이에 영향을 미친다. 즉 공간 밀도(spatial density, 일정 면적에 얼마나 많은 유아들이 모여 있는가를 객관적으로 측정하는 것)와 사회적 밀도(social density, 유아 상호 관계의 접촉의 빈도)가 영향을 미친다(Smith & Connolly, 1980: http://books.google.co.kr 〉 books. 2019. 11. 5.에서 재인용). 따라서 적절한 놀이공간의 제공이 필요하다.

⑦ 놀잇감

놀잇감의 유형, 수량, 구조화 정도 및 활용도, 배치가 놀이에 영향을 미친다.

⑧ 친구

친구관계가 놀이 발달에 영향을 미치는데 영유아는 친한 친구와 놀 때 높은 수준의 놀이를 오래 지속하며, 동성의 친구, 같은 나이의 친구를 선호한다(오채선, 염지숙, 2004).

⑨ 교육 프로그램

교육 프로그램의 구조화 정도와 유아교육기관에 다닌 경험의 양이 영유아의 놀이 발달에 차이를 가져온다.

이상과 같은 여러 요인으로 영유아의 놀이 발달에 개인차가 생기며, 영유아의 연령이 증가할수록 개인차는 더욱 커지게 된다.

영유아는 독특한 개인으로, 개인 내에서도 발달 영역 간의 차이가 있고 기질과 학습 속도, 부모의 양육방식, 가족 경험, 병력 등의 측면에서 서로 다르므로 놀이 계획 및 지원, 평가 시에 영유아의 흥미와 요구, 관심사뿐만 아니라 개인차를 고려 하여 놀이를 계획 · 지원 · 평가해야 한다.

나아가 이상의 요인들은 서로 밀접한 관계를 맺고 영유아의 놀이 발달에 영향을 미치므로 교사 및 부모는 이들 요인이 영유아의 놀이에 어떠한 영향을 주며, 놀이 발달을 어떻게 촉진시킬 수 있는지를 고려하여 영유아의 놀이 발달을 지원하고 안내해 줄 필요가 있다. 예를 들면, 영유아의 놀이 발달에 문제가 있다고 판단되면 위에 제시한 요인들 중 어떤 요인이 부족한지를 파악하고, 부족한 부분을 지원하므로써 영유아의 놀이 발달에 도움을 줄 수 있다.

그러나 놀이가 영유아의 생활 그 자체이며, 교육적 가치를 갖는다고 해도 모든 놀이 경험이 영유아의 성장에 긍정적으로 작용한다고 단정할 수는 없다(독점, 방임, 싫증, 소극성, 복종관계 등). 어떤 놀잇감은 영유아의 안전과 위생을 위협할 수도 있고, 어떤 교육 프로그램은 오히려 영유아에게 나쁜 영향을 줄 수도 있다. 그러므로 놀이가 교육적이고 가치 있는 활동이 되기 위해서는 영유아를 둘러싸고 있는 주변 요인들과의 관계를 파악하고, 고려하여 지원할 필요가 있다.

다시 생각해보기

혼자놀이를 반복하는 5세 유아는 인지 발달도 미숙한 것일까?

사회적 관점에서 혼자놀이는 미숙한 수준이지만, 영유아는 혼자놀이를 할 때 독립적으로 사고하고 문제를 해결하며 새로운 놀이방법을 모색하기도 합니다.

---

* 본 장에서 제시된 내용은 다음 자료를 참고하여 정리하였다.
김수영, 김수임, 김현아, 정금자, 2006; 김수영, 김수임, 허선자 역, 1998; 김정준, 김정화, 신유림, 2002; 박낭자, 이순영, 이미정, 2002; 윤애희, 2006; 오연주, 박진옥, 박애순, 2007; 이기숙, 오은순 역, 2000; 이숙재, 2001; 조선일보, 2007. 5. 16; 최석란, 2001.

* 본 장에 제시된 연령별 대표적인 놀잇감 중 일부는 인터넷 사이트의 넴머 교구, 리틀타익스 교구, 뫼비우스 교구, 오르다 교구, 하바 교구 등을 참고하여 정리하였다.

연습문제

1. 다음 문장을 읽고 진위를 O, X로 표시하시오.

- 상징놀이의 발달 정도는 통합, 탈중심화, 탈맥락화의 세 가지 요소로 판단한다. ( )
- 상징놀이는 가상놀이, 역할놀이, 극놀이, 환상놀이 등의 다양한 용어로 불리는데 가작화 요소(as-if elements)가 포함되는 공통점이 있다. ( )
- 사회극놀이는 대체로 3세 후반에 시작되어 계속 발전하다가 7세경에 감소하는 뒤집혀진 U자형의 발달경로를 따른다. ( )
- 규칙 있는 게임은 구체적 조작기가 되어야 가능하다. ( )
- 규칙 있는 게임은 6~7세에 시작되어 활발해지다가 성인기가 되면 끝난다. ( )
- 2~3세아에게는 사실성과 구조성이 낮은 놀잇감이 적합하다. ( )
- 4~6세아에게는 사실성과 구조성이 높은 놀잇감이 창의성을 촉진한다. ( )
- 영유아의 놀잇감 선정 시 가장 우선적으로 고려해야 할 점은 안전과 위생이다. ( )
- 놀잇감은 계절, 행사, 유아의 관심과 요구, 주제, 교육내용에 따라 변화를 주어 배치한다. ( )
- 변화 있는 놀이환경이 중요하므로 늘 새로운 놀잇감을 풍부하게 제공한다. ( )
- 영유아는 친한 친구와 놀 때 높은 수준의 놀이를 오래 지속한다. ( )
- 애착은 영유아가 또래관계와 갈등상황 해결에 큰 영향을 미친다. ( )
- 스트레스가 많은 영유아는 상상놀이 참여 빈도가 높고, 반복적인 낮은 수준의 놀이, 혼자놀이와 병행놀이를 많이 한다. ( )

2. 다음 질문에 간단히 답하시오.

- 사회극놀이의 통합이란 무엇인가?
- 사회적 놀이의 발달단계(종류)는 무엇인가?
- 인지적 놀이의 발달단계(종류)는 무엇인가?
- 사회적 놀이 시 유아들에게 친구관계가 주는 의미는 무엇인가?
- 공간 밀도란 무엇인가?
- 사회적 밀도란 무엇인가?
- 장난감 도서관이란 무엇인가?
- 놀잇감이 없을 때 나타나는 유아들의 반응은 무엇인가?
- 장난감 중독 증상과 이를 예방하기 위한 방법은 무엇인가?

참고문헌

교육부 (1998). **유치원 교육과정 해설서.** 서울: 대한교과서주식회사.

김수영, 김수임, 김현아, 정금자 (2006). **유아놀이의 이론과 실제.** 경기: 양서원.

김정규, 이광자, 조정숙 (2002). **유아교과 교재 연구 및 지도법.** 경기: 정민사.

김정준, 김정화, 신유림 (2002). **유아에게 적합한 125가지 놀잇감.** 서울: 창지사.

김희연 (2003). 유아의 놀이와 교사의 역할. **서울시교육연수원 유치원장 자격연수자료,** 37-55.

박낭자, 이순영, 이미정 (2002). **영아 놀이활동 프로그램.** 경기: 교문사.

박찬옥 (2006). 행복한 교사, 즐거운 아이들, 3, 4, 5세반의 학급운영 어떻게 할 것인가? **한국유아교육협회 유아교육교사연수자료집,** 7-17.

박찬옥, 정남미, 임경애 (2004). **유아놀이지도.** 서울: 학문사.

신동주, 유영의 (2002). 유아의 인형놀이에 관한 일 연구. **유아교육학논집, 6**(1), 5-32.

신은수, 김은정, 유영의, 박현경, 백경순 (2011). **놀이와 유아교육.** 서울: 학지사.

양옥승, 이정란, 나은숙 (2002). 유아의 관점에서 본 자유놀이. **열린유아교육연구, 7**(1), 143-165.

엄정애 (2012). **영유아 놀이와 교육.** 경기: 교문사.

오연주, 박진옥, 박애순 (2007). **자연친화적 놀이지도.** 서울: 창지사.

오채선, 염지숙 (2004). 유아들의 놀이에 나타나는 우정에 대한 의미 탐색. **열린유아교육연구, 9**(2), 223-247.

윤애희 (2006). **교사를 위한 유아놀이지도.** 서울: 창지사.

이대균, 송정원 (2002). **3, 4, 5세 유아를 위한 교재 교구 연구 및 지도.** 경기: 양서원.

이숙재 (2001). **유아놀이활동.** 서울: 창지사.

이원영 (2006). The role of adult in furthering the development of social competence in young children. *PECERA 2006 Seventh Conference, Early Childhood Education for Social Competency and Global Citizenship*, 43-58.

이은해, 지혜련, 이숙재 편역 (1993). **놀이이론.** 서울: 창지사.

임성혜, 차현화, 윤현숙 (2003). 부모 및 교사의 역할과 유아의 놀이성과의 관계. **유아교육학논집, 7**(2), 181-205.

정남미, 이현경, 유경숙, 김나경 (2005). **유아교과교재연구 및 지도법.** 경기: 정민사.

정진, 성원경 (1998). **유아놀이와 게임활동의 실제.** 경기: 양서원.

지성애, 김영옥, 홍혜경 (2002). 유아놀이에 대한 교사의 인식조사 및 창의적 놀이중심 프로그램의 효과. **2002 한국유아교육학회 학술대회 -유아교육과정의 방향정립- 자료집,** 158-177.

최석란 (2001). **놀면서 자라는 어린이.** 서울: 다음세대.

Boyatzis, C. J., & Watson, M. W. (1993). Preschool children's symbolic representaion of objects through gesture. *Child Development, 64*, 729-735.

Bronson, M. B. (2000). **우리 아이들의 놀잇감 선택방법.** 이기숙, 오은순 역. 경기: 양서원 (원본발간일 1998).

Decker, C. A., & Decker, J. R. (1976). *The young child and the educative process*. New York: Holt, Rinehart & Winston.

Erikson, E. H. (1950). *Childhood and society*. New York: Norton, Bacon.

Gowen, J. W. (1995). The early development of symbolic play. *Young Children, March,* 75-84. NAEYC.

Hughes, F. P. (1998). 유아의 놀이와 발달. 김수영, 김수임, 허선자 역. 서울: 창지사 (원본발간일 1994).

Isenberg, J. P., & Jalongo, M. R. (2001). Creative expression and play in early childhood (3nd ed.). Upper Saddle River, NJ: Merrill.

Parten, M. B. (1932). Social participation among preschool children. *Journal of Abnormal and Social Psychology, 27*, 243-269.

Piaget, J. (1962). *Play, dreams and imitation in childhood.* New York: W.W. Norton.

Rogers, C. S., & Sawyers, J. K. (1998). *Play in the lives of children*. Washington, D.C.: NAEYC.

Roskos, K. A. (1987). An exploratory study of the native of literate behavior in the pretend play exisodes of four and fi ve-year old children. Kent State University dotoral thesis. UMI dissertation services.

Rubin, K. H., Fein, G. G., & Vandenderg, B. (1983). Play. In E. M. Hetheringtion (Ed.), Socialization, personality and social development. *Handbook of Child Psychology* (pp.693-774). New York: Wiley.

Smilansky, S. (1968). *The effects of sociodramatic play on disadvantaged preschool children*. New York: Wiley.

조선일보 2007년 5월 16일.

http://books.google.co.kr 〉 books 2019. 11. 5. 인출

Chapter 04

놀이환경

1. 좋은 놀이환경의 특성
2. 실내 놀이환경
3. 바깥 놀이환경

개요

놀이는 영유아 생명의 자연적인 발로이기는 하나, 놀이환경이 어떠하냐에 따라 놀이의 양상은 달라진다. 유아가 자유롭게 다양한 경험을 할 수 있는 놀이환경에서는 유아의 창의성을 비롯한 여러 가지 측면의 발달이 도모될 것이다. 4장에서는 좋은 놀이환경의 특성을 찾아보고, 이를 기초로 한 유아교육기관의 실내 · 외 놀이환경에 대하여 살펴보고자 한다.

Chapter 04

놀이환경

1. 좋은 놀이환경의 특성

“나는 여기가 좋아. 여기서는 뭐든지 할 수 있어. 생각도 잘 나고 아주 편하거든.” 좋은 놀이환경에 있을 때 영유아는 이런 기분을 느낀다. 놀이하기에 적절한 교실공간과 놀이터 면적, 안전하고 다양한 놀이시설과 설비, 합리적인 공간 배치, 다양하고 풍부하게 준비된 환경과 질서 속에 영유아들의 자발적인 선택과 집중, 자유와 제한의 균형, 낯익고 새로운 놀이자료들의 짜임새 있는 배치, 균형 있는 일과 운영, 상호작용하기에 알맞은 교사-영유아의 비율은 영유아가 진지하면서도 창의적으로 놀이활동을 하기에 좋은 놀이환경이 된다.

좋은 놀이환경은 영유아에게만 좋은 느낌을 주는 것이 아니라 교사에게도 즐겁고 의욕이 넘치는 기분을 갖게 한다. 준비된 환경과 질서는 영유아의 능동적 참여와 자기 주도 학습(self-directed learning)을 동기화한다(박찬옥, 2006).

놀이환경을 구성할 때는 연령을 고려하여 놀이도구장, 책상, 의자 등의 기본 가구의 형태나 수량을 결정한다. 어린 연령을 위해서는 낮은 놀이도구장, 원형 책상, 대근육 및 감각적 놀잇감에 비중을 두고, 윗연령을 위해서는 탐구적이고 정교한 놀잇감에 비중을 두는 등 세심히 배려한다. 또한 영유아들이 긴장감을 해소할 수 있도록 편안함과 안락함, 새로움, 심미감 있는 공간이 되도록 구성한다(서울특별시동부교육지원청, 2013).

아이젠버그와 자롱고(Isenberg & Jalongo, 2001)는 존스(Jones, 1977)의 연구를 인용하여 창의적이고 좋은 놀이환경의 특성을 표 4-1과 같이 정리하였다. 즉 영유아와 교사에게 모두 좋은 놀이환경이란 분위기, 구조화 정도, 난이도, 활동성, 접촉도, 도전성 및 집단 크기 등 일곱 가지 특성 차원의 양면적 속성이 균형 있게 조성되는 환경을 일컫는다.

| 표 4-1 | 창의적이고 좋은 놀이환경의 특성

분위기 : 놀이환경에서 감지하게 되는 정서적 특징

부드럽다	균형	단단하다
• 카펫이 깔려 있다. • 편안하고 이동할 수 있는 가구다. • 부드럽고 밝은 색이다. • 따뜻하고 명랑한 목소리다.		• 마룻바닥이다. • 고정된 가구다. • 흐릿하고 중간색이다. • 엄격한 목소리다.

구조화 : 놀이자료 및 놀이도구장의 구조화 정도

개방적이다	균형	폐쇄적이다
• 쌓기놀이, 물 · 모래놀이 • 쉽게 꺼내 쓸 수 있는 놀이도구장		• 퍼즐 맞추기, 수놀이 • 손에 닿지 않는 놀이도구장

난이도 : 영유아가 흥미를 가지고 조작 · 변경할 수 있는 가능성 정도

단순하다	균형	복잡하다
• 한 가지 용도로 활용되는 설비(미끄럼틀, 그네, 퍼즐 맞추기)		• 두 가지 또는 세 가지 이상의 놀잇감이 활용되는 설비(극놀이, 물 · 모래 놀이 도구들)

활동성 : 신체 활동 수준

활동적이다	균형	비활동적이다
• 대근육 활동 (기어오르기, 점프하기, 자전거 타기)		• 소근육 활동(그림 그리기, 가위질 하기, 수 조작, 과학, 언어활동)

접촉도 : 혼자만의 놀이세계와 여럿이 접촉하게 되는 놀이세계의 기회 제공

접촉이 많다	균형	혼자 숨어 있다
• 사회적 접촉이 많음 (사회극놀이, 복합연령학급)		• 구석진 곳, 커튼 뒤 등에 숨어 혼자 만의 놀이세계를 즐김.

도전성 : 모험심을 기르는 환경과 안전한 환경의 제공

도전적이다	균형	안전하다
• 새로운 자료와 아이디어를 실험할 수 있는 환경		• 위험으로부터 보호하는 환경

집단 크기 : 대집단 · 소집단 · 단독놀이 간의 균형

함께 한다	균형	혼자 한다
• 그룹게임 · 공동작업		• 개인 놀이

한편, 심우경, 김민경(2013)은 코스텔닉(Kostelnik, 2005), 사노프(Sanoff, 1995), 이연숙(1997)의 연구를 참고로 유아교육기관의 물리적 환경구성 평가 요소를 안전성, 쾌적성, 융통성, 편의성, 자존성, 이동성, 심미성으로 보았다. 이상적인 놀이환경의 구성 요소는 표 4-2와 같다.

| 표 4-2 | 놀이환경 구성 요소

구성 요소	하위 요소	세부 내용
안전성	공간의 안전성	• 발달에 따른 안전한 공간 • 공간의 적합성, 움직임 활동의 공간 안전성 • 신체 불균형에 대한 공간의 안전성
	시설 · 설비의 안전성	• 가구 및 벽과 기둥 모서리 • 마감재 안전소재, 재료 및 완성도 • 신뢰감과 안전감 제공
쾌적성	쾌적성	• 쾌적한 공간(온도, 공기, 습도, 소음, 환기 등)
	휴식성	• 휴식과 재충전의 기회 제공
	안락성	• 낯선 곳에서 느끼는 불안감 최소화, 친숙하고 편안한 분위기
	청결성	• 깨끗하고 정돈된 환경(청결, 위생 조건)
융통성	구조의 융통성	• 가변적 공간 배치(활동에 따라 변경 가능성, 공간 구조의 가변성)
	활용성	• 자료의 제시(제시된 자료에 대한 접근)
	교류성	• 자료의 교류(영역 간 자료의 공유와 개방, 선택 가능한 자료 이용)
편의성	편리성	• 편리한 공간 및 시설(놀이공간의 배치, 가구 배치, 시설 완비, 이용의 수월성, 자유롭게 접하는 공간 조성)
	다양성	• 다양한 공간 및 가구(크기 및 형태의 다양화, 선택 가능성)
	적합성	• 연령에 알맞은 교재 · 교구, 각종 가구의 디자인, 선택 가능성
자존성	자아존중감	• 사적 공간의 보호, 전용 공간의 존중 분위기 조성
	영역성	• 다양한 형태의 경계 표시
이동성	역동성	• 동적인 공간 배치(유도 공간, 커뮤니케이션 공간)
	접근성	• 실내 · 외 자유롭게 움직일 수 있는 충분한 공간(움직임 허용 공간)
	소통성	• 모든 형태의 소통 가능(개방된 커뮤니케이션)
심미성	아름다움	• 아름다운 분위기(실내 · 외 배색, 색채, 조경, 그림 등)
	조화로움	• 조도와 배색 등의 조화(채광, 벽, 바닥의 색깔, 재질 등)

출처: 코스텔닉(2005), 사노프(1995), 이연숙(1997)의 연구를 참고한 심우경, 김민경, 2013: 469.

표 4-1, 표 4-2의 내용을 기초로 유아교육기관의 실내 · 외 놀이환경에 대하여 살펴보고자 한다.

2. 실내 놀이환경

유아교육기관의 실내 놀이환경은 주로 교실공간의 구성을 중심으로 설명된다. 영유아의 놀이 영역 선택은 영유아의 자발성과 교사의 지원, 물리적 환경에 의해 영향을 받는데, 같은 교실이라도 공간 구성을 어떻게 했느냐에 따라 영유아놀이의 질은 다르게 나타난다.

교실 공간 구성의 예

영유아들이 등원하면 자유롭게 교실을 둘러보며 놀이자료들을 살펴보고 그중 하나를 선택하여 조용하면서도 능동적으로 활동을 한다. 어떤 영유아는 도서 영역에서 책을 보고, 다른 영유아들은 블록을 쌓으며, 한쪽 구석에서는 교사와 몇몇의 영유아들이 동네 지도를 입체적으로 만들고 있다. 영유아들 중 일부는 자기가 만든 작품을 놀이도구장 위에 진열하기도 하고, 벽면에 붙여 놓기도 한다.

교실은 창의적인 놀이를 이끄는 환경이 되어야 하며, 영유아의 요구와 흥미에 반응적이며, 영유아 스스로 의사를 결정하고, 활동을 선택하는 가운데 자율성, 책임감, 사고력, 의사결정능력, 문제해결력, 개념 발달이 이루어질 수 있도록 구성한다(중앙대학교 부속유치원, 1997).

영유아 중심의 놀이가 이루어지기 위해서는 영유아에게 놀이를 자유롭게 선택할 수 있도록 허용적 분위기와 충분한 놀이시간, 다양하게 사용할 수 있는 놀잇감이 풍부한 놀이환경이 제공되어야 한다.

2019 개정 누리과정에서는 영유아가 놀이에 몰입할 수 있는 충분한 시간과 공간을 제공할 것을 강조한다. 유아교육기관의 공간은 누구에 의해서 정해지는가? 영유아들이 진정으로 원하는 공간은 어떤 곳인가? 교사가 계획한 공간이 영유아들의 놀이와 몰입에 방해가 되고 있지는 않은가? 를 점검한다. 유아교육기관의

모든 공간은 놀이 공간이 될 수 있으며, 영유아의 흥미와 놀이흐름에 따라 놀이 공간을 융통성 있게 배치하는 것이 바람직하다(예: 계단 밑 공간을 놀이 공간으로 활용하기, 게임 영역, 춤추는 영역, 비밀 공간 만들기)(경기도교육청, 2018).

1) 교실 공간 구성의 원칙

유아교육기관의 교실 공간은 일반적으로 놀이 영역(흥미 영역이라고도 함)을 중심으로 구성된다. 놀이 영역은 놀이 및 활동의 성격과 그 놀이 및 활동에 필요한 설비 및 자료에 따라 교실 공간을 몇개의 영역으로 구분한 것을 의미한다.

교실에는 다양한 놀이 영역을 구성하여 영유아의 놀이 선택권을 확대하고 자발적인 참여를 촉진하며, 교실 공간의 기능과 위치, 크기를 고려하여 쌓기, 언어, 과학, 수 · 조작, 음률, 미술, 역할, 물 · 모래 놀이 등의 다양한 놀이가 가능하도록 구성한다. 또한 움직임이나 소음 정도를 고려하여 놀이 영역을 배치 · 운영함으로써 영유아가 방해 받지 않고 놀이에 몰입할 수 있도록 교실 공간을 구성한다(서울특별시동부교육지원청, 2013).

교육부(2000), 교육부와 보건복지부(2013)는 우리나라 유아교육기관에 알맞은 놀이 영역으로서 ① 쌓기놀이 영역, ② 역할놀이 영역, ③ 수 · 조작 영역, ④ 언어 영역, ⑤ 미술 영역, ⑥ 과학 영역, ⑦ 음률 영역, ⑧ 물 · 모래놀이 영역, ⑨ 컴퓨터 영역, ⑩ 요리 영역, ⑪ 목공놀이 영역 등을 제시한 바 있다. 이들 각각의 놀이 영역에는 창의적인 놀이를 조장해 줄 수 있는 놀이자료들이 비치되어야 한다.

놀이 영역을 교실에 배치할 때 반드시 고려해야 할 원칙은 다음과 같다.

① 놀이 및 활동의 기능이 상반되는 영역은 분리하여 배치한다.

정적인 놀이 및 활동과 동적인 놀이 및 활동, 물이 필요한 놀이 및 활동과 물이 필요하지 않은 놀이 및 활동 등과 같이 놀이 및 활동의 기능상 상반되는 영역은 서로 거리를 두어 배치하도록 한다. 예를 들어, 프로스트와 키싱어(Frost & Kissinger, 1976)는 놀이의 활동성과 물의 필요성을 원칙으로 하여 네 가지 영역으로 구분한 바 있다. 즉 ㉮ 동적이고 물이 필요한 곳, ㉯ 정적이고 물이 필요한 곳, ㉰ 정적이고 물이 필요하지 않은 곳, ㉱ 동적이고 물이 필요하지 않은 곳으로서 이를 그림 4-1에 나타내었다.

▶ **2019개정누리과정에서 구분한 놀이와 활동의 개념**

- 놀이 : 영유아 스스로 선택하고 주도적으로 참여하는 과정에서 즐거움을 느낄 수 있는 것
- 활동 : 놀이를 지원하기 위해서 교사가 영유아의 흥미 · 욕구 · 의도를 고려하고 놀이맥락 안에서 계획을 실행하는 것

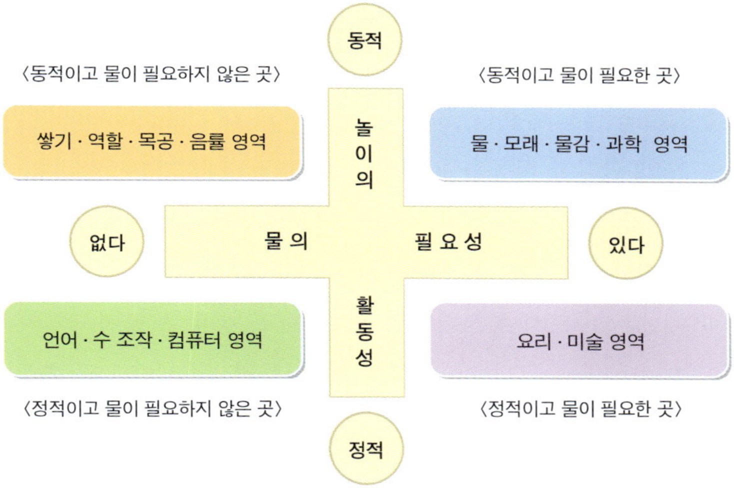

| 그림 4-1 | 프로스트와 키싱어의 놀이 영역 구성 원칙

② 놀이 및 활동의 관련 정도에 따라 인접해서 배치한다.

놀이 및 활동의 성격상 상호 보완할 수 있는 놀이 및 활동이라든지, 물이나 전기 등을 필요로 하는 놀이 및 활동은 서로 인접한 공간에 영역을 배치하도록 한다. 예를 들어, 역할놀이 영역과 쌓기놀이 영역은 필요한 자료, 소음 정도, 활동성이 유사하므로 쌓기놀이 영역의 구성물과 역할놀이 영역의 소품을 함께 활용하여 놀이를 확대시킬 수 있도록 서로 인접하게 설치하는 것이 좋으며, 언어 영역이나 음률 영역, 컴퓨터 영역은 전기 콘센트가 설치된 근처에 위치하도록 배치하는 것이 좋다.

③ 놀이 영역별로 필요한 공간의 크기는 활동성, 구비되는 놀이자료, 참여할 영유아의 수 등을 고려하여 정한다.

음률 영역과 쌓기 영역은 개방된 공간이 있어서 영유아가 마음껏 몸을 움직여 보고 블록을 다양하게 쌓아볼 수 있도록 배려해야 한다. 학기 초에는 영유아들이 많이 가는 역할놀이 영역을 확대하였다가 2학기에는 책보기 영역이나 과학 영역을 중점적으로 확대하는 것도 바람직하다. 그리고 영유아들의 흥미나 관심 주제에 따라 놀이 영역 위치와 크기에 변화를 주는 융통성을 갖도록 한다.

④ 통로를 명확히 설정해 준다.

놀이 영역 간의 원활한 이동을 위하여 교실 바닥의 중앙부는 빈 공간으로 남겨두도록 한다. 빈 공간이 없이 놀이 영역들로 꽉 차 있으면, 이동이 불편할 뿐만 아니라 다른 영역의 놀이 및 활동을 방해할 수도 있다. 따라서 다른 영역으로 이동하고자 할 때에는 반드시 통로를 통하도록 하고, 통로는 안전사고의 위험이 없도록 널찍이 배치한다. 통로는 실내놀이 및 활동과 바깥놀이 및 활동을 연결해 주는 역할도 한다.

⑤ 벽면도 중요한 환경으로서 개방한다.

벽면 또한 놀이 영역의 연장으로서 인식하도록 한다. 영유아들이 다양한 표현활동의 산물을 개인적으로 또는 공동으로 벽면에 게시할 수 있도록 개방해 놓는다.

게시물은 영유아의 눈높이에 맞게 구성되어야 하므로 가능한 사물함이나 교구장 등이 벽면을 가리는 일이 없도록 하는 것이 중요하다.

⑥ 놀이 영역의 수는 영유아의 연령과 발달 수준, 교실 내 영유아 수, 프로그램 목적 등을 고려하여 결정한다.

같은 크기의 교실 공간이라도 3세아 교실보다는 5세아 교실에 놀이 영역 수는 더 많으며, 복잡하고 다양한 놀잇감과 놀이활동이 있다. 또한 유아의 자발적이고 창의적인 놀이활동을 지향하는 프로그램에서는 성취 위주의 학습과정을 강조하는 프로그램보다 다양한 놀이 영역을 배치하고 있다.

⑦ 놀이환경의 안전과 위생을 고려한다.

교실환경의 안전, 위생, 환기, 청결, 조명, 습도, 채광을 중시하여 최적의 놀이환경이 조성되도록 철저하고 세심하게 배려한다.

⑧ 실내놀이 영역의 배치는 영유아들이 혼란을 일으키지 않을 정도로 융통성 있게 변화를 준다.

교실의 놀이 영역 배치에 변화를 주어 영유아들이 놀이에 따라 공간을 자유롭게 사용하도록 한다. 그리고 한 번 정한 영역을 한 학기 내내 고정하지 않고, 놀이에 따라 즉각적으로 재배치 해주려는 융통성을 발휘하도록 한다(교육부 · 보건복지부, 2019). 또한 영역 배치 시 활용도가 높은 공간은 넓히고, 낮은 공간은 원인을 분석해서 재배치하거나 소품에 변화를 준다.

좁은 공간은 효율적으로 사용할 수 있는 대안을 모색하고, 연관된 영역은 인접-통합 배치하며, 계절에 따라 실내 · 외 공간을 이동하면서 영유아들과 협의하여 늘 생동감이 넘치고, 안전하면서도 심미적인 교실이 되도록 한다.

이상과 같이 놀이 영역의 배치는 창의적이고 좋은 놀이환경을 구성하는 데 매우 중요한 역할을 한다. 영유아는 어떤 놀이 영역이 어떻게 배치되었는가에 따라 놀이경험을 다르게 한다.

2) 교실의 놀이 영역

각 놀이 영역에 대하여 교육부(1995a, 2000), 교육과학기술부(2009) 및 교육과학기술부 · 보건복지부(2012) 등이 소개한 것을 종합하여 기술하면 다음과 같다.

(1) 쌓기놀이 영역

이 영역은 정적인 영역과 비교해 볼 때 상대적으로 시끄럽고 소음이 나는 동적인 영역이다. 나무토막, 플라스틱, 우레탄 등 비교적 단단하여 깨지지 않는 재질로 만든 블록들을 가지고 구조물을 만들었다가 무너뜨리고 다시 쌓는 과정을 경험하는 영역이므로 바닥에 카펫이나 자리를 깔아 소음을 줄임으로써 인접 영역에 방해를 덜 주도록 해야 한다. 또한 블록들을 최대한 활용하여 공간지각능력, 구성능력, 측정기술, 원인과 결과에 대한 사고력 등을 확장해 줄 수 있도록 충분한 공간과 놀이시간을 마련해 주어야 한다.

영유아가 구조물을 쌓을 때 방해 받지 않고 활동에 몰두할 수 있도록 영역의 둘레를 막아주거나, 카펫 등으로 경계를 구분지어 주고, 통행이 많지 않은 곳을 택하여 배치한다. 선반이나 수납장은 견고하여 블록들을 많이 올려놓아도 위험하지 않도록 한다. 놀이도구장은 충분히 마련해 영유아들이 형태나 크기에 따라 블록들을 분류하여 정리할 수 있도록 한다. 영유아의 흥미, 주제와 관련된 소품을 함께 제공해서 놀이가 다양하게 이루어지도록 한다.

예를 들어, '공룡'을 놀이주제로 할 경우, 쌓기놀이 영역에 여러 가지 공룡, 공룡 알, 공룡 알 부화장소, 공룡 공원의 배경, 잔디밭 또는 정글, 자갈 또는 돌멩이, 큰 바위, 공룡 먹이 등을 지원해 주면 영유아의 놀이가 질적으로 확장될 것이다.

쌓기놀이 영역 구성의 연령별 유의점은 표 4-3과 같다.

| 표 4-3 | 쌓기놀이 영역 구성의 연령별 유의점

연령	유의점
3세	• 늘어놓기, 높이 쌓기, 연결하기, 막힌 공간 만들기, 간단한 구성물 만들기 등을 주로 하므로 정사각형, 직사각형 등의 기본 형태의 블록을 제공한다. • 종이 벽돌 블록이 매우 유용하다. • 공간이 넓은 곳에서는 우레탄 블록 같은 가볍고 커다란 블록도 유용하다. • 놀이의 확장을 위해 동물 모형, 사람 모형, 자동차 모형 등을 제공한다.
4세	• 조금 복잡한 구조물을 만들기 시작하므로 단위 블록이 유용하다. • 놀이의 확장을 위해 동물 모형, 사람 모형, 자동차 모형 외 다양한 소품을 제공한다.
5세	• 단위 블록과 공간 블록을 많이 활용하며, 많은 양의 블록이 유용하다. • 다양한 쌓기놀이로 확장하기 위하여 관련 사진이나 그림 카드를 제공한다. • 필요한 소품을 유아 스스로 제작하여 놀이에 활용할 수 있도록 한다. • 쌓기놀이 공간의 높낮이를 조절하여 구성할 수 있도록 책상, 널빤지, 의자 등을 활용한다.

출처: 교육과학기술부(2009).

(2) 역할놀이 영역

소꿉놀이, 극놀이 등이 이루어지는 이 영역은 영유아들의 움직임이 많고 활동이 다양하여 동적인 놀이 영역에 위치하는 것이 좋다. 이 놀이 영역은 실생활에서의 역할을 연장하고, 그 외의 역할도 해봄으로써 내면적인 욕구를 표현하고 자아를 성취하는 데 도움이 될 뿐만 아니라 자기 중심적인 사고에서 벗어나 타인과의 관계를 통한 사회 · 정서적 발달을 이룰 수 있는 영역이다. 쌓기놀이 영역과 가깝게 배치하여 두 영역의 놀이가 통합될 수 있도록 한다.

병원놀이, 가게놀이 등 여러 종류의 직업을 상징하는 복장과 도구를 마련해 주되, 영유아들이 새로운 경험을 하게 될 때마다 가구나 소품 등을 수시로 변화시켜 준다. 역할놀이에 있어서 교사의 관심과 소도구의 제시는 영유아의 적극적인 참여를 돕고 경험을 풍부하게 한다.

최근 역할놀이에서 언어 발달을 지원하기 위한 방법으로 역할놀이 소품과 함께 문해 자료(㉾연필, 메모지, 책 등)를 함께 제공하여 놀이와 문해가 의미 있게 통합되어 자연스러운 언어 발달이 이루어지는 경험이 되도록 강조하기도 한다.

▶ **문해(literacy)** 읽기, 쓰기 행동 및 태도, 기대, 능력, 의미, 가치를 포괄하는 개념이며, 문해력(文解力), 문식성(文識性), 문식력(文識力)과 같은 의미로 사용된다.

역할놀이 영역을 1실과 2실로 나누어 1실은 기존의 소꿉방을 꾸미고, 2실은 놀이주제에 따라 변화를 줌으로써 집과 지역사회의 관계 이해, 가정을 중심으로 한 친근함과 편안함, 풍성한 놀이 에피소드를 자극할 수 있다.

역할놀이 영역이 일년 내내 똑같은 주제와 소품이 정체된 영역이 되지 않도록 놀이 주제 및 환경에 변화를 주도록 하며, 체계적인 운영을 위해 연간 역할놀이 주제 및 소품 목록, 주제별 소품 상자를 만들어 활용한다.

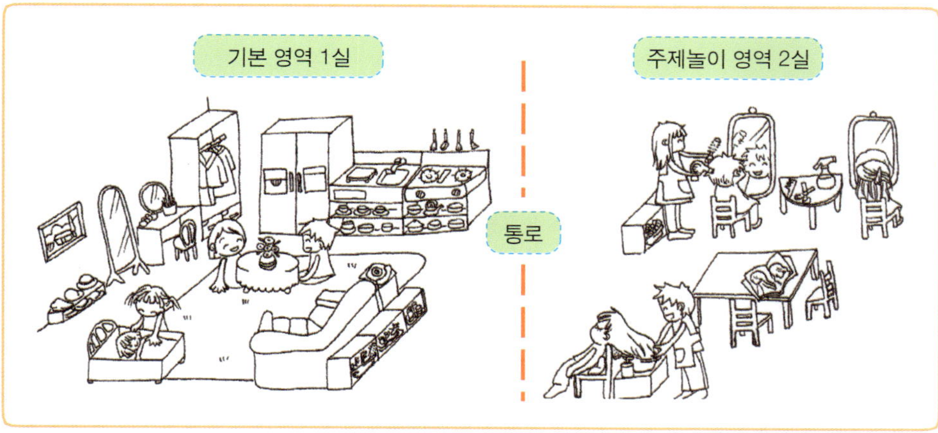

| 그림 4-2 | 역할놀이 영역 구성 방법

역할놀이 영역 구성의 연령별 유의점은 표 4-4와 같다.

| 표 4-4 | 역할놀이 영역 구성의 연령별 유의점

연령	유의점
3세	• 상상력의 발현을 돕는 실물이나 유사한 대용품을 제공한다. • 가정생활에 연관된 역할놀이를 주로 하므로 엄마 · 아빠 옷과 소품, 부엌용품 등 가족 놀이에 필요한 자료를 제공한다. • 정리 정돈에 도움이 되도록 놀잇감의 위치를 그림이나 글자로 표시한다.
4세	• 놀이주제와 관련한 역할놀이를 제안하거나 재료를 비치한다. • 다양한 직업과 사회 구성원의 역할뿐 아니라, 상상적 놀이활동에 적합한 교재 · 교구를 비치한다.
5세	• 놀이주제와 관련한 역할놀이를 제안하거나 재료를 비치한다. • 역할놀이의 내용과 규칙 운영 등을 유아가 스스로 계획하여 실행해 보도록 한다. • 역할놀이에 필요한 소품을 유아 스스로 만들어 사용할 수 있도록 한다. • 역할놀이 확장에 필요한 그림이나 사진 자료 등을 벽에 게시한다.

출처: 교육과학기술부(2009).

(3) 수 · 조작 영역

수 · 조작 영역은 여러 가지 물건을 조작해 봄으로써 눈과 손의 협응력, 기초적 수개념, 도형 및 공간개념, 측정, 패턴, 자료 수집 및 분류 등의 경험을 하는 공간이다.

이 영역은 영유아들이 개별적으로 탐색활동을 많이 하게 되므로 정적인 영역에 배치한다. 소근육 기술, 수개념, 모양과 크기개념 발달에 도움이 되는 다양한 소형 놀잇감을 낮은 교구장에 종류별로 진열해 놓아서 영유아들이 언제나 손쉽게 이용할 수 있도록 해 준다. 특히 활동 자료를 쉬운 것에서부터 어려운 것까지 여러 단계로 분류하여 영유아들이 흥미와 능력에 맞게 자료를 선택하도록 한다. 영유아들이 바닥에 앉아 놀잇감을 구성하고 조작해 볼 수 있도록 카펫이나 자리를 깔아 주고, 낮은 책상을 준비해 둔다. 놀잇감이 흩어지는 것을 방지하기 위해 쟁반, 바구니 등을 준비해 두는 것도 좋다.

3세 유아를 위해서는 쉬운 그림 맞추기 자료를 준비해 두되, 점차 새롭고 다양한 교구를 첨가해 준다. 5세 유아는 소근육의 발달과 집중력이 증가하고 전략적인 사고도 가능한 시기이므로 문제해결용 퍼즐이나 그룹게임을 통해 유아가 인지적으로 사고해 나가는 과정을 조장해 주도록 한다.

수 · 조작 영역 구성의 연령별 유의점은 표 4-5와 같다.

| 표 4-5 | 수 · 조작 영역 구성의 연령별 유의점

연령	유의점
3세	• 그림 맞추기 조각은 5~10개 정도가 적절하며, 완성된 그림본을 제공하는 것이 좋다. • 수세기를 위한 구체물을 제공한다. • 도형, 패턴의 기초활동으로 같은 모양 짝짓기, 모양 변별하기, 구슬 꿰기 등의 놀잇감을 비치한다. • 일상생활 관련 자조 기술 발달을 위하여 찍찍이 붙이기, 단추 끼우기, 비질하기 등의 자료를 제공한다.
4세	• 그림 맞추기 조각은 10~20개 정도가 적절하나 개인에 따라 그 이상도 가능하다. • 비교, 분류, 순서 짓기 활동을 위하여 구체물과 그림 자료를 제공한다. • 유아의 발자국이나 손, 끈, 컵 등을 사용하여 측정해 보는 경험을 가지도록 한다. • 간단한 그룹 게임으로 주사위, 게임판 등을 제공한다. • 간단한 규칙의 게임을 만들어 보는 자료를 제공한다.
5세	• 끈 꿰기, 바느질하기 자료를 제공한다. • 시계, 다양한 단위의 자, 저울 등 표준 단위 측정을 위한 도구를 제공한다. • 수 막대, 수 카드 등을 활용한다. • 조금 복잡한 규칙이 있는 게임을 제공한다. • 도형, 패턴의 기초 활동으로 칠교놀이, 고무줄 도형 등을 제공한다. • 자료를 모아 분류하거나 순서 짓기를 하여 기록할 수 있는 경험을 한다(벤다이어그램, 막대그래프 등).

출처: 교육과학기술부(2009).

(4) 언어 영역

언어 영역은 밝고 조용하고 안정된 공간에 배치해 영유아들이 언어활동에 집중할 수 있도록 한다. 언어교육은 반드시 언어 영역에서만 이루어지는 것이 아니라 '듣기', '말하기', '읽기', '쓰기' 활동을 주로 하며, 영유아의 의사소통 능력을 길러 줄 수 있는 영역이다. 편안한 의자를 마련해 주고, 원형 탁자 등을 마련하여 4~6명의 소집단이 둘러앉아 편안하게 대화를 나누며 활동할 수 있도록 한다.

언어 영역은 흔히 도서 영역이라고 불리기도 하는데, 동화책 외에도 손인형, 융판용 동화 자료와 융판, 이야기가 될 수 있는 그림 자료들을 교구장에 분류 · 정리해 둔다. 자료를 넣어 두는 장이나 바구니에는 이름표를 부착하여 두기도 한다. 학기 초에는 의도적으로 책표지 전면이 보일 수 있도록 배치하지만, 시간이 흐르면 도서관의 서가처럼 옆으로 놓는다. 콘센트가 가까운 곳에 반원 탁자나 작은 책상을 벽에 붙여 놓고 녹음기, 동화가 담긴 녹음테이프 등을 마련해 준다. 책보기에 적절한 조명을 위해 도서 영역은 창문 옆에 배치하여 자연 조명을 받도록 하거나 불을 켜서 밝게 해 준다. 언어 영역 구성의 연령별 유의점은 표 4-6과 같다.

| 표 4-6 | 언어 영역 구성의 연령별 유의점

연령	유의점
3세	• 말하기 활동을 자연스럽게 촉진할 수 있는 거울, 전화기, 손인형, 막대인형, 인형극 틀 등을 제공한다. • 듣기 활동을 할 수 있는 동화 테이프를 제공한다. • 간단한 문장의 그림책을 비치한다. • 읽기, 쓰기의 기초활동으로 이름 카드, 사포 글자, 끄적거리기 노트 등의 자료를 제공한다. • 유아의 생각을 교사가 받아 써주어 말이 글로 옮겨지는 과정에 관심을 가지도록 한다.
4세	• 다양한 장르 · 문화권의 동화책, 우화책 등을 제공한다. • 다른 유아들과 언어적 상호작용을 하도록 장려하는 수수께끼 카드, 그림동화, 융판 등을 제공한다. • 듣기, 읽기 활동이 동시에 이루어질 수 있는 동화 테이프, 그림책 등을 제공한다. • 쓰기 활동을 자연스럽게 시도해 볼 수 있도록 모래상자, 소형 칠판 등을 제공해 준다.
5세	• 다양한 장르 · 문화권의 그림책, 우화, 지식과 정보를 담은 책, 수수께끼 책, 속담 책 등을 제공한다. • 동시 감상 및 동시 짓기, 동극, 이야기 꾸미기의 기회를 제공한다. • 일상생활에서 일어난 문제나 갈등 상황에 대하여 토의하는 기회를 제공한다. • 종이, 연필 등 쓰기 자료를 제공한다.

출처: 교육과학기술부(2009).

(5) 미술 영역

미술 영역은 다양한 미술활동이 전개될 수 있도록 물이 있어야 하고, 색감을 잘 구별할 수 있도록 밝은 곳에 배치해야 한다. 그림물감, 크레파스, 밀가루 점토, 종이 오리기 및 붙이기, 상자곽 구성하기, 풀칠하기 등 미술활동의 종류는 상당히 다양하다. 이에 따라 여러 종류의 폐품을 모아 분류해서 넣어 두는 장, 물감그림을 위한 자료나 도구들을 두는 장, 그리고 오리고 자르고 붙이는 데 필요한 기본 자료를 두는 선반이나 장을 비치하도록 한다.

다양한 자료를 쓰게 되므로 책상에는 비닐을 씌우고 가끔 갈아 씌운다. 물감그림을 위한 이젤 밑에는 비닐 깔개를 깔아 바닥을 보호하고 물 양동이, 스펀지, 걸레와 걸레바구니 등도 함께 둔다. 비닐 앞치마나 가운을 걸어 주어 영유아들이 스스로 입고 벗을 수 있도록 한다. 빗자루, 쓰레받기, 휴지, 휴지통 등의 청소용구도 따로 영역 내에 비치하여 쉽게 치우고 뒷정리하는 습관을 형성하도록 돕는다.

미술 영역 구성의 연령별 유의점은 표 4-7과 같다.

| 표 4-7 | 미술 영역 구성의 연령별 유의점

연령	유의점
3세	• 너무 다양한 자료보다는 기본적인 자료를 자주 바꾸어 주도록 한다. • 손으로 잡기 편한 굵기와 크기의 크레파스를 제공한다. • 안전 가위를 사용한다. • 자유롭게 표현할 수 있는 점토나 찰흙을 제공한다. • 우연한 결과를 만들어내고 즐길 수 있는 손가락그림용 풀이나 밀가루 반죽 등을 제공한다. • 활동 순서 카드를 제공하여 유아 스스로가 작업활동을 즐길 수 있도록 한다.
4세	• 다양한 질감, 형태 · 크기가 다양한 종이류, 풀, 셀로판테이프, 스테이플러 등 여러 가지 자료를 제공한다. • 여러 가지 색상을 경험하도록 크레파스와 물감, 먹물, 과일즙 등 물감의 색상도 점차 늘려간다. • 다양한 크기의 상자 등 재활용품을 활용한다.
5세	• 다양한 명화나 민화를 감상할 수 있도록 작품집이나 화보, 포스터 등을 비치한다. • 공동 작업에 필요한 자료를 제공한다. • 유아의 이름과 제목을 기록할 수 있는 작품 카드를 제공한다. • 재활용할 수 있는 재료를 제공한다. • 유아들이 교실 환경 디자인에 참여할 수 있도록 한다.

출처: 교육과학기술부(2009).

(6) 과학 영역

과학활동은 교실이나 과학 영역에 국한하여 이루어지는 것이 아니라 생활 주변 어느 곳에서나 이루어질 수 있다. 그러나 영유아가 실제로 과학을 이해하도록 돕기 위해 탐구의 과정을 통한 구체적 경험이 효율적으로 이루어질 수 있는 과학 영역이 필요하다. 이 영역에서는 영유아들이 접하게 되는 자연환경을 생물과 무생물, 물질의 성질, 자연현상으로 나누어 자연환경을 감상하고 탐구 · 이해하기 위한 활동들이 이루어진다. 실내에서 곤충이나 작은 동물, 식물을 기를 경우 조용하고 햇빛이 잘 들어 안정된 공간에 과학 영역을 배치하도록 하고, 큰 동물(토끼, 고양이 등)이나 식물의 사육 재배는 영유아들과 자유롭게 뛰어다닐 수 있는 넓은 공간이나 실내와 실외를 연결하여 구성하는 것이 좋다.

자석, 현미경, 확대경, 라디오, 저울, 여러 가지 기계 부품류, 고물류 등 영유아가 만지고 두들기고 발견할 수 있는 탐색활동을 할 수 있도록 하기 위해서는 동적인 영역에 또 하나의 과학 영역을 설치해 주는 것이 바람직하다. 낙엽, 씨앗, 개미집, 조개껍데기 등 계절에 맞는 과학 자료들도 정리장과 선반에 진열해 주어 영유아가 나름대로 관찰 · 실험해 볼 수 있게 한다.

과학 영역 구성의 연령별 유의점은 표 4-8과 같다.

| 표 4-8 | 과학 영역 구성의 연령별 유의점

연령	유의점
3세	• 다양한 감각 경험을 할 수 있는 거울, 색안경, 촉감 상자, 소리 상자 등을 제공한다. • 동식물에 관심을 가질 수 있도록 식물이나 개미, 달팽이 등을 기른다.
4세	• 돋보기, 자석, 프리즘 등의 도구를 제공하여 다양한 탐색활동이 이루어지도록 격려한다. • 동식물, 곤충류를 기르며 성장과정이나 변화를 그림으로 나타낼 수 있도록 관찰기록용지를 준비한다.
5세	• 스스로 탐색과 실험을 할 수 있도록 활동 카드를 제공한다. • 실험의 결과를 예측해 보고 실험 결과를 비교해 볼 수 있는 기록지를 비치한다 • 과학적 탐색을 자극하는 책, 도감, 화보, 신문기사, 슬라이드, 녹음기, 비디오 등을 적극 활용한다. • 동식물 기르기 활동을 제공하고 유아들로 하여금 성장과정이나 변화를 그림이나 글로 나타낼 수 있도록 관찰기록용지와 쓰기 도구를 준비한다.

출처: 교육과학기술부(2009).

(7) 음률 영역

이 영역은 음악에 맞추어 신체를 자유롭게 움직일 수 있는 넓은 공간을 필요로 하며, 영유아가 소리를 정확히 변별할 수 있고 인접 영역에 방해가 되지 않도록 배치해야 한다. 또한 바닥에는 카펫을 깔아 안정된 분위기를 조성해 주고, 소음을 줄일 수 있어야 한다. 낮은 선반이나 걸이, 정리장을 비치하고 다양한 종류의 악기, 녹음기, 전축, 피아노, 헤드폰 등 필요한 소품을 준비해 둠으로써 유아교육기관의 프로그램에 따라 변화를 주도록 한다.

악기장에 악기 그림이나 악기의 윤곽을 그려 붙여주면 영유아 스스로 사용한 후 쉽게 정리할 수 있다.

음률 영역 구성의 연령별 유의점은 표 4-9와 같다.

| 표 4-9 | 음률 영역 구성의 연령별 유의점

연령	유의점
3세	• 일상생활 동요나 놀이 동요, 빠르기가 다른 음악 등이 녹음된 테이프와 카세트를 준비한다. • 다른 사람들 앞에서 노래를 불러보는 시간을 갖는다. • 여러 가지 타악기를 통하여 소리를 탐색해 보고 리듬감을 익힐 수 있는 활동을 제공한다. • 강약이 표시된 노랫말 판을 제공한다.

연령	유의점
4세	• 다양한 리듬악기를 비치한다. • 신체를 이용하여 좀 더 창의적인 표현을 하도록 리본 테이프나 스카프, 풍선, 끈, 고무줄 등을 제공한다.
5세	• 실로폰, 핸드벨 등의 가락악기를 제공한다. • 다양한 음악 테이프, 음악 관련 그림책, 녹음기, 헤드폰을 비치한다. • 노래극 놀이에 필요한 자료와 소품을 준비한다. • 음악을 들은 후 느낌을 그림이나 몸으로 표현해 볼 수 있는 자료를 제공한다. • 악기를 만들어보는 경험을 한다.

출처: 교육과학기술부(2009).

(8) 물 · 모래놀이 영역

물놀이 영역은 실내와 실외에 모두 설치해 줄 수 있다. 실내 · 외 모두 물 가까이 있는 곳에 배치하되, 물 시설이 없을 경우 커다란 양동이를 사용하거나 플라스틱으로 만든 통을 이용해서 테이블 위에 설치할 수 있다. 실내에서는 통로를 피하도록 하고, 정적인 놀이 영역으로부터 떨어진 곳에 두며, 하수처리가 용이한 곳이어야 한다. 실내에 물놀이대를 배치할 경우 바닥은 비닐 깔개나 인조 매트, 타일 등으로 처리하고 계절에 따라 융통성 있게 하는 것이 효율적이다. 물놀이대 가까이에 옷걸이 등을 두고 비닐 앞치마, 방수 가운, 마른 수건, 물놀이 기구 등을 비치함으로써 쉽게 쓸 수 있도록 한다. 선반은 작은 앵글로 조립하여 도구의 종류, 모양, 크기에 따라 분류 · 정리하고, 놀이가 끝난 후에는 도구들을 깨끗이 씻어 물이 잘 빠지도록 하여 말린다.

모래놀이 영역은 실내 · 외 어느 곳에나 설치해 줄 수 있다. 실내의 모래놀이를 위해서는 모래놀이대를 준비하도록 한다. 모래놀이대는 물에 잘 견딜 수 있는 플라스틱이나 합성 금속판으로 하는 것이 효과적이다. 교실 내의 통행이 빈번하지 않은 곳에 배치하되 모래놀이대 밑에는 비닐 깔개를 깔아 미끄러질 위험을 막고, 빗자루와 쓰레받기를 준비해 둠으로써 흩어진 모래를 쉽게 치울 수 있도록 한다.

계절에 따라, 모래 대신 다양한 감각을 경험할 수 있는 낙엽, 진흙, 눈, 스티로폼, 조각, 톱밥 등을 이용하여 놀이하게 한다. 모래 놀이용 기구와 도구를 정리하고 보관할 수 있는 정리장을 배치한다. 정리장이나 통을 준비할 때는 물에 잘 견디고 모래가 잘 빠지는 철망이나 플라스틱으로 만들어진 것을 선택하는 것이 좋다. 젖은 모래와 마른 모래는 노는 방법이나 교육 효과가 다르므로 따로 마련해 주도록 한다.

(9) 컴퓨터 영역

이 영역은 컴퓨터를 연결할 수 있는 전기 콘센트가 가까이 있는 정적인 영역에 배치하도록 하고, 몸체가 크고 무거우며 여러 개의 전깃줄이 달려 있으므로 벽면에 의지하여 설치하는 것이 안전하다. 특히 직사광선이 들어오는 곳을 피함으로써 기계가 열을 받지 않도록 유의한다. 컴퓨터는 개별적으로 또는 두세 명의 유아가 함께 상호작용하면서 이용할 수 있도록 배려한다. 즉 한 대의 컴퓨터가 있는 곳에 의자를 두세 개 준비하여 같은 화면을 보고 있는 유아끼리 서로 의견을 주고받을 수 있도록 한다.

두세 대의 컴퓨터를 설치하고자 할 때는 가운데 책상을 중심으로 두 개의 책상이 양쪽으로 130도 정도가 되도록 배치하여, 컴퓨터를 이용하고 있는 유아끼리 서로 화면을 보고 상호작용하도록 한다. 모니터의 높이는 유아가 의자에 앉아서 볼 때 눈높이보다 약간 높은 정도를 유지하도록 한다. 컴퓨터 교육은 키보드를 두드리고, 마우스를 움직이며, 조이스틱을 움직이는 가운데 컴퓨터 사용법을 스스로 발견하고, 서로 의견을 나누고 협력하고 양보하는 것을 경험하도록 한다.

컴퓨터는 세 부분(키보드, 본체, 모니터)으로 되어 있으며, 이들 세 부분이 상호 연결되어 입력한 정보가 처리됨을 지각적으로 인식하도록 돕는다. 컴퓨터 프로그램이 들어 있는 CD 및 보관 상자, 인쇄기(프린터) 등도 비치해 두면 더 효과적이다.

(10) 요리 영역

요리 영역은 독립된 영역으로 분리하여 고정적으로 배치하거나 필요할 때마다 융통성 있게 배치하도록 한다. 또한 역할 영역, 과학 영역 등과 연결하여 배치가 가능하다. 고정적으로 배치할 때는 물을 쉽게 쓸 수 있도록 수도시설과 가까운 곳에 배치한다. 다른

영역과 연계할 때는 필요한 기구를 따로 보관했다가 운반대나 조리대(책상으로 대용)를 이용하여 배치한다. 책상을 조리대로 대용할 때는 비닐 등의 덮개를 씌워 물이나 음식 부스러기 등을 쉽게 치울 수 있도록 위생을 고려하고 요리도구 사용 시 안전에 유의한다.

(11) 목공놀이 영역

목공놀이 영역은 소음이 많이 나므로 다른 영역의 활동에 방해되지 않도록 별도의 공간에 배치할 수 있다. 무거운 망치, 톱, 못 등의 사용이 위험하다고 하여 흔히 소홀히 다루어 온 영역이었으나, 안전에 만전을 기한다면 유아들의 관심과 흥미를 유발할 수 있는 영역이다.

안전을 위해 이 영역은 통행이 빈번하지 않은 곳에 설치하고 교사가 쉽게 관찰할 수 있는 위치에 있어야 한다. 또한 목공놀이 영역의 도구를 유아 수준에 맞게 준비하면 효율성을 높일 수 있다. 초기에는 나무를 사용하는 것이 힘들기 때문에 스티로폼 조각에 망치로 못을 박게하면 쉽게 할 수 있다. 고무 조각들을 원으로 오려 주면, 스티로폼에 바퀴를 달아서 차를 만들어 볼 수도 있다. 유아의 키에 알맞은 튼튼한 목공 작업대를 설치하고, 작업대에 가까이에 연장과 부속품을 보관할 선반이나 서랍을 마련해 둔다.

연장을 보관하는 장소에는 조그마한 간판에 적절한 그림이나 이름을 써 붙이고 벽에는 갈고리, 못 등을 박아 놓아 유아들이 쉽게 연장이 있는 장소를 발견하고, 사용한 후에는 집어넣고 걸어놓는 것을 습관화하도록 한다. 이 영역은 항상 설치해 두기보다는 유아의 흥미와 교육내용에 따라 상황에 맞게 설치 · 운영되도록 한다.

교실 놀이 영역 구성을 함에 있어서 무엇보다 중요한 것은, 유아들의 흥미와 관심에 따라 자유롭게 선택할 수 있는 매력적인 환경구성을 해야 하며, 협력적인 상호작용이 가능하고, 개별 및 대 · 소집단 구성이 가능한 환경으로 구성하는 일이다. 그리고 유아들이 주제에 대해서 느끼고, 배우고, 궁금한 점을 알아볼 수 있도록 하기 위해서 교실 전체에 주제와 관련된 게시판, 화보, 도서, 놀이자료 등을 다양하게 구성하도록 한다. 표 4-10은 주제 '우리 동네'와 관련된 놀이 영역별 환경구성의 예이다(서울특별시동부교육지원청, 2013).

| 표 4-10 | 주제 '우리 동네' 관련 놀이 영역별 환경구성

놀이 영역	환경구성
쌓기놀이	• 우리 동네 길이나 도로를 꾸며볼 수 있는 바닥 • 우리 동네를 꾸며볼 수 있는 다양한 단위 블록, 종이 벽돌 블록, 공간 블록 • 다양한 자동차, 신호동 등의 소품 • 사람 모형, 우리 동네 여러 장소와 기관 등의 사진이나 화보
역할놀이	• 가정과 같은 분위기의 소품들 • 우리 동네 생활과 관련된 역할놀이 소품 • 동네의 여러 기관을 나타내는 간판 • 여러 직업을 나타내는 의상 및 소품들
미술	• 다양한 크기의 종이, 크레파스, 색연필, 색분필, 풀, 가위, 색종이 등 다양한 작업도구 • 우유곽, 종이컵, 종이상자 등 다양한 만들기 재료 • 우리 동네 주제와 관련하여 역할놀이나 쌓기놀이에 필요한 소품을 만들 수 있는 재료
언어	• 우리 동네 주제와 관련된 동화나 그림책, 지역을 소개하는 소책자 • 우리 동네 가게를 선전하는 광고지 • 우리 동네의 여러 기관의 사진이나 그림 • 우리 동네 주제와 관련된 동시판 • 동화 자료 : 그림동화, 테이블 동화
수 · 조작	• 우리 동네와 관련된 다양한 모양의 퍼즐 • 끼우기 등 조작놀잇감 • 수활동 실물 자료들 • 우리 동네를 구성할 수 있는 테이블 블록이나 조작놀잇감
과학	• 기본적으로 흥미있어 하는 생물과 사물 • 우리 동네를 중심으로 한 다양한 장소 사진 · 관찰 도구와 관찰 기록 자료 • 동네 지도
음률	• 여러 가지 리듬악기류 • 우리 동네 주제에서 제시하는 녹음된 노래, 노랫말, 그림악보 • 다양한 악기 사진 • 신체표현 활동 자료 • 직업을 나타내는 음악감상 자료

출처: 「유치원 혼합연령학급 운영매뉴얼」과 「5세 누리과정 연령연계 어린이집 프로그램」을 참고한 서울특별시동부교육지원청, 2013: 180 재인용.

3) 놀이 참여의 균형

영유아의 놀이 선택은 유아의 내적 동기인 자발성, 놀이환경, 놀이친구, 교사에 영향을 받는다. 한 연구에 의하면, 교사들이 인식하는 영유아들이 선호하는 실내놀이는 쌓기, 언어, 역할, 조작, 미술, 과학 놀이 순이다. 과학 놀이에 영유아의 참여도가 가장 적은 것은 자료 부족과 교사의 관심도와 개입이 다른 놀이에 비해 가장 적기 때문으로 분석된 바 있다(강미희, 2003; 지성애, 김영옥, 홍혜경, 2002).

주목할 점은 놀이에 따라 놀이 형태가 다르게 나타나는데, 쌓기, 언어, 조작, 과학 놀이는 혼자놀이가 주로 이루어지고, 역할 놀이에서는 협동놀이가, 미술 놀이에서는 병행놀이가 주로 이루어진다. 이것은 놀이 환경구성의 특수성과 놀이의 특성에서 비롯한 결과로 분석된다(지성애 외, 2002).

흔히 어른들은 어떤 놀이는 가치 있고, 어떤 것은 가치가 덜하다고 생각하기 쉬운데, 놀이는 가치의 우열을 따질 수 없다. 놀이의 효과는 교사의 상호작용에 의한 적절한 중재(mediation)에 따라 달라질 수 있기 때문에 서로 통합하려는 교사의 노력이 있다면 영유아의 놀이 선택에 대해 걱정할 필요는 없다. 물놀이를 하는 동안에도 수 · 과학개념이 훌륭하게 키워질 수 있기 때문이다(중앙대학교 부속유치원, 1998).

영유아마다 좋아하는 놀이가 있으며, 좋아하는 놀이를 중심으로 다양한 경험을 할 수 있다. 놀이를 골고루 선택하지 않는 문제, 특히 언어 · 수와 같은 지적인 놀이를 선택하지 않는 것에 대한 성인의 걱정은 기우일 수도 있다. 영유아들의 놀이를 관찰하고, 필요한 자료들을 제공함으로써 의미 있는 활동이 될 수 있으며, 교사는 교실 전체에서 일어나고 있는 유아들의 놀이를 살펴보며, 적절한 지원을 할 수 있어야 한다(중앙대학교 부속유치원, 1998).

2019 개정 누리과정에서는 교사가 영유아 발달 및 놀이주제에 적합한 놀이 영역을 어떻게 구성하여 영유아들이 선택하도록 할 것인가?에 중점을 두기보다는 영유아가 놀이를 통해 하나의 공간을 자신들의 놀이에 적합한 공간으로 새로운

목적을 부여하여 사용하기도 하고, 놀이할 공간을 스스로 찾아내거나 만들기도 하며, 공간과 공간을 연결하여 새로운 놀이로 확장하는 경험이 일어나도록 하는 데 중점을 두고 있다(교육부 · 보건복지부, 2019).

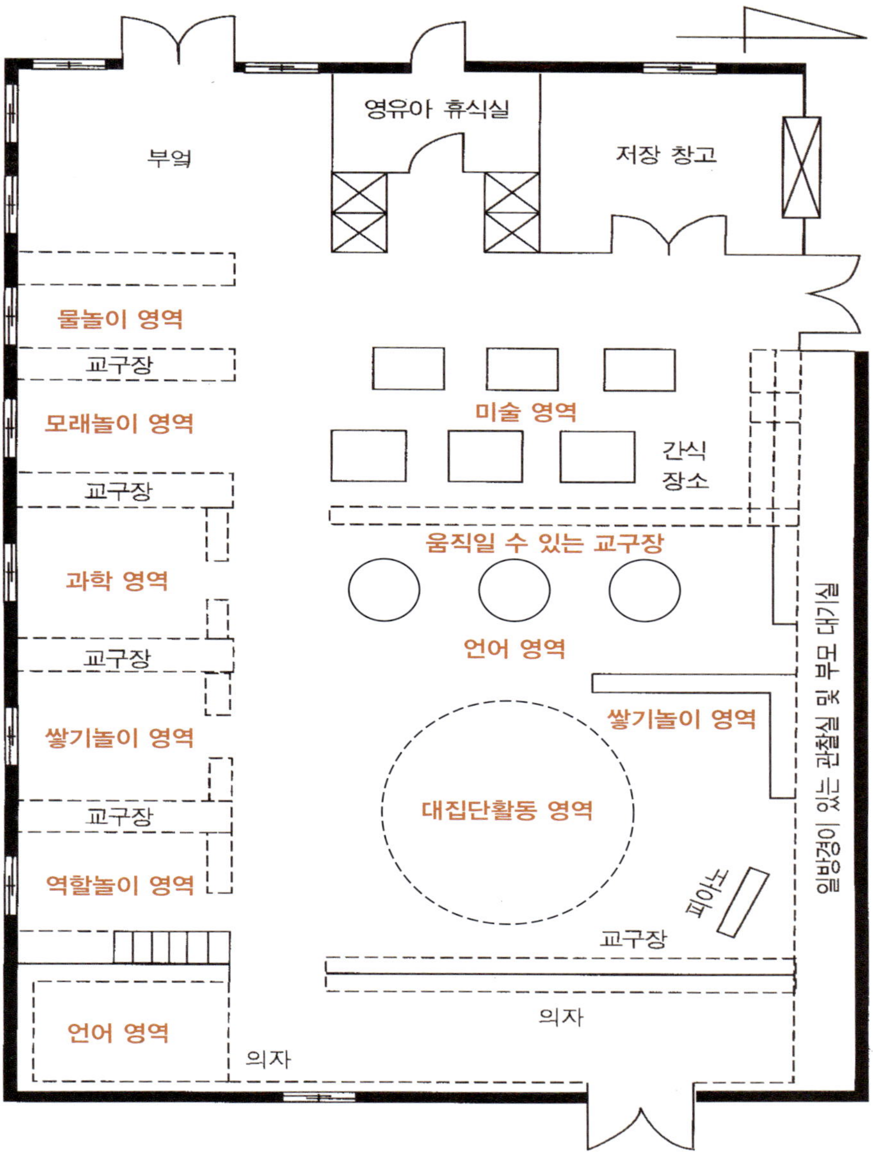

| 그림 4-3 | 교실의 놀이 영역 배치도 예시

3. 바깥 놀이환경

유아교육기관의 바깥 놀이환경은 주로 교실이 있는 건물 밖의 대지인 놀이터를 가리킨다. 바깥 놀이터가 없을 경우에는 옥상 놀이터나 실내 강당을 활용하여 바깥놀이의 기회를 갖기도 한다. 그러나 옥상 놀이터는 안전사고의 위험이 있으므로 영유아의 키보다는 높은 철책과 직사광선, 비나 눈으로부터 보호할 수 있는 지붕의 설치가 필요하다. 때에 따라서는 유아교육기관 가까이에 있는 동네 놀이터도 활용할 수 있다.

교육적으로, 바깥 놀이환경은 실내에서의 놀이 영역을 연장하거나 확장시킬 수 있는 놀이 공간이다. 실외의 공간과 적당한 시설은 영유아들의 놀이 경험을 넓혀주며, 신체 전반의 활동뿐만 아니라 소근육 활동이나 개념 중심의 활동도 가능하게 해준다. 특히 자연을 만나고 경험함으로써 자연 생태계에 대한 탐구력과 친밀감을 형성하도록 돕는다. 활동적인 극놀이가 이루어지기도 하는데, 실내에서는 집이나 지역사회에 관한 역할놀이가 많은데 비하여 바깥에서는 영웅놀이 주제를 선호하는 경향을 보인다고 한다(Parley, 1984).

특히 영유아들은 온몸을 움직여 물 · 모래놀이에 참여하는 것을 즐거워한다. 그 밖에도 창의적 구성놀이, 휴식하면서 책을 보거나 이야기 나누기 등을 하는 공간이 되기도 한다. 영유아는 대부분 일과의 많은 시간을 실내에서 보내게 되므로, 신선한 공기와 햇살을 쐬며 자유롭게 몸을 움직이고, 에너지를 충분히 발산할 수 있는 바깥놀이를 매일 충분히 포함하도록 한다(서울특별시동부교육지원청, 2013).

따라서 바깥 놀이환경은 방임하는 공간이 아니라 영유아가 자연세계와 상호작용하고 상상력과 감성을 마음껏 펼치는 공간, 자신들의 공감대를 형성하고 더 많은 협동놀이를 참여하는 시간으로 교사의 민감성이 요구되며, 교실활동의 연장으로 바라보는 시각이 필요하다(정은경, 2000).

바깥 놀이환경에서 가장 우선적으로 고려할 점은 안전이라고 할 수 있다. 영유아들이 안전하게 놀이할 수 있도록 지도하는 것은 다른 어떤 것보다도 최우선 사항이며, 놀이터 시설, 설비 및 교구에 대한 안전점검과 보수가 정기적(특히 학기 시작 전, 연 2회 이상 수시)으로 이루어져야 하며(교육부, 2000), 이를 위해 안전점검 및 보수 체크리스트 등을 활용하도록 한다.

어린이 놀이터에 있는 각종 놀이기구와 모래가 중금속으로 심각하게 오염되어 있는 경우가 있다. 납은 심할 경우 중추신경계의 손상과 뇌질환을 일으킬 수 있는데, 환경부가 전국 10개 도시에서 64곳의 실외 어린이 놀이터의 놀이시설을 조사한 결과, 철제 놀이기구에 칠해진 페인트에서 납이 미국소비자제품안전위원회(CPSC)가 제시한 기준치보다 평균 45배~최고 197배를 초과했고, 방부목재(크롬과 구리, 비소 등의 화학방부재로 처리됨)로 만든 놀이터 시설 표면의 중금속 오염도는 철재나 플라스틱 시설보다 최고 311배나 높은 것으로 나타났다.

놀이터의 모래에서는 중금속(예 수은, 카드뮴, 비소, 구리 등)이 국내 토양오염 환경기준치보다 2~46배 높게 검출되었으며, 방부목재 시설에서는 비소가, 철제 시설에서는 납의 농도가 높게 검출되었다. 정부는 환경보건법 제정을 통해 방부목재나 페인트 사용을 금지(제한)하거나 오염토양 교체를 의무화하고 있다(조선일보와 메트로신문, 2007. 5. 30). 이는 바깥 놀이터의 안전위생과 관리가 방치되어 얼마나 심각한가를 말해준다.

1) 바깥 놀이터 공간 구성의 원칙

바깥 놀이터 공간을 구성하고자 할 때 중요한 것은 이 공간에서 영유아들이 어떻게 생활하고 놀이를 할 것인가에 역점을 두어야 한다는 것이다. 또한 영유아들의 요구와 흥미, 발달 수준 등을 파악하고 고려하여 영유아에게 적합한 놀이환경을 구성해야 한다.

영유아를 위한 바깥 놀이터를 설계하고자 할 때 다음과 같은 기준을 고려하여야 한다(고문숙, 이혜주, 임영심, 황정숙, 2001; 유효순, 조정숙, 1995).

① 영유아의 놀이를 장려하도록 설계한다.

② 영유아의 감각과 호기심을 자극하도록 설계한다.

③ 여러 가지 상호작용이 빈번하게 일어나도록 설계한다.

④ 영유아의 기본적인 사회적, 신체적 욕구를 만족시킬 수 있도록 설계한다.

⑤ 영유아가 놀이를 더 발전시킬 수 있도록 설계한다.

⑥ 자연 영역(자연이 보존된 놀이공간), 개방 영역(운동장처럼 달리며 뛰어노는 공간), 길 영역(이동과 연결이 가능한 공간), 모험 영역(탐험놀이나 모험놀이 공간), 비밀 영역(비밀을 공유할 수 있는 공간), 놀이기구 영역(놀이기구가 설치된 공간)을 구분하여 설계한다.

바깥 놀이터 역시 교실 공간 구성과 마찬가지로 놀이 영역을 중심으로 구성하는 것이 바람직하다. 교육과학기술부 · 보건복지부(2012)는 유아교육기관의 바깥 놀이 영역으로서 운동놀이 영역, 모래 · 물놀이 영역, 자연탐구 및 관찰 영역, 휴식을 위한 공간 등을 제시한 바 있다.

이러한 놀이 영역들을 바깥 놀이터에 배치할 때 반드시 고려해야 할 원칙은 다음과 같다.

① 동적 놀이 및 활동 영역과 정적 놀이 및 활동 영역으로 구분한다.

온몸을 움직여 대근육 활동을 할 수 있는 영역과 움직임이 크지 않고 조용히 활동할 수 있는 영역으로 구분하여 서로 거리를 두어 배치하도록 한다. 동적 놀이 및 활동 영역에는 복합놀이기구라든지, 자전거, 그네, 정글짐 등 놀이 시설물이 있고 활동의 크기가 크므로 안전에 유의하여야 한다. 정적 놀이 및 활동 영역에서는 책을 읽거나 역할놀이를 하고, 동식물을 기를 수 있는 활동이 이루어질 수 있다. 덱커와 덱커(Decker & Decker, 1976)는 바깥 놀이터 공간 중 1/3은 정적 놀이 및 활동 영역으로, 나머지 2/3는 동적 놀이 및 활동 영역으로 활용될 수 있도록 구성하는 것이 바람직하다고 하였다.

② 바닥은 단단한 표면과 부드러운 표면을 조화롭게 설치한다.

바깥 놀이터의 바닥 표면은 각 놀이 영역의 특성을 고려하여 흙, 모래, 잔디, 목재 데크, 아스팔트, 친환경 탄성고무매트 등 여러 재질로 꾸미도록 한다. 복합 놀이기구가 있는 곳의 바닥은 가는 모래로 깔도록 하며, 동식물을 기르는 곳이나 공, 훌라후프, 고무줄, 술래잡기 놀이 등을 할 수 있는 곳의 바닥은 흙으로 까는 것이 바람직하다. 책을 읽거나 역할놀이를 하기에는 목재 데크나 잔디가 있는 곳이 좋으며, 자전거는 아스팔트가 깔려 있는 단단하고 편평한 통로에서 타는 것이 효율적이다. 따라서 바깥 놀이터의 바닥은 부드러운 표면과 단단한 표면의 균형이 이루어지도록 구성하는 것이 바람직하다.

③ 양지 영역과 함께 그늘진 영역도 마련한다.

바깥 놀이터의 위치는 가능하면 유아교육기관의 건물 앞쪽, 특히 남쪽에 배치하며, 햇빛과 그늘을 적당히 제공받을 수 있게 한다. 만일 그늘진 곳이 없다면, 나무를 심거나 천막을 쳐서 그늘을 만들어주는 것이 좋다. 예를 들어, 모래놀이터에 지붕을 만들어주면 직사광선을 피할 수 있으며, 눈과 비가 오는 날에도 모래놀이를 할 수 있게 된다.

④ 통로는 시각적으로 분명히 구분하도록 한다.

여러 영유아가 함께 움직임이 큰 놀이를 하게 되는 바깥 놀이터에서, 통로는 서로의 왕래를 원활하게 해준다. 통로는 영유아들이 다니기에 편리하도록 충분히 넓어야 하는데 대체로 90~150cm 정도의 넓이가 적당하다.

영유아들이 한 장소에서 다른 장소로 이동할 때 통로를 통하도록 함으로써 영유아들이 서로의 놀이를 방해하거나, 놀이기구 이동 시의 안전문제 등을 줄일 수 있다. 유아교육기관에 따라서는 통로를 자전거 전용도로로 활용하기도 한다. 통로의 바닥은 목재 데크나 친환경 탄성고무매트, 아스팔트로 조성하는 것이 일반적이다.

⑤ 빈 공간을 마련한다.

시설물이 없는 빈 공간을 마련하도록 한다. 그날의 주제나 교사의 의도, 영유아들의 요구에 따라 게임, 전통놀이, 대그룹 활동 등이 융통성 있게 이루어질 수 있는 공간이다. '우리 집에 왜 왔니', '무궁화꽃이 피었습니다'와 같은 놀이를 할 수 있으며, 공, 훌라후프, 줄넘기 등 유동적인 놀이기구를 사용한 운동놀이를 할 수 있다. 바닥은 흙으로 다져 놓은 맨 바닥이 좋다.

⑥ 실외 창고를 둔다.

바깥놀이 활동 시에 필요한 놀이기구나 놀이자료 등을 넣어 보관할 수 있는 창고가 필요하다. 세발자전거, 유아용 농구대, 배드민턴 도구, 줄넘기, 훌라후프, 다양한 형태의 공 등이 보관되어 있으면 영유아들이 필요에 따라 쉽게 꺼내어 쓸 수 있으며, 놀이가 끝난 후에는 제자리에 정리 정돈해 놓도록 한다. 또한 영유아들의 손이 닿지 않는 곳에 연장상자를 두어 놀이시설물이 고장나거나 파손되었을 때 필요한 연장, 도구들을 사용할 수 있도록 한다.

2) 바깥놀이 영역

교육부(2000), 교육과학기술부(2009) 및 교육과학기술부 · 보건복지부(2012) 등이 소개한 바깥놀이 영역을 종합하여 기술하면 다음과 같다.

(1) 운동놀이 영역

영유아들의 움직임이 크고 대근육 활동을 할 수 있는 영역이다. 이 영역의 안전성과 활동성을 고려하여 복합놀이기구 영역, 그네 영역, 시소 영역 및 자전거 영역의 네 가지 영역으로 구분하는 것이 바람직하다.

① 복합놀이기구 영역

오르기, 내리기, 미끄럼타기, 외줄잡고 걷기 등 다양한 운동을 경험할 수 있는 복합놀이기구를 설치한다. 따라서 다른 영역보다 공간을 많이 차지하게 되므로 다른 영역의 놀이시설과 조화를 고려하고 조용한 영역과 떨어뜨려 배치하도록 한다.

② 미끄럼틀 영역

영유아의 출입이 한적한 곳에 설치하고, 보통 미끄럼틀의 높이는 안전을 고려하여 2.5m 이하가 되도록 한다. 이상적인 경사 각도는 30~40도이며, 목재, 플라스틱, 콘크리트, 스테인리스 등의 소재에 따라 가격과 질에 따라 차이가 나므로 이 점을 고려하여 설치한다.

③ 그네 영역

그네의 진폭을 고려하여 전 · 후방에 있는 다른 놀이기구와 충분한 거리와 통로를 두도록 한다. 그네 영역의 앞뒤로는 나무를 심거나 낮은 울타리를 설치하여 영유아들이 그네에 부딪히는 일을 예방하도록 한다. 영유아를 위한 그네 영역은 6×6m의 공간을 확보하는 것이 바람직하며, 그네 영역 전체에 낮은 나무를 심어서 다른 영역과의 경계를 분명히 하도록 한다. 또 그네 옆으로 출입구를 표시하여 영유아가 안전하게 다른 지역으로 이동할 수 있도록 배려한다. 바닥에는 가는 모래를 깔아서 영유아가 그네를 타다가 떨어졌을 때 부상을 최소화할 수 있도록 한다.

④ 시소와 흔들새 영역

미끄럼이나 그네가 있는 영역보다 움직임이 적은 영역이다. 시소나 흔들새에는 손잡이 부분을 반드시 부착하여 영유아가 안전하게 기구를 이용할 수 있도록 한다. 시소가 땅에 닿는 부분에는 타이어를 묻어서 영유아가 놀이하는 과정에서 뇌나 척추에 충격이 가지 않도록 배려한다.

⑤ 자전거 영역

자전거뿐 아니라 손수레 등 타고 끌고 다니는 활동이 이루어진다. 이 영역의 바닥에는 시멘트나 아스팔트, 또는 보도블록을 깔아 다른 영역과의 경계를 뚜렷이 하도록 한다. 자전거 길의 형태는 일자형보다는 커브길, 십자 교차로 등으로 구성하며, 두 대의 자전거가 동시에 지나갈 수 있을 정도의 폭으로 만든다.

길의 중앙에는 흰색 및 노란색 페인트로 자전거나 손수레의 통행 방향을 점선 표시를 하여 부딪치는 일이 없도록 한다. 횡단보도도 표시해 놓아 안전하게 통행이 이루어지도록 한다.

운동놀이 영역 구성의 연령별 유의점은 표 4-11과 같다.

| 표 4-11 | 운동놀이 영역 구성의 연령별 유의점

연령	유의점
3세	• 미끄럼이나 오름 틀은 경사가 완만하고 길이가 짧은 것을 제공한다. • 자전거 등 탈것은 소형을 제공한다.
4세	• 미끄럼이나 오름 틀은 신체 조건에 적합한 것을 제공한다. • 신체 조절 능력, 평형 감각, 지구력 등을 길러주는 놀이기구를 비치한다. • 안전 규칙을 잘 지키도록 한다.
5세	• 모험 놀이를 비치해도 좋다. • 놀이기구를 다른 용도로 활용하는 아이디어를 내보도록 한다. • 달리기, 구르기, 균형 잡기, 뛰어내리기 등 다양한 신체 경험을 해보도록 한다. • 한 가지 놀이를 지속적으로 하여 신체나 기구를 다루는 데 익숙해지게 한다. • 스스로 안전 규칙을 만들어 보도록 한다.

출처: 교육과학기술부(2009).

(2) 물 · 모래놀이 영역

물놀이와 모래놀이 영역은 함께 있는 것이 바람직하다. 물놀이는 물만 있어도 이루어지며, 모래놀이도 따로 모래놀이 영역이 없어도 흙이 있는 곳이라면 어디서든지 이루어진다. 모래밭은 직사각형, 정사각형, 타원형 등 다양하게 조성할 수 있고 모래밭의 테두리도 타이어, 통나무, 콘크리트 등 여러 가지 재료를 활용할 수 있다. 물 · 모래놀이 영역은 햇볕이 잘 들고 배수가 잘 되는 곳이 적합하다.

또한 통로를 피하여 동적 놀이 영역과 조금 떨어진 위치에 설치하는 것이 적절하다. 모래놀이용 모래는 곱고 이물질이 섞이지 않은 깨끗한 것이 좋고, 유실되는 양이 많으므로 한 학기에 한 번 정도 보충해 주어야 한다.

물놀이 · 모래놀이 영역 구성의 연령별 유의점은 표 4-12와 같다.

| 표 4-12 | 물놀이 · 모래놀이 영역 구성의 연령별 유의점

연령	유의점
3세	• 다양한 종류의 그릇, 고무 인형, 공 등을 준비한다. • 모래를 탐색하는 놀이를 많이 하므로 모래를 그릇에 담고 섞기, 모양 찍기, 손으로 뿌리기 등을 할 수 있도록 한다. • 물과 모래를 다른 사람에게 뿌리지 않도록 지도한다.
4세	• 물의 특성을 알아볼 수 있는 다양한 도구를 제공한다. • 모래를 탐색하는 활동 이외에 소꿉놀이 도구, 인형, 교통기관, 플라스틱 블록 등을 첨가하여 여러 가지 놀이로 확장하도록 한다. • 돌멩이, 풀 등 자연물과 함께 구성하여 놀이하도록 한다.
5세	• 물의 양을 측정할 수 있는 다양한 계량 도구를 비치한다. • 물과 모래를 이용한 여러 가지 실험을 해 볼 수 있는 교재 · 교구를 준비한다. • 모래삽, 수로용 플라스틱관, 투명 호스 등을 제공하여 물 · 모래놀이가 확장되도록 한다.

출처: 교육과학기술부(2009).

(3) 자연탐구 및 관찰 영역

영유아들이 식물, 곤충, 새, 동물, 흙, 물 등 자연환경을 탐구하는 영역이다. 구체적으로는 크게 식물 기르기 영역과 동물 기르기 영역으로 구분할 수 있다.

식물 기르기 영역은 흙과 습기, 햇빛과 그늘, 배수 조건 등이 식물이 살기에 적당한 공간에 배치하는 것이 좋다. 영유아들이 꽃을 심고 가꿀 수 있는 화단, 배추나 무와 같은 채소의 씨를 심고 배양주기를 관찰하며, 직접 재배하고 수확할 수 있는 채소밭, 그리고 유실수나 꽃나무 등이 있어 여러 가지 식물을 관찰할 수 있는 기회를 제공하도록 한다.

동물 기르기 영역은 사육장을 설치하여 영유아들이 동물의 성장과정을 관찰할 수 있도록 한다. 동물 사육장은 지나친 햇빛이나 바람을 막아줄 수 있는 건조한 곳에 설치하여야 하며, 물이나 사료를 공급하기 편리한 곳에 설치한다.

자연탐구 및 관찰 영역 구성의 연령별 유의점은 표 4-13과 같다.

| 표 4-13 | 자연탐구 및 관찰 영역 구성의 연령별 유의점

연령	유의점
3세	• 유아 주변의 친숙한 동식물을 관찰하도록 한다. • 식물은 토마토, 고추 등 성장 속도가 빠르고, 열매가 맺히는 것을 기르는 것이 좋다. • 먹이를 주거나 물을 주는 활동을 한다.
4세	• 당번을 정해 먹이나 물을 주도록 한다. • 씨를 뿌리거나 모종을 하여 꽃밭과 텃밭을 가꾸며 식물을 기른다. • 동식물의 성장과정이나 변화를 그림으로 나타낼 수 있도록 관찰기록용지를 준비한다.
5세	• 자기 몫을 정하여 씨를 뿌리거나 모종을 하고 거름을 주며 꽃밭과 텃밭을 가꾼다. • 동식물의 성장에 관련된 책 등의 자료를 준비한다. • 자신이 기르는 동식물의 성장과정이나 변화를 그림이나 글로 기록할 수 있도록 관찰 기록용지를 준비한다.

출처: 교육과학기술부(2009).

(4) 작업 영역

계절과 날씨의 변화 또는 계절과 날씨에 따라 나타나는 주변 환경의 변화 등을 경험하면서 영유아들이 작업할 수 있는 영역이다. 대체로 물감으로 그림 그리기, 큰 블록 쌓기, 목공놀이하기, 점토놀이하기 등이 이루어질 수 있다. 영유아들이 실내에서와 달리 넓고 열린 공간에서 자연공기를 쐬면서 자유롭게 작업할 수 있도록 놀이시설 기구가 있는 신체활동 영역과는 멀리 떨어진 곳에 작업 영역을 배치하는 것이 좋다. 또한 지나친 햇빛이나 바람을 막아줄 수 있는 곳에 설치하도록 하며, 천막이나 나무덩굴을 이용하여 그늘을 만들어주는 것도 바람직하다.

(5) 휴식 영역

조용히 휴식을 취하거나 정적인 활동이 이루어질 수 있는 영역이다. 동화책 보기, 동화 듣기, 동시 짓기, 휴식 취하기 및 조작놀이 등을 할 수 있다. 따라서 이 영역은 커다란 나무 밑이나 그늘진 곳에 벤치나 정자를 배치하는 것이 좋다.

(6) 이동 영역

영유아들이 실내에서 바깥 놀이터로 나와서 탐색을 시작하고, 원하는 활동을 준비하는 영역이다. 따라서 이동 영역은 실내의 현관과 인접한 곳에 배치하여, 영유아들이 놀이를 계획할 때 혼잡하지 않도록 충분한 공간을 마련한다.

(7) 편평하고 개방된 공간

고정된 놀이시설이 배치되어 있지 않으며, 바닥은 편평한 땅으로 되어 있어 영유아들이 게임이나 소집단 활동 등을 할 수 있는 영역이다.

교사는 영유아의 신체 발달 정도, 놀이주제, 계절 등을 고려하여 실외 이동기구 및 다양한 자료를 첨가하여 줄 수 있다. 이 영역의 가까이에 창고를 두어 영유아들이 실외 이동 기구들(예 줄넘기, 훌라후프, 농구 골대, 농구공, 축구공, 널빤지, 타이어, 고무줄, 흔들 보트, 안전 사다리 등)을 꺼낼 수 있으며, 사용 후에는 제자리에 보관할 수 있도록 하는 것이 바람직하다.

영유아들은 이 영역에서 소집단으로 '우리 집에 왜 왔니', '고양이 · 쥐 잡기', '무궁화꽃이 피었습니다' 등 전통놀이를 할 수 있으며, 다양한 신체놀이 게임도 할 수 있다.

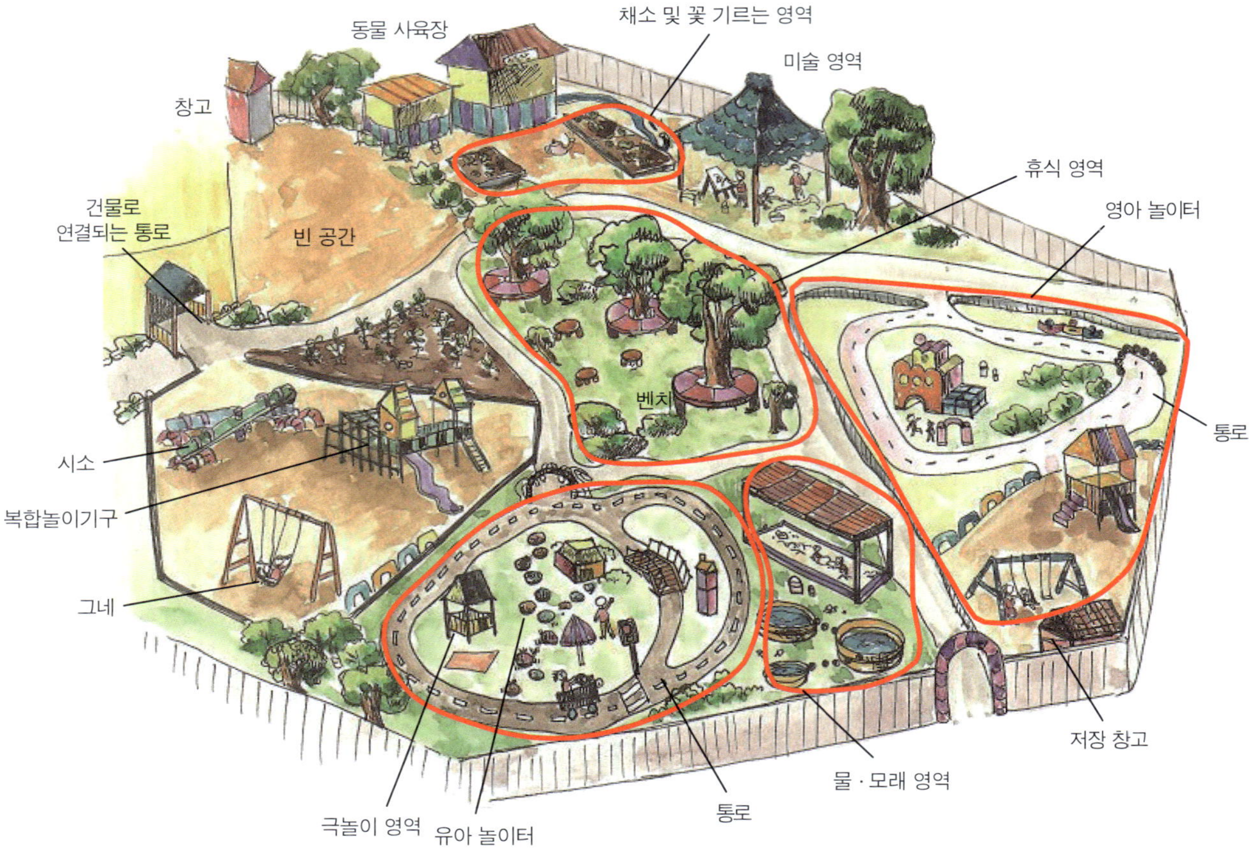

| 그림 4-4 | 바깥놀이 영역의 배치도

출처: Ground for Play, Inc. Mansfield, Texas의 허가를 받은 Wellhousen, 2002: 93에서 응용.

이상에서 논의한 영유아를 위한 실내 · 외 놀이환경 구성을 점검할 수 있는 목록을 소개하면 표 4-14와 같다.

| 표 4-14 | 실내 · 외 놀이환경 점검 목록

연령	유의점	예	아니오
실내 · 외 놀이환경	1. 모든 시설, 설비가 영유아의 신체 조건에 알맞게 준비되어 있는가?		
	2. 물리적 환경은 안전성을 고려하여 구성되었는가?		
	3. 실내의 온도는 적절히 유지되는가?		
	4. 실내에는 다양한 흥미 영역이 준비되어 있는가?		
	5. 흥미 영역의 배치는 공간 배치 원리를 따랐는가?		
	6. 영역별 활동계획판이 준비되어 있는가?		
	7. 대집단 활동 영역은 전체 영유아가 활동하기에 충분한가?		
	8. 놀잇감이 공간의 크기 및 영유아의 수에 맞게 충분히 준비되어 있는가?		
	9. 놀잇감이 개방된 선반 위에 정리되어 있으며, 바구니나 쟁반에 담겨 있어 영유아가 놀잇감을 옮기기에 편리하도록 되어 있는가?		
	10. 벽에 있는 그림이나 사진 등이 영유아의 눈높이에 알맞게 제시되어 있는가?		
	11. 계절, 주제 등에 맞게 물리적 환경을 변화시켰는가?		
	12. 교실 내에는 영유아가 휴식할 수 있는 조용한 영역이 있는가?		
	13. 실내를 자주 환기시키는가?		
	14. 실내 · 외를 정기적으로 소독하는가?		
	15. 응급처치에 필요한 의료용품이 준비되어 있는가?		
	16. 일과가 시작되기 전에 교실을 점검하는가?		
	17. 영유아들이 모두 귀가한 후 실내 · 외 놀잇감 및 놀이시설을 점검하는가?		
	18. 건강과 안전에 대한 사전주의 지침이 준비되어 있는가?		

출처: 양옥승, 이영자, 1991; 교육부, 1995: 170-171에서 재인용.

다시 생각해보기

영유아 수에 비하여 공간의 크기가 작은 교실들이 여러 개 있다면, 실내 놀이 영역을 어떻게 구성하면 좋을까?

한 교실에 여러 개 놀이 영역을 환경 구성 원리에 맞게 구성하면 좋겠으나, 교실 크기가 작다면 영유아의 연령(발달) · 교실 크기 · 주제 등을 고려하여 다양한 구성방법이 제시될 수 있을 것입니다.

연습문제

1. 다음의 문장들을 읽고 진위를 O, X로 표시하시오.

- 실내놀이 영역은 유아들의 요구가 있을 때 변화를 주는 것이 바람직하다. ( )
- 놀이 영역의 수는 5세아 교실보다는 3세아 교실에 놀이 영역의 수가 더 많아야 한다. ( )
- 실내 · 외 놀이환경 구성 시에는 안전사고의 위험이 없도록 통로를 넉넉하게 배치한다. ( )
- 놀이환경의 분위기는 늘 부드러워야 한다. ( )
- 유아 간의 상호작용을 원활하게 하기 위해 놀이환경은 사회적 접촉이 많이 일어나도록 혼자 숨어 있는 공간을 둘 필요는 없다. ( )
- 교실의 역할놀이 영역은 유아들이 가정과 같은 안정감을 느낄 수 있도록 주제나 소품에 변화를 주지 않는다. ( )
- 언어 영역은 말하기, 듣기, 읽기, 쓰기 영역으로 구분할 필요는 없다. ( )
- 실내놀이 영역에 요리 영역, 물 · 모래 영역은 계절과 생활주제, 기타 여건에 따라 융통성 있게 배치할 수 있다. ( )

2. 다음 질문에 간단히 답하시오.

- 미끄럼틀의 이상적인 높이와 경사 각도는 얼마인가?
- 시소에 모래나 폐타이어를 까는 이유는 무엇인가?
- 그네의 진폭을 고려하여 몇 m의 공간 확보가 필요한가?
- 실내 · 외 환경 구성 시 통로를 명확하게 설정해야 하는 이유는 무엇인가?
- 실내 · 외 환경 구성 시 동적 활동과 정적 활동 영역을 구분하여 배치해야 하는 이유는 무엇인가?
- 실내 놀이 영역을 배치할 때 관련된 놀이 영역을 인접하여 설치할 때의 장점은 무엇인가?
- 조작놀이란 무엇인가?
- 컴퓨터 영역에 두 대의 컴퓨터를 설치할 때 두 개의 책상이 양쪽으로 몇 도가 되도록 배치하는 것이 바람직한가?

참고문헌

강미희 (2003). 유치원 흥미영역에서 유아의 놀이행동 특성 연구. **광주보건대학논문집, 28**, 75-94

경기도교육청(2018). 「놀이중심교과과정 실천자료」, 놀이 2018-유아교육, 놀이로 풀다-. 경기도교육청.

고문숙, 이혜주, 임영심, 황정숙 (2001). **유아놀이지도**. 경기: 정민사.

교육부 (1995). **유치원 교육활동 지도자료 1**. 서울: 대한교과서주식회사.

교육부 (1995a). **유아발달에 적합한 유치원 실내교육환경**. 서울: 대한교과서주식회사.

교육부 (2000). **유치원 교육활동지도자료 1**. 서울: 대한교과서주식회사.

교육부 · 보건복지부(2019). 2019 개정 누리과정-놀이실행자료.

교육부 · 보건복지부(2019). 2019 개정 누리과정-놀이이해자료.

교육과학기술부 (2009). **유치원지도서 1 총론**. 서울: 두산.

교육과학기술부, 보건복지부 (2012). **5세 누리과정 교사용 지침서**. 경기: 한국시각장애인연합회.

박찬옥 (2006). 행복한 교사, 즐거운 아이들, 3, 4, 5세반의 학급운영 어떻게 할 것인가? **한국유아교육협회 유아교육교사연수자료집**, 7-17.

서울특별시동부교육지원청 (2013). 3-5세 연령별 누리과정 지원을 위한 유아교사 연수 자료집.

심우경, 김민경 (2013). 유치원 물리적 환경 구성 평정척도 개발 기초연구. **열린유아교육연구, 18**(4), 463-490.

유효순, 조정숙 (1995). **놀이이론과 실제**. 서울: 한국방송통신대학교 출판부.

정은경 (2000). 유치원 유아들의 실외놀이에 관한 문화 기술적 연구. **유아교육연구, 20**(3), 125-143.

중앙대학교 부속 유치원 (1997). **활동중심 통합교육과정**. 경기: 양서원.

지성애, 김영옥, 홍혜경 (2002). 유아놀이에 대한 교사의 인식조사 및 창의적 놀이중심 프로그램의 효과. **2002 한국유아교육학회 학술대회 -유아교육과정의 방향 정립-자료집**, 158-177.

Decker, C. A., & Decker, J. R. (1976). *The young child and the educative process*. New York: Holt, Rinehart & Winston.

Frost, J. L., & Kissinger, J. B. (1976). *The young child and the educative process*. New York: Holt, Rinehart & Winston.

Isenberg, J. P., & Jalongo, M. R. (2001). *Creative expression and play in early childhood* (3nd ed.). Upper Saddle River, NJ: Merrill/Prentice-Hall.

Jones, E. (1977). The physical setting in daycare. In J. Greeman, & R. Fuqua (Eds.), *Making daycare better: Training,evaluation, and process of change* (pp.44-65). New York: Teachers College Press.

Parley, V. G. (1984). *Boys and girls: Superheroes in the doll corner*. Chicago: University of Chicago Press.

Wellhousen, K. (2002). *Outdoor play every day -innovative play concepts for early childhood-*. Canada: Delmar.

조선일보 & 메트로신문 2007년 5월 30일.

Chapter 05

놀이지원

1. 놀이지원의 의의
2. 놀이 지원자로서 교사의 역할
3. 놀이지원 유형
4. 자유놀이의 운영

개요

유아교육기관에서의 하루 일과는 놀이로 시작하여 놀이로 끝난다. 영유아들은 자신이 진정으로 하고 싶은 놀이를 선택하여 놀이할 때 얼굴에 행복한 표정이 드러난다. 영유아교사가 해야 할 일이 바로 영유아가 행복한 시간을 누릴 수 있도록 놀이시간을 보장하는 일이다. 5장에서는 유아교육기관에서 영유아들이 신명나게 놀이할 수 있도록 돕기 위해 놀이지원의 의의, 놀이지원자로서 교사의 역할, 놀이지원 유형, 자유놀이의 운영방법 등에 대해 알아보고자 한다.

Chapter 05

놀이지원

1. 놀이지원의 의의

놀이지원에 대해 논할 때, 교사들은 정확히 '놀이가 무엇이고, 교실에서 놀이가 갖는 역할이 무엇인가? 어떤 놀이가 영유아들에게 더욱 유용한가? 얼마나 많은 시간이 놀이로 할애되어야 하는가? 영유아들이 놀이를 할 때 교사는 어떤 역할을 해야 하는가'와 같은 질문에 스스로 답해볼 필요가 있다.

놀이는 2~6세 영유아기를 특징짓는다고 할 만큼 영유아에게 있어 중요한 활동의 원천이다. 하루 일과 중 놀이보다 더 위대한 배움의 장은 없다. 놀이를 하는 동안 최고의 경험은 시간관념이 사라진다는 것이다. 놀이는 스스로 선택하고 자아를 표현하는 활동으로 광범위하게 정의된다. 의미 있는 놀이가 되려면 영유아들은 자신이 주도적으로 놀이에 참여해야 한다.

놀이의 개념 정의 측면에서 볼 때, 블록으로 건물 만들기, 가장놀이처럼 겉보기에는 놀이처럼 보이는 활동일지라도 성인이 제시하거나 이끈다면 그것은 놀이라고 할 수 없다(Trawick-Smith, 1994a). 또한 책상에 앉아 매일 해야 할 과제라며 정해진 워크시트 작업을 완성할 때까지 놀이를 할 수 없거나, 아주 조용히 놀도록 요구받거나, 의미 있는 놀이를 할 수 있는 충분한 시간과 적당한 공간이 없다면 진정한 놀이라고 할 수 없다.

놀이에 대한 여러 이론은 영유아 놀이를 관찰하고 이해하는 데 독특하고 다양한 시각을 제공하고 있다. 현재의 놀이 이론을 볼 때, 어느 이론이 사실이고 어느 이론이 유용한지 의문이 들기도 하며, 담당하고 있는 영유아에 따라 더 적절하거나 적절하지 않은 이론이 있을 수 있다. 교사로서 놀이 상황을 관찰해 보면 어떤 영유아들은 상호작용이 풍부하고 유의미하여 어떠한 도움도 필요하지 않다고 판단할 때도 있으나, 이와는 반대로 영유아들이 지적 · 사회적으로 스스로 해결할 수 없는 문제를 접하게 되는 경우도 발견한다. 예를 들면, 퍼즐이 너무 많은 조각들로 되어 놀이를 계속 할 수 없거나 어떤 영유아는 운동능력의 한계 때문에 인형의 옷을 갈아입히지 못할 수도 있다. 또는 어른의 도움 없이는 긍정적인 결론을 이끌어 낼 수 없기 때문에 소리를 지르면서 싸우는 영유아들도 볼 수 있다. 이러한 경우에 교사는 직접적으로 중재하고, 심지어 해결책을 제안할 수도 있어야 한다.

이와 같이 교사들이 교실 놀이에 대한 올바른 결정을 내리기 위해서는 이론들을 잘 알아야 하며, 무엇보다도 영유아들을 잘 관찰하여 적절한 시기와 상황에서 지원해주어야 하고, 이런 과정에서 도출된 자신만의 연구결과를 이론들에 추가할 수 있는 것이다.

영유아들에게 단순히 놀이 기회와 자료만 주고 놀게 하는 것만으로 교사의 역할을 다한 것은 아니다. 영유아들은 도구를 사용하는 것을 배우고 자료를 가지고 창조하는 것을 배울 필요가 있으며, 시의 적절하게 도움을 주거나 중재해 줄 교사가 곁에 있어야 한다. 놀이를 하는 동안 교사가 함께 있어야 영유아들은 놀이 속에서 의미 있는 배움이 이루어질 수 있으며, 교사의 적절한 중재는 영유아들의 놀이를 촉진시킬 뿐만 아니라 놀이의 수준을 높여준다.

교사의 놀이 개입에 대하여 찬반 주장이 계속 대립되어 왔다. 교사의 놀이 개입을 찬성하는 사람들은 참여자, 촉진자, 격려자, 지원자로서의 교사 역할을 중시하였다. 교사의 놀이 개입은 영유아의 상상놀이 정도, 창의성, 인지능력, 보존과제, 이야기 해석의 증진과 사회극놀이에의 자발적 참여, 그룹 활동성, 주의력, 놀이지속시간, 언어 이해, 언어 유창성, 다른 사람의 견해 고려, 사회 적응력, 성인에 대한 애착, 또래와의 사회적 · 언어적 상호작용, 충동 조절, 공격성 감소, 갈등 해결, 놀이 확장 등에 바람직한 영향을 주는 것으로 밝혔다.

이에 반해, '교사의 개입이 영유아들의 창조적인 표현과 상상력을 제한하지 않을까? 영유아들의 놀이가 교사가 개입할 때만 가능한 것인가?'라는 질문을 던지며 놀이지도를 반대하는 사람들은 교사의 놀이 개입은 놀이의 본질에 어긋나며, 영유아의 놀이 권리와 요구를 침해하고, 놀이를 중단하고 방해하며, 영유아들의 놀이 능력을 제한하고, 또래 상호작용의 기회도 감소시킬 우려가 있다고 생각한다. 파일(File, 1994)은 교사들이 수업시간 중 15% 정도만 영유아들과 상호작용해야 한다고 주장하며, 심지어는 교사들이 아예 영유아들의 놀이에 개입하지 말아야 한다고 주장하는 학자도 있다. 서튼 스미스(Sutton-Smith)도 성인이 영유아의 놀이에 개입할 경우 너무 쉽게 놀이를 망쳐버린다고 주장한다.

그렇다면 영유아들의 놀이를 어떻게 지원할 것인가? 아직까지도 연구자들은 교사가 어떻게 유아들과 놀이해야 하는가에 관해 의견이 분분하다.

> 교사의 놀이지원은 교사가 함께 놀거나 제안하거나 놀이를 풍부하게 할 수 있는 자료들을 놓아줄 때 가장 효과적이다. 반면에 교사가 전혀 참여하지 않거나 단순히 놀이를 지켜보기만 할 때 가장 효과가 적다. 이와는 정반대로 교사가 가르치거나 놀이의 직접적인 주관자가 될 때 전혀 효과를 볼 수 없게 된다. 놀이에 있어 영유아들이 주도자이기 때문에 주도성은 영유아들에게서 나와야 한다. 놀이를 지원하는 사람은 제안을 할 뿐이지 결코 명령해서는 안 된다.

궁극적으로 놀이지원의 중요성은 교사가 영유아들과 '어떻게' 상호작용을 하느냐에 달려 있다. 우선 교사는 자료를 놓아주고 영유아들이 독립적으로 놀이할 수 있도록 격려해야 한다. 현장에서 놀이 자료를 준비하는 것으로 영유아 놀이에 대한 교사의 역할을 다한 것이라고 생각하는 교사도 있으나, 놀이 전개방법이나 발전된 놀이 형태로 심화되도록 돕기 위해서는 바람직한 놀이지원이 필요하다. 영유아들의 놀이를 주의 깊게 관찰하고 반응적인 방식으로 지원하여 놀이가 활성화되도록 해야 한다. 다음은 교사가 놀이에 참여함으로써 놀이가 지속된 사례이다.

두 명의 5세 유아가 같이 있지만 서로 어떤 말도 건네지 않는다.
몇 분을 관찰한 후에 교사가 다가서서 테이블에 앉으며 말한다.

'음. 맛있는 냄새가 나는데? 배가 고프구나. 저녁이 준비된 거니?'
'뭐라고요?' 가스레인지에 앉아 있던 유아가 반응한다.
'식사가 준비된 거니?' 교사가 다시 되묻는다.
'네. 오늘은 스파게티에요' 유아가 대답하고 테이블에 접시를 세팅한다.
'스파게티라고? 네 아기가 배고파 보이네! 아기가 스파게티를 먹을 수 있니?'
앉아 있는 다른 유아에게도 말을 건넨다.
'네, 먹을 수 있어요. 제가 먹여 줄 수 있어요.' 라고 즉각 대답한다.
'잘 되었네. 그럼 우리 같이 먹을까? 우리를 가족이라고 하자.'
'그럼 제가 엄마를 할게요.'
'저는 다른 엄마요.'

위의 사례에서도 보았듯이 교사의 놀이지원 효과를 높이려면 주의 깊은 관찰이 선행되어야 한다. 이러한 원칙을 지키지 않을 때 영유아들의 가상놀이 흐름을 방해하며 차라리 지원하지 않는 것만 못한 결과를 초래하기도 한다.

그러므로 영유아 놀이에 주의를 기울여 관찰하고 연구한 후 놀이를 지원해야 한다. "이 영유아의 놀이에서 어떤 일이 일어나고 있는가? 이 영유아의 의견은 무엇인가? 자기의 의도를 달성하기 위해 필요한 기술과 자료를 가지고 있는가? 영유아의 놀이를 어떻게 중재할 수 있을까"라는 질문에 답하기 위해서는 교사가 영유아들을 주의 깊게 관찰하여 그들의 생각을 알아내야 하며, 이와 같은 관찰을 지침으로 사용할 때 제대로 놀이를 지원할 수 있게 된다.

놀이지원의 의의를 정리해보면 다음과 같다.

첫째, 교사-영유아 간 친밀한 인간관계를 형성할 수 있다. 놀이 시 교사와 긍정적인 상호작용을 했기 때문에 다른 어떤 활동시간보다도 교사와 친밀감을 형성하기 쉽다. 영유아들은 교사와의 재미있었던 놀이를 기억해 두어 이후 놀이 시간에도 "저번에 그거 또 해요!" 라며 요구한다.

둘째, 놀이 지속 시간이 늘어나게 되어 놀이가 더 정교해진다. 교사가 영유아들의 놀이에 관심을 보이며 쳐다보거나 옆에 머무르기만 해도 놀이 시간이 증가한다. 교사의 놀이지원으로 영유아의 놀이 지속 시간이 약 두 배 증가하고 이에 따라 주의집중시간도 길어진다.

셋째, 놀이지원을 통해 협동심, 공유하기, 협상하기, 리더십 및 문제해결 기술을 발달시킬 수 있는 기회를 마련함으로써 영유아는 다른 사람들과 어울려 지내는 방법을 익히게 된다. 브루너(Bruner, 1972)는 놀이가 문제해결, 협력적 · 경쟁적 사회적 상호작용, 성역할, 문화, 언어, 그리고 창조성을 포함한 많은 분야에서 발달이 이루어지게 한다는 점을 강조하였다. 또한 하텁(Hartup, 1992)도 '적응을 잘 하는 성인이 되기 위해 필요한 아동기의 가장 중요한 요소는 IQ도, 학업 성적도, 교실에서의 행동도 아니다. 그것은 영유아가 다른 영유아들과 충분히 잘 어울려 지내는 것이다'라고 밝혔다. 다른 사람과의 상호작용 또는 사회화는 건강한 발달의 핵심이 된다. 영유아기의 중요한 특징은 감정이입의 발달로 타인의 감정을 이해하고 대처하는 능력이 향상되는 것이다. 놀이를 하면서 영유아들은 역할을 수행하기 위해 순간적인 욕구를 자제한다. 상상놀이를 할 때 정해진 규칙을 기꺼이 따르며 실제 삶에서도 규칙을 따르게 된다.

넷째, 탐색활동을 증가시킨다. 영유아들은 물체를 가지고 놀이하기 전에 탐색한다. 비고츠키에 따르면 풍부하고 다양한 재료로 환경이 갖추어질 때 더욱 적절한 인지활동이 일어난다. 영유아들의 놀잇감 놀이는 성인과의 상호작용과 격려에 의해 촉진된다. 영유아들이 정서적 안정감을 느끼도록 환경을 조성해 준다면 더욱 활발히 주변 환경을 탐색하게 된다.

다섯째, 교사가 영유아들의 놀이를 지원하면 영유아의 언어와 문해력 발달이 촉진된다. 놀이를 통해 영유아는 사회적 일상을 경험하고 읽기와 쓰기를 접하게 된다. 교사가 놀이를 위해 영역에 다양한 필기도구를 놓아주어 영유아의 학습 능력을 장려할 수 있게 된다.

여섯째, 감정을 자유롭게 표현하게 하고 부정적 감정을 감소시킨다. 놀이에는 본래 동기유발, 긴장과 즐거움, 자유로움, 창의적인 표현들이 담겨 있다. 기쁨이나 만족감 같은 긍정적인 감정을 표현하기 위해서 놀이를 사용하며, 이와 반대로 걱정이나 불쾌한 감정을 줄이기 위해서도 놀이를 사용한다. 성인과는 달리 영유아는 자신의 느낌을 말로 정교하게 표현할 수 없다. 영유아들은 놀이를 통해서 그들의 감정을 표현하며, 놀이 속에서 안정감을 느끼고, 자신의 모든 감정을 놀이 속에 담아낸다.

2. 놀이 지원자로서의 교사의 역할

영유아의 놀이에는 다양한 변인이 있지만, 교사는 특히 영유아의 놀이를 향상시킬 수 있는 중요한 인적 자원으로서 놀이를 정교화 하는 데 도움을 주고, 영유아가 성공적인 놀이자로 발달하도록 하는 데 중요한 변인이 된다. 교사가 영유아의 놀이에 적절하게 참여하고 놀이를 중재할 때 놀이가 활성화되며 양적 · 질적으로 향상된다. 사회에서 성공적인 역할 수행에 필요한 기술, 가치, 지식을 영유아기에 놀이를 통하여 상당히 많이 습득하게 되므로 교사는 영유아의 놀이를 배움으로 연결하여 교육 효과를 증진시키는 데 활용해야 한다(신은수, 1991; Johnson,

Christie, & Wardle, 2005; Spodek & Saracho, 1990).

매일 교실에서 놀이가 반복된다. 놀이 안에서 개별 영유아들이 놀이하는 저마다의 의미들을 교사들은 모두 이해하고 있을까? 사실 교사들은 영유아의 흥미와 요구를 파악하여 놀이 및 활동계획에 반영하는 것이 어렵다고 호소한다. 많은 교사들이 교실 관리에 시간이 많이 소요되기 때문에 영유아들의 흥미와 요구를 파악하려고 노력하지만 역부족이며 교사 주도적으로 전개하는 경향이 있다고 말한다.

현장의 목소리

유아들의 전체적인 놀이를 어떻게 관찰하라는 거죠? 다양한 놀이 중에서 무엇을 봐야하는지 정말 고민돼요.
어떤 순간을 어디까지 들여다봐야 하는 거죠? 막연해요
매일 같은 놀이만 하는 아이들도 있고, 안 봐도 뻔한 놀이라는 생각이 드는데, 솔직히 궁금하지가 않아요.
유아들의 놀이를 다시 되돌아보고, 다음 놀이나 활동에 반영하는 것이 정말 어려운 것 같아요.

출처: 경기도교육청(2018). 놀이2018, 유아교육 놀이로 풀다.

교사가 성공적으로 놀이를 지원하기 위해서는 주의 깊은 관찰이 선행되어야 한다. 영유아들의 놀이 전개를 원활하게 돕기 위해서는 관찰자로서의 역할이 중요하다(Jones & Reynolds, 1992; Trawick-Smith, 1994). 어느 교사든지 영유아들의 놀이를 세심히 관찰하지 않는다면 관심과 흥미를 파악하기란 쉽지 않다. 놀이 상황에 대한 관찰을 토대로 교사는 물리적 지원, 언어적 지원, 정서적 지원, 활동으로 연결하는 등의 지원을 하는 것이 효과적이다.

교사들이 교실이라는 같은 공간에 있긴 하나, 정작 영유아들의 놀이를 제대로 들여다보지 못한다. 즉각적이고 순간적으로 지나가는 영유아들의 놀이를 자세히 들여다본다는 건 쉬운 일은 아니다. 여러 가지 상황과 이유로 인하여 교사가 영유아들의 놀이를 자세히 볼 기회가 없다. 교사는 영유아들의 자유놀이를 지켜보며 온갖 걱정에 영유아들과 함께 놀이를 즐길 여력이 없다. 놀이를 통하여 영유아의 삶을 이해하기 위해서는 교사가 영유아의 놀이에 다가가 귀를 기울여야 한다. 영유아의 놀이에 가까이 간다는 것은 영유아의 놀이 속에서 드러나는 말과 행동을 들여다보는 것뿐 아니라 드러나지 않는 영유아의 의도와 의미까지 이해해보려는 노력을 의미한다(경기도교육청, 2019).

유아들: 선생님~ 이리 와 봐요~ 우리 이거 같이 해요~~~
교사: 미안해~ 오늘은 미술을 안했던 사람하고 해야 해. 안 한 사람은 선생님한테 와라

아이들이 계획한대로 놀고 있나? 안전하게 놀고 있는 거겠지? 싸우지 않고 사이좋게 놀고 있는 거지? 혼자 있는 아이가 있나? 여러 영역에서 여러 교구로 골고루 놀아야할 텐데.....얘들이 무얼 만들려고 하는 거야? 필요 없는 저 블록들을 바닥에 널어놓은 거야? 치우라고 해야 하나? (교사 인터뷰)

교사의 축적된 경험 속 편견과 틀로 인하여 영유아의 놀이를 섣불리 단정 짓고 판단하기도 한다. 교사가 미리 정해놓은 계획, 교실에서 정한 약속과 질서 등에 교사가 가치를 먼저 두어 영유아의 놀이를 온전히 바라보지 못하는 경우가 있다. 영유아의 놀이를 들여다보는 진정한 의미에 대해 생각해볼 필요가 있다. 영유아들의 의도보다 교사가 개입을 섣불리 하면 영유아들의 놀이를 들여다볼 수 없는 것이다. 교사가 영유아의 놀이 속 의도를 알아내기 위해서는 무엇보다 잘 들여다보는 것이 중요하다.

들여다본다는 것은 영유아의 놀이 가까이에서 자연스러운 놀이를 영유아의 시선으로 충분히 관찰하는 것을 의미한다. 영유아는 놀이를 통해 많은 것들을 표현하고 있다. 교사는 영유아가 무슨 놀이를 하고 있는지, 어떻게 놀이하는지, 놀이

하면서 무슨 말을 하는지 등에 관심을 가지고 자세히 들여다볼 때 영유아의 놀이를 이해하고 여러 가지 의미를 발견할 수 있다.

교사들은 영유아들의 놀이를 언제, 어떻게, 무엇을 들여다보아야 하는지에 대한 막연함을 느끼고 있으며, 기존에 해오던 관찰과 별개로 놀이상황을 관찰하고 기록해야 한다는 것으로 생각하여 부담을 갖고 있다. 그러나 영유아들의 놀이 속에는 그냥 봐서는 알기 어렵고 깊이 들여다봐야만 알 수 있는 의미들이 내재되어 있다. 따라서 교사들은 놀이를 들여다보고자 하는 노력과 시간이 필요하다.

관찰이 선행되지 않은 채 부적절한 시기에 이루어지는 교사의 지원은 영유아들의 놀이에 오히려 방해가 되어 역효과를 초래할 수 있다. 목적 없이 우연히 이루어진 관찰로는 영유아의 놀이기술과 흥미에 대한 정보를 제대로 분석할 수 없기 때문에 영유아의 놀이를 도울 수 없다. 그러므로 목적이 있는 의도적인 관찰이 중요하다. 이와 같은 놀이 관찰을 통해 얻은 정보로 영유아놀이의 변화 상태와 원인을 분석할 수 있으며 환경의 재정비 및 교사의 적절한 놀이지원 시기를 알 수 있다.

현명한 놀이 지원자는 놀이 전이나 후, 놀이를 계획할 때 영유아들을 참여시킨다. 놀이 계획은 놀이할 수 있는 장소, 기회, 자료를 제한하는 것이 아니라 영유아들이 계획하는 것을 배울 수 있는 기회를 준다. 즉 안전한 놀이와 안전하지 못한 놀이에 대해 고려하고, 모든 놀이자에게 필요한 놀이를 살펴보도록 하며, 놀이 자료를 어떻게 안전하게 보관하고 사용할 것인지를 결정하는 것을 배울 수 있는 기회가 된다. 교사가 사전에 철저하게 교육계획을 세워서 그대로 실행하려 한다면 발현되는 놀이상황에 따라서 예상과 다른 형태로도 나타날 수 있고 새로운 놀이 방식으로 이루어질 수 있는 영유아들의 놀이상황에 유연하게 대처하기 어려울 수 있다. 교사가 사전에 일방적으로 계획한 것에만 얽매이기보다는 영유아들의 흥미에 따라 놀이과정에서 무언가가 변경되거나 추가될 수 있다는 여유가 필요하다. 영유아가 놀이에 몰입할 수 있도록 충분한 시간을 주어야 한다.

이와 같이 영유아의 놀이 확장을 위해서는 교사가 사전에 계획한 교육내용 대로 충실히 전개하기 보다는 영유아의 흥미와 관심에 따라 융통성을 발휘해야 한다. 교사가 영유아들의 놀이에 호기심을 가지고 놀이 맥락을 이해하며 들여다볼 때 영유아의 흥미와 관심을 알 수 있다. 또한 영유아의 경험과 앎을 이해할 수 있으며 놀이 중 문제해결력, 창의력 등의 영유아의 힘을 발견하며, 영유아들이 관계 맺어나가는 모습도 볼 수 있고, 영유아의 상상과 바람도 읽을 수 있고, 영유아 스스로 관찰하고 탐색하는 과정도 알 수 있으며 놀이에 대한 몰입과 열정을 느낄 수 있다.

그리고 놀이 지원자로서 교사는 창의적인 측면에서 자발적으로 놀이하도록 강조해야 한다. 창의성은 문제해결, 아이디어, 개념화, 심미적인 형태, 독특하거나 새로운 이론이나 산물을 산출해 내는 정신적인 과정과 관련되어 있다. 영유아들의 자발적인 놀이는 자유롭게 선택되는 것이며, 주어진 공간과 시간 내에서 일어나고, 문제해결의 기회가 되며, 새로운 이미지 · 아이디어 · 결과물과 심미적인 형태를 만들어 내도록 한다. 그러나 재료가 한정적이고, 힘과 집중력을 발휘할 수 있는 시간이 충분하지 않으며, 놀이를 지시받거나 지나치게 감독될 때, 위에서 언급한 창의력의 특성을 잃어버리게 된다.

현장의 목소리

무엇보다 교사가 아이들과 함께 노는 것이 가장 중요한 것 같아요. 아이들의 놀이 속에 들어가 보니 제가 생각했던 것보다 아이들이 가진 능력과 힘이 크다는 것을 느꼈어요. 서로 놀이 방법을 제안하기도 하고 문제 해결방법도 찾아내고요. 저도 아이들이 제안한 방법대로 같이 놀이했는데 너무 새롭고 재미있었어요. 아이들도 자기들이 제안한 방법대로 어른인 제가 함께 놀며 즐거워하니 뿌듯해하는 것 같았어요.

출처: 경기도교육청(2018). 놀이2018, 유아교육 놀이로 풀다.

때때로 교사가 영유아들의 놀이에 직접 참여하는 경우가 있다. 영유아의 근접 발달지대(ZPD) 내에서 영유아 스스로 해낼 수 없는 활동에 참여하여 발달을 이끌어 줄 수 있다(Vygotsky, 1978). 비고츠키는 성인의 개입은 "상호작용을 유지하는 데 문제가 있는 특정한 영유아나 집단에게만 필요하다"고 한다(Bodrova & Leong, 1998). 더욱이 교사들은 '방해하지 않는 규칙(nonobtrusion)'을 지켜야 한다. 다시 말해, 이미 영유아가 가장하고(make believe), 표현하고, 생각을 진행하고 있는 중인데 이를 강화하려고 교사가 개입하는 것은 삼가야 한다. 영유아들이 현재 하고 있는 놀이를 풍부하게 하는 것이 목표가 되어야 하며 사고와 학습을 발전시키는 것이 목표가 되어서는 안 된다.

영유아는 교사로부터 약간의 도움만 받아도 스스로 문제를 해결할 수 있다. 흥미로운 질문, 힌트, 격려 등은 영유아가 독립적으로 문제를 해결할 수 있도록 도움을 준다(예: "여기 있는 콜라주 재료들 중 어느 것이 네가 갖고 있는 종이에 가장 잘 붙을 거라고 생각하니?", "불을 끄려고 하는 데 가지고 있는 게 아무것도 없네! 소방 호스를 대신해서 어떤 것을 사용하면 좋을까?").

그러므로 교사는 놀이 그 자체를 향상시키고 놀이에서 필요할 때에만 지원해야 한다. 문제가 해결되어 교사 없이도 영유아들이 놀이를 잘 진행시켜 나간다고 생각되면 교사는 그 상황에서 물러나야 한다. 교사는 주어진 환경에서 필요한 만큼의 도움을 주어 유아들의 활동을 단계적으로 발전시켜야 한다.

다음은 교사가 놀이 상황을 관찰하고 놀이를 지원한 후, 문제가 해결되어 그 상황을 빠져나오는 실제 예시다. 두 명의 유아가 음률 영역에서 놀이하는 도중에 '노래를 지어 부르고 싶은데 잘 생각이 나지 않아!'라는 문제가 발생했을 때, 교사는 유아가 독립적으로 문제를 해결할 수 있도록 해결을 돕는 힌트가 될 만한 질문을 던졌다. 이 사례에서 보면, 교사는 유아를 대신하여 문제를 해결해 주지 않았으며 언어를 확장시키고자 하는 수업을 하지도 않았다. 단지 교사는 놀이 그 자체를 풍부하게 한 것이다.

5세 준과 빈은 음률놀이를 하고 있다. 빈이 자동 하프의 코드 음과 함께 부를 수 있는 노래를 작곡하려고 하는 동안, 준은 자동 하프에서 음을 튕긴다.

빈 : (노래를 부르며) 그 사람은 음... 나무를 쓰러뜨렸네, 나무를... 모르겠다...
준 : (하프를 연주하면서) 힘내! 노래를 불러봐!
빈 : 싫어.
준 : (여전히 자동 하프를 튕기면서) 힘내봐! 노래가 거의 끝나가잖아.' 불러봐!
빈 : 그런데 나머지 부분을 생각해 낼 수가 없어.

그 모습을 관찰하고 있던 교사가 음률놀이를 하고 있는 유아들에게 다가간다.

교사 : 나는 그 첫 부분이 마음에 드는데. '한 사람이 나무를 쓰러뜨리네' 시작 부분으로 좋은 것 같은데!
빈 : 그런데, 더 이상 노랫말이 생각나지 않아요.

교사 : 잠깐. 그 사람은 나무를 쓰러뜨리는 것 말고 어떤 다른 일도 할 수 있을까?

준 : (자동 하프 연주를 멈추고) 알겠다! 나무 위로 올라갈 수도 있어요.
빈 : 그래, 그걸 연주해 봐.(준의 하프 연주음에 맞추어 노래한다) 한 사람이 나무를 쓰러뜨리네, 나무에 올라갔다, 나무에 올라갔다.. 한 사람이 일어났다, 쓰러졌다, 그리고 일어났다, 쓰러졌다..그리고...(노래를 멈춘다) 잠깐, 그 다음에 무엇을 또 할 수 있지

교사 : 음.. 그 사람이 쓰러졌을 때에 일어날 수 있는 일도 노래로 부를 수 있을 것 같다!

빈 : 아! (노래 구절을 끝맺으면서) 한 사람이 올라갔다 그리고 내려왔다 또 올라갔다 내려왔다 더러운 바닥에 떨어졌네!

교사 : 오! 훌륭한데! 그럼 이제 2절은 어떻게 만들거니?

교사는 두 유아가 새로운 구절을 만들고 있는 것을 듣고 있다가 조용히 음률놀이에서 빠져 나온다(Trawick-Smith, 1994a).

한편, 놀이지원을 할 때 교사들의 고민거리는 '어떻게 하면 또래와 잘 놀 수 있게 도와줄 수 있을까'일 것이다. 영유아들 간의 놀이를 관찰하다 보면 또래 놀이에 참여하지 못하고 혼자놀이를 하는 영유아를 발견할 수 있다. 일반적으로 조용히 혼자 지내는 영유아는 말이 없고 갈등 상황을 유발하지 않기 때문에 교사의 눈에 잘 띄지 않아 간과하기 쉽다. 이러한 영유아들에 대한 교사들의 세심한 관심과 관찰이 필요하다. 물론 영유아들 중에는 자연스럽게 또래놀이에 잘 융화되어 능숙하게 친구를 사귀는 경우도 있다. 그러나 기질적으로 또는 자기조절력이나 사회적 기술 부족으로 또래집단에 섞여 놀기 어렵거나 놀이가 단절되는 경우도 있다.

영유아의 기질은 영유아의 놀이행동, 놀이 성향을 예측해 주는 정도가 상당히 높다(김민정, 엄정애, 2005; Coplan et al., 1994). 놀이에 참여하지 않고 배회하거나, 쳐다보기만 하는 영유아는 기질적으로 수줍음을 타거나 타인과 상호작용하지 못한다. 이와 같은 기질로 영유아가 놀이에 참여하지 못하고 배회만 한다면 성장한 후에도 친구관계를 맺는 데 어려움이 있을 수 있다(최미숙, 김미숙, 2005). 이러한 기질을 가진 영유아를 위해 교사는 적절한 시점에서 적절한 방법으로 지원하는 것이 중요하다.

최근의 연구들은 또래놀이 참여에 어려움을 겪는 영유아가 늘고 있는 추세라고 보고하고 있다(최세진, 2003). 혼자놀이를 한다는 것 자체가 문제 상황이라기보다는 또래 간의 상호작용이 빈번하게 이루어질 수 있는 놀이 상황임에도 불구하고 혼자놀이를 한다면 이에 대해 고려를 해야 한다는 것이다. 놀이 시 또래의 영향력은 강력하다. 사실 '초보자 수준'의 영유아가 '전문가 수준'의 놀이를 잘 하는 영유아와 상호작용을 할 때, 놀이의 질이 풍부해지며 사고가 발달한다.

신은수(1990)에 따르면 교사의 놀이지원으로 영유아의 참여를 증진시키는 것뿐만 아니라, 영유아의 행동을 변화시켜 놀이 상황에서 영유아가 또래관계를 원만하게 유지하고 놀이도 다양하게 변화시키도록 도울 수 있었다. 즉 또래와 제대로 놀지 못하는 영유아가 놀이에 참여하지 못하는 원인이 무엇인지 파악한 후 전략을 구상 · 적용하여 또래놀이에 참여하도록 교사의 적극적인 도움이 필요하다. 이후에도 또래놀이 참여가 유지되는지 추이를 지켜보며 도움을 주어야 한다.

또래집단 놀이 참여에 관련된 연구에 따르면, 또래집단에 잘 참여하지 못하는 원인은 '의사소통 능력 부족', '양보 · 타협 등의 사회적 기술 부족', '정서적 위축 · 표현력 부족' 등이다. 이원영과 손은애(2006)는 또래집단 놀이에 잘 참여하지 못하는 유아가 교사의 도움으로 놀이에 참여하는 과정은 혼자 지내기(또래의 놀이 쳐다보기, 혼자 놀이하기, 교사 따라다니기) → 또래에게 관심 가지기(또래의 놀이 영역 배회하기, 또래의 놀이를 따라 하기) → 또래에게 다가가기(특정 또래와 친숙해지기, 친숙한 또래와 어울리기, 또래에게 다가가기, 또래의 제안 받아들이기) → 한두 명의 또래와 놀이하기(놀이에 수동적으로 따라가기, 놀이에서 의견 제시하기) → 또래놀이 집단에서 놀이하기(놀이집단에 참여하기, 친구들의 놀이 도와주기, 놀이를 제안하며 주도적으로 놀이하기)의 놀이 형태를 거쳤다고 밝힌 바 있다. 이를 그림으로 나타내면 그림 5-1과 같다.

또한 놀이집단에 잘 참여하지 못하는 영유아들을 위해 자기조절력 · 사회적 기술을 키울 수 있는 방안도 검토되어야 한다. 놀이 상황에서 혼자 지내던 영유아는 먼저 한두 명의 특정 또래와 친숙해진 후 더 큰 또래놀이 집단에 참여하게 되므로 친구관계 형성에 신경을 써야 한다. 그리고 의사소통 기술이 부족하고 정서적으로 불안한 영유아는 자신감을 갖게 해주며 의사소통 방법을 익히게 하는 데 중점을 두어야 한다.

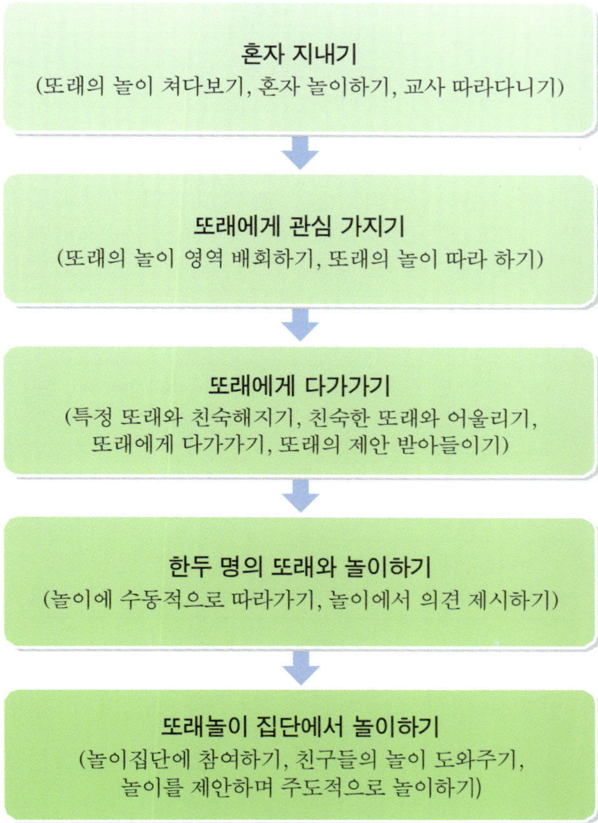

| 그림 5-1 | 또래집단 놀이에 잘 참여하지 못하는 영유아의 놀이 참여과정

출처: 이원영, 손은애(2006).

표 5-1은 또래놀이에 참여하지 못하는 영유아를 돕는 교사의 역할을 정리한 것이다.

| 표 5-1 | 또래놀이에 참여하지 못하는 영유아를 돕는 교사의 역할

	교사의 역할
놀이 제안	• 놀이영역을 함께 살펴보며 놀이에 대한 관심 및 교실에 친근감 및 정서적 안정감을 형성하게 하기 • 관심을 보이는 영역의 놀이를 제안하기 • 상호작용이 많은 역할 · 블록 영역 놀이하도록 제안하기 • 놀이에 대한 관심을 토대로 친사회적 행동을 해보도록 하기 • 또래의 놀이 영역을 배회해보거나 따라하도록 제안하기
교사와의 친근감 형성	• 대화와 스킨십을 많이 하여 유아교육기관과 교사에게 편안함을 느끼도록 하기
또래와 친해질 수 있는 기회 마련	• 또래와의 친근감을 형성하게 하기 위해 상호작용하고 놀이하는 기회를 마련해 주기 • 또래와의 즐거움 경험하게 하기 위해 특정 또래와 친숙해지도록 하기 • 또래와 짝지어 심부름시키기 • 자신감 얻게 하기
놀이방법 모델링	• 놀이집단에 가입하려는 의사표현하는 것을 모델링하기 • 함께 놀이하며 참여시킴으로써 또래집단놀이에 친근해지게 하기

놀이를 마친 후 놀이를 회상하는 시간에 "누구와 놀았더니 재미있었니? 칭찬해 주고 싶은 친구가 있니? 어떤 점을 칭찬해 주고 싶어?"라는 질문을 던져 정기적으로 '칭찬합시다' 시간을 가진다면 놀이 시 친구 관계를 형성하고 유지하게 해준다.

또한 언어 영역에서의 '칭찬쪽지'를 주고받는 활동도 새로운 친구에 대한 관심 표현과 놀이친구 확장에 도움이 된다.

칭찬합시다.

오늘 하루 동안 놀이하면서 칭찬할 친구를 잘 생각해 두라고 한다. 귀가 시 하루 일과 회상하기 시간에 친구를 칭찬해 준다. 칭찬을 하는 유아도, 칭찬을 받는 유아도 기분이 좋아진다.

칭찬쪽지

쪽지를 나누어주고 그 쪽지에 자신이 평소 받고 싶었던 칭찬과 칭찬을 받고 싶은 사람에 대해 쓰거나 그리게 한다. 언어 영역에 작은 우체통을 놓아주어 자유놀이 중에 쓴 쪽지를 거기에 넣어 놀이 회상할 때 나눠준다. 칭찬쪽지를 받으니 기분이 어떤지? 쪽지를 주니 기분이 어떤지? 받고 싶으면 자신도 어떻게 해야 할지? 이야기 나누며, 다른 친구에게도 칭찬을 많이 해주는 것이 필요하다는 것을 강조한다.

이 밖에도 바깥놀이에서 특히 기대되는 교사의 역할은 무엇일까? 안전과 도전은 동전의 앞뒷면에 비유된다. 지나친 안전은 지나친 지루함을 유발하는 반면 도전만을 강조하다 보면 사고가 빈번히 발생할 수 있다. 놀이에서 적당한 수준의 위험은 필요한 것이며, 적당한 위험을 받아들이면서 그 속에서 실수를 통해서 배우며 성장한다. 그러나 신체적 위험의 정도는 한계를 정해야만 한다.

영유아들에게 자주 '하지 마, 다칠지도 몰라.'라는 말은 '해라, 그렇지만 조심해야 한다.'라는 말로 바뀌어야 한다. 몇 번 넘어지며 타박상을 입는 경험을 통해 위험, 도전, 모험에 접근하도록 해야 한다. 교사는 영유아가 스스로 도전해 보도록 할 만한 것인지를 판단하고, 주의 깊게 살펴보고 위험에 대처하는 방법을 터득하도록 도와준다. 교사는 영유아들이 마주치게 되는 모든 위험을 인식할 수 있어야 하며 매일의 움직임 속에서 모든 유영아들을 잘 지켜보아야 한다. 반응적인 교사가 영유아들의 안전에 대한 책임에 주의를 기울일 때 영유아들은 위험에서 벗어나게 된다. 영유아들이 놀이를 하는 동안 그늘진 곳에 앉아 동료 교사들과 이야기를 나누며 '휴식을 즐기는' 감독자가 되어서는 안 된다.

신체적 위험 말고도 영유아들의 놀이에는 여러 위험이 내재한다. 화를 내거나 다른 사람을 밀거나 두려움을 나타낼 때는 정서적 위험이 따를 것이며, 실수를 하거나 친구를 속이려 할 때는 지적인 위험에 빠지게 되는 경우도 있을 것이다. 이러한 형태의 위험은 서로 연관되기도 한다(Smith, 1998). 간혹 놀이 시 다른 사람에게 상처를 주거나 짓궂게 놀리거나, 폭력적으로 행동하는 등 건전하지 못한 놀이 상황과 비정상적으로 수줍어하거나 위축되는 영유아의 경우, 교사는 직접적인 가르침, 모델링, 비계 설정, 중재 등을 통해 도움을 줄 수 있다. 왜냐하면 너무 큰 손상(예; 외상, 학대)을 입어 건전한 방법으로 놀이를 할 수 없거나 놀이하는 방법에 대해 모르는 영유아도 있기 때문이다.

놀이 지원자로서의 교사는 놀이 실제를 전개함에 있어 자신이 부딪히는 문제점을 명확히 인식하고 영유아들을 지원할 수 있는 구체적인 방법을 이해하려면 놀이의 흐름을 관찰하고 다양한 놀이 기록의 흔적 속에서 놀이의 가치, 영유아의 특성, 영유아의 경험 등을 이해하고 배움으로 유의미하게 연결시킬 수 있도록 저널을 작성하고 분석하는 일이 필요하다.

그리고 교사가 영유아의 놀이 속으로 온전히 들어가려면 교사의 호기심과 관심, 의지, 개별 영유아의 다양성을 존중하는 허용적 태도가 가장 중요하다. 교사는 영유아들이 놀이하면서 말하고 행동하는 바를 수용하여 영유아들이 다양하게 탐색하고, 구성하면서 표현할 수 있도록 지원해야 한다. 또한 놀이를 들여다보고 이해하는 과정 가운데 교사는 동료들과 끊임없는 공유와 협력 과정을 통해 놀이를 다양하게 지원하면서 영유아들의 놀이가 확장되도록 해야 한다.

3. 놀이지원 유형

일반적인 놀이지원 유형은 학자마다 약간씩 다른 범주 체제로 구분하고 있다. 대표적인 놀이지원 유형으로 존슨, 크리스티와 야키(Johnson, Christie, & Yawkey, 1999)는 관찰하기, 놀이 환경 구성 지원하기, 병행 놀이하기, 공동 놀이하기, 놀이 이끌기 등으로 분류하였다. 2019 개정 누리과정에서는 교사가 유아들의 놀이를 지원하기 위한 방법을 놀이 공간, 놀이 자료, 상호작용, 안전, 통합학급으로 나누어 설명하고 있다.

2019 개정 누리과정 놀이실행 자료에서 제시한 교육적 놀이지원 방법과 내용을 표로 정리하면 다음 표 5-2와 같다(교육부, 2019).

| 표 5-2 | 교육적 놀이지원 방법과 내용

지원 방법	지원 내용	
놀이공간의 변화를 통한 교사의 놀이지원	교실 밖으로 확장	실외에서 크게 움직이며 활발하게 놀이하도록 다양한 공간을 열어주어 확장될 수 있도록 지원함
	교실 내 공간 재구성	유아들의 자유로운 탐색을 돕고자 교구장을 이동하여 흥미영역을 넓혀서 공간을 확보해줌. 유아 주도적으로 놀이할 공간의 위치와 크기를 정하도록 함
놀이자료의 변화를 통한 교사의 놀이지원	유아가 발견한 자료 지원	유아의 관심을 확장하기 위해 유아의 재료 요청을 수용하며 자료를 제공함. 교사와 유아들이 적합한 자료를 자료실에 가서 함께 찾아 활용함
	유아가 결정한 자료 활용 방법 지지	자료의 사용방법을 교사가 안내하거나 제한하지 않고 유아가 자신의 놀이에 필요한대로 활용하는 방법을 존중함
	교사가 계획한 자료 제공	유아들의 흥미가 발현되는 것을 보고 그 놀이와 관련한 놀잇감 및 자료를 지원함. 교사는 유아가 필요할 때 자료를 준비해 둠
상호작용을 통한 교사의 놀이지원	관찰하기	유아들이 보이는 지속적인 흥미를 관찰함
	정서적 지원하기	유아의 놀이를 수용함. 유아들이 자신이 발견한 것을 교사와 다른 친구들에게 알려주는 모습을 사진으로 찍어주어 유아들의 주도적인 탐색을 격려하고 발견의 기쁨을 공유하도록 지원함
	질문하기	유아의 놀이를 주로 관찰하면서 필요한 순간에 질문하기. 탐색해보게 하기 위해 또는 촉진하기 위해 질문함
	제안하기	유아의 흥미, 관심 및 안전과 교육적 가치에 기반하여 새로운 놀이자료나 놀이방법, 규칙만들기 등을 제안함
	놀이 참여하기	교사가 놀이에 자연스럽게 참여하면서 놀이가 지속될 수 있도록 지원함(예: 유아가 원하기는 하나 스스로 만들기 어려워하는 유아가 있을 경우 교사가 함께 만들며 놀이를 지원함)

지원 방법	지원 내용	
일과의 변화를 통한 교사의 놀이지원	놀이시간 및 정리시간 확장	유아가 놀이에 몰입할 수 있도록 일과를 조정하여 더 길게 진행함. 예: 놀이에 참여하는 유아의 표정이 즐거워 보이고, 유아가 놀이에 더 몰입할 수 있도록 실내놀이시간을 연장하여 일과를 운영함. 계획한 놀이시간이 거의 끝나가나, 유아들이 무언가를 발견하고 이를 활용하여 놀이하는 것을 즐기는 것을 보고 교사가 놀이시간을 연장하기로 함
	놀이를 지원하기 위한 활동	유아가 보인 관심을 즐거운 놀이로 이어나갈 수 있도록 관련 활동을 진행함(예: 놀이 관련 동화를 듣고 이에 대한 이야기를 나눔). 유아 간 의견 차이를 교사가 일방적으로 조율하지 않고, 유아의 이야기를 듣고 해결방안을 함께 모색하기 위해 이야기 나누기 활동을 진행함
교사의 기타 놀이지원	안전 고려	놀이하는 유아들의 모습을 계속 관찰하며 수시로 안전 확인함
	장애통합	장애유아와 일반유아가 함께 놀이하도록 지원함

출처: 교육부(2019).

2019 개정 누리과정에서는 교사가 미리 세운 계획에 유아들을 맞추도록 하기보다는 유아의 흥미와 욕구, 우발적인 사건 등을 고려하여 계획되지 않은 놀이가 추가될 수 있도록 유아의 놀이의 흐름을 따라가도록 한다. 미리 계획한 대로 수행하지 않고, 교사가 유아들의 놀이장면을 관찰하고, 놀이지원을 위한 즉각적인 계획을 수립하여 다시 놀이에 반영하는 것이다. 그러므로 놀이시간, 영역 구성, 운영방식 등에서 교사의 자율성을 발휘할 수 있다. 자유놀이 운영 시, 여러 차례 분절된 놀이시간과 정리정돈을 반복하는 일과를 지양하여 유아들이 '충분히 놀았다'는 느낌을 받을 수 있도록 해야 한다. '충분히 놀았다'는 느낌만이 놀이 안에서의 자유로운 선택, 즐거움, 재미, 몰입을 가능케 하기 때문이다. 또한 유아들에게 일상생활과 활동이 놀이와 구별된 것으로 느껴지지 않도록 놀이의 연속선상에서 개연성 있게 일과를 운영하도록 강조하고 있으므로, 교사는 이들이 연결되도록 융통성 있게 운영해야 한다.

놀이지원과 연관된 여러 자료들을 검토해볼 때 놀이지원 유형은 다음의 그림

5-2와 같이 정리해볼 수 있다.

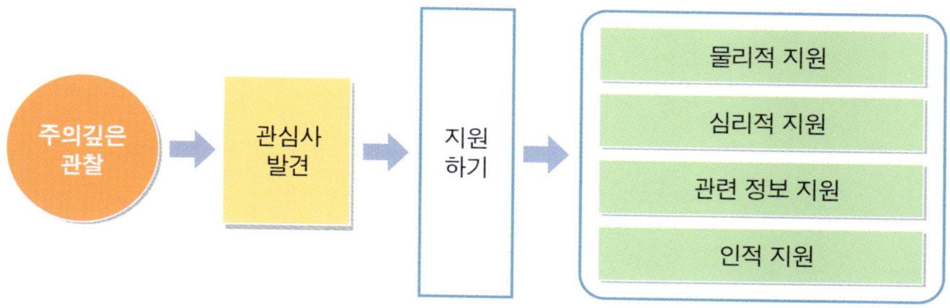

| 그림 5-2 | 놀이지원 유형

1) 물리적 지원

물리적 지원은 놀이 공간, 놀이 자료, 놀이 시간의 변화 등에서의 지원을 대표적으로 꼽을 수 있다.

첫 번째로, 놀이 공간은 유아가 놀이하며 보고 듣고 만지며 즐겁게 표현하고 창조하는 데 사용할 수 있는 다양한 공간으로 구성되어야 한다.

놀이 공간의 크기와 배치 방식은 놀이에 큰 영향을 준다. 놀이 공간의 크기와 배치 형태에 따라 유아놀이의 형태와 지속시간이 달라지기 때문이다. 놀이 공간의 크기는 교사가 선택할 수 있는 부분이 아니므로 교사는 주어진 교실 크기 안에서 유아들의 활동 참여를 높일 수 있는 놀이 공간을 구성할 수 있어야 한다. 놀이 교실의 크기를 고려하지 않고 영역의 수를 많이 하여 한 영역 당 공간이 좁거나, 영역 구분이 없고 정돈되지 않은 교실에서는 피로감, 불만족, 공격성을 보이기도 한다. 반면 분리대나 여러 형태의 놀이도구장 등을 활용하여 놀이 영역의 경계를 구분지은 교실에서는 다른 유아의 방해 없이 안정된 분위기에서 놀이에 몰두할 수 있으므로 유아는 안정감, 즐거움, 활동을 계속하려는 욕구를 보인다. 즉, 교실의 흥미영역의 수보다 더 중요한 것은 유아들의 놀이 동기를 일으키는 영역 구성과 놀이에 집중할 수 있는 놀이 공간 구성이라고 할 수 있다.

공간 밀집도에 관련된 연구들을 살펴보면, 실내의 밀집감은 유아의 성장 및 행동에 부정적인 영향을 주는 것으로 나타났다. 즉, 밀집된 교실에서 적절한 놀잇감의 종류와 수량이 부족할 경우, 유아의 불안과 공격적 행동의 증가, 주의력 감소, 산만한 행동의 증가, 사회적 상호작용 수준의 저하 및 협력활동의 감소, 긍정적 정서의 감소, 질투심 유발 및 분노 증가, 회피적인 태도가 증가한다고 한다(Bell, Greene, Fisher, & Baum, 1996; Cassidy, 1997; Glifford, 1997; Reinsberg, 1999). 놀이 공간과 놀잇감의 부족으로 인한 갈등을 미연에 방지할 수 있는 하나의 방법으로, 각 영역에 들어갈 수 있는 인원수를 유아들과 의논하여 제한 인원을 표시해 준다.

유아교육기관의 실내 · 외 공간은 유아들이 공간 간의 관계를 이해하고 자신의 요구를 충족시켜 주는 놀잇감을 쉽게 발견할 수 있으며, 유아에게 풍부한 선택의 기회를 줄 수 있어야 한다. 유아가 자유롭게 놀이 공간을 탐색하여 놀이에 참여하고 자신의 활동을 스스로 정리할 수 있으려면 주어진 공간을 융통성 있게 최대한 활용하고, 공간을 놀이 영역별로 구분하여 제시해야 한다(Jchnson, Christie, & Yawkey, 1999). 놀이 영역별로 구성된 공간에서는 유아들이 다른 유아들과 활발히 상호작용을 하며, 극놀이, 탐색활동, 협동적인 활동에 더 많이 참여하는 데 반해, 넓게 개방된 공간에서는 유아들이 매우 소란하며 거친 활동을 하게 되고 다른 유아들이나 놀잇감 또는 다른 활동들로부터 방해를 받게 되는 경향이 있다(Field, 1980; Moore, 1986; Rohe & Nuffer, 1977; Sheehan & Day, 1975).

서핀(Sutfin, 1980)의 연구결과에서도 영역 구분이 없었던 교실을 놀이 영역별로 변화시켰더니 소음이 감소하였고, 비참여행동이나 소요행동이 감소되었으며, 활동 목적에 알맞게 자료를 사용하고, 놀잇감을 제자리에 정리하는 습관이 길러지고, 고르게 놀이 영역에 참여하는 등의 긍정적 측면이 많았다고 하였다(나은숙, 2005에서 재인용).

유아들이 자신이 선호하는 놀이 영역을 더욱 잘 선택할 수 있게 하기 위해서 놀이 영역을 알리는 그림이나 글씨로 영역판을 붙여 놓거나 모빌을 걸어놓을 수 있다. 교사에게 의존하지 않고 놀이 영역을 선택할 수 있으며, 영역을 소개하는 글과 그림을 통해 그 영역에서 할 수 있는 놀이가 무엇인지 이해할 수도 있는 것이다.

교실 내에 구성할 수 있는 흥미 영역으로는 쌓기놀이, 역할놀이, 미술, 음률, 물놀이, 모래놀이, 언어, 수 · 조작, 과학, 목공, 컴퓨터 영역 등이 있다. 흥미영역을 구성하는데 있어서 영역의 수나 크기를 정해놓지 않고, 유아들이 다양하게 놀이할 수 있도록 자유롭게 구성한다. 흥미영역은 유아가 가장 좋아하고 자주 가는 영역을 중심으로 재구성할 수 있다. 하나의 놀이영역이 좁다는 것을 관찰하였다면, 유아가 주도하는 놀이가 확장되도록 공간을 넓히거나 또는 영역을 통합하여 공간을 넓게 활용할 수도 있다. 유아의 놀이를 방해하거나 유아가 흥미를 보이지 않는 영역은 없애는 것도 가능하다. 또한 교사는 주제와 일치하지 않는 영역을 운영하기도 하고, 놀이가 진행되는 가운데 유아들이 새로운 흥미영역을 만들어낼 수도 있으며, 유아가 스스로 놀이의 과정이나 결과물로 놀이영역을 창조할 수 있도록 지원한다. 공간 확장으로 놀이 확장을 도모할 수 있다. 교실 이외에 실내 공간은 안전에 문제가 없는 범위에서 계단, 복도나 구석진 틈새, 자투리 공간 등을 개방하고 교실 밖으로 놀이 공간을 이동하는 등 건물 전체를 활용한 놀이지원도 가능하다.

출처: 서울 B유치원

출처: 서울 Y유치원

바깥놀이터에서 소음이 많이 발생하는 음률놀이 악기들을 가지고 나가서 놀이하거나 돗자리를 펴고 그 위에 앉아 수 · 조작놀이 교구로 게임을 하거나 이젤에서 그림을 그릴 수도 있다.

출처: 서울 S유치원

두 번째로, 놀이 자료는 유아에게 세상을 만나고 자신의 감정과 생각을 표상하는 매개가 되므로 교사는 유아의 놀이를 풍부하게 하는 다양하고 적절한 자료를 마련해 주어야 한다. 유아 놀이는 교실에 놓인 놀이 자료에 영향을 받는다. 놀이 자료는 놀이에 현실감을 부여하고 놀이 주제와 전개에 대한 아이디어, 놀이내용, 친구관계에 영향을 미친다. 교실은 놀이 영역별로 구성되어 있으나 놀이도구장에 놀이자료가 부족할 경우 유아들은 자신의 흥미에 따라 놀이를 선택하기보다는 한정된 영역을 선택하거나 흥미를 잃고 배회하는 경향이 많아진다.

놀이 자료 선택 시 유아의 발달에 따른 능력과 흥미, 개별적 차이에 대한 존중, 안전과 견고함이 중요한 기준이 된다. 유아를 위한 놀이 자료는 기본적으로 다음과 같은 조건을 갖춘 것이라야 한다(Bronson, 1995).

① 거칠게 사용해도 부서지지 않을 정도로 가능한 한 튼튼하고 잘 깨지지 않아야 한다.

② 무독성 재료여야 한다.
③ 끝이나 모서리가 날카롭지 않아야 한다.
④ 삼키거나 귀나 코 속으로 들어가지 않을 정도로 커야 하고, 지나치게 작은 조각으로 분리되지 않아야 한다.
⑤ 손가락, 발가락, 머리카락에 걸리는 부분이 없어야 한다.
⑥ 쉽게 드러나는 날카로운 철사나 핀, 못으로 결합된 것이 아니어야 한다.
⑦ 유아가 조작하거나 들고 이동하기에 불편하지 않도록 크기와 무게가 적절해야 한다.
⑧ 유아의 발달에 적합한 것이어야 한다.
⑨ 끼거나 걸려서 넘어지지 않도록 긴 끈이 없어야 한다.
⑩ 눈을 다치게 할 위험이 있는 표적을 쏘는 장난감이 아니어야 한다.
⑪ 기능과 질감, 색채, 형태면에서 다양하고 심미적이며, 정확하게 설계된 것이어야 한다.
⑫ 유아의 흥미를 끌어야 한다. 색이 밝고 화려하며, 부드럽고, 소리를 내거나, 조작이 되며, 갖고 놀기에 재미있어야 한다.
⑬ 대 · 소근육, 사회, 정서, 언어, 인지 등 제반 발달을 촉진하는 것이어야 한다.
⑭ 상상력과 창의력을 강화하는 확산적 사고가 가능한 자료여야 한다. 오직 한 가지 방법으로만 사용되는 놀잇감은 피해야 한다.
⑮ 신체 특성이나 성역할 개념, 문화 차이, 능력 차이, 빈부 차이, 직업에 대한 편견 등 왜곡된 가치관과 태도 형성을 조장하지 않는 것이어야 한다.

다음은 역할놀이, 쌓기놀이, 미술놀이 등에서 물리적 지원을 하여 놀이가 확장된 예시이다.

ㄴ 자 튜브 지원으로 쌓기놀이가 확장된 예

"나는 길을 잡고만 있는 게 힘들어"
"길이 일자로만 이어지니까 재미없다"
"조금만 건드려도 자꾸 망가지니까 화가 나려고 해. 어떻게 하지?"

(교사가 ㄴ 자 튜브를 건네며) "구부러지는 길을 만들고 싶은 거니? 이걸로 연결해 볼래?"

"와~ 구부러진 자동차길이 됐다"
"움직이지 않게 잘 고정시키자."
"미끄럼틀 길도 만들자"

인형극 틀 마련으로 극놀이가 확장된 예

"(손 인형으로) ~~야, 엄마가 마트 다녀올게. "
"엄마 빨리 다녀오세요~~~"

(교사가 인형극 틀을 놓아주며) "여기 인형극 틀이 있는데 극놀이로 해볼래?"

피아노 건반에 색스티커 붙이고 색깔악보를 놓아주어 음률놀이가 확장된 예

(피아노에 앉아서 이전 시간에 불렀던 동요를 흥얼거리며 연주하는 시늉을 하며) "♬♩♪~ 랄 랄라"

(교사가 색스티커와 색깔악보를 놓아주며) "피아노 건반에 색깔 스티커 붙여줄게. 색깔악보를 보며 어떻게 건반을 누르면 될까?"

바깥놀이터에서 우연히 발견한 애벌레가 과학영역 놀이로 확장된 예

텃밭에서 발견한 애벌레 ➡ 교실로 애벌레를 데려가자는 유아들의 제안 ➡ 과학영역 공간의 부족, 너무 작은 애벌레 관찰의 어려움 발견

↙

물리적 지원 필요

〈과학영역〉
애벌레 관찰하기

- 과학영역 넓혀 주거나 관찰공간 마련해 주기
- 돋보기 제공

교실 바닥에 종이테이프를 활용하여 평면으로만 구슬길 만들기를 하던 유아들이 이제 OHP필름을 말아놓은 것, 휴지심, 나무블록 등을 이용하여 구슬이 굴러가는 여러 가지 길 만들기를 시도하고 있다.

"선생님 나는 점프하는 길을 만들 거예요. 여기에 테이프 붙이는 거 도와주세요"
"구슬이 이렇게 내려와서 이렇게 여기서 슝~ 점프하는 거예요"
"어? 그런데 저기서 점프하지 않고 여기서 점프하는데?"
"그럼 여기에 받침대를 세우면 될 거 같은데?"

구슬이 경사로를 따라 내려와 구슬이 점프해서 가는 길을 만들려고 창문에 길을 연결한 후에 구슬을 굴렸는데 예상 지점에서 구슬이 점프하지 않고 꺾인 부분에서 튕겨져 나가자, 받침대를 연결하여 여러 번 도전해본 결과 갈고리 모양의 길로 바뀌어야 길 끝에서 점프할 수 있게 됨을 발견하였다.
유아의 관심과 흥미로부터 시작된 '길놀이' 확장을 위해 무엇이 필요한지 유아들과 이야기를 나누고 '갈래 길' 만들기 놀이를 위한 재료를 놓아주고, 한정된 공간에서는 좁으니 창문과 벽을 활용하는 등 공간을 확장해주거나 복도 한쪽 공간을 마련해주는 것도 필요하다. (교사 저널)

위와 같이 유아의 놀이를 통한 배움이 확장되기 위하여 다양한 사물, 자연물, 악기, 미술 재료, 동화책, 재활용품 등을 적절하게 놓아주어야 한다. 도한 계절이나, 행사, 국경일과 관련된 다양한 자료를 적절한 시기에 놓아주는 것도 필요하다.

다음의 표 5-3은 유아교육기관에서 일반적으로 3 · 4 · 5세반의 흥미영역에 놓아줄 수 있는 놀이 자료를 정리한 것이다.

| 표 5-3 | 3 · 4 · 5세를 위한 흥미영역별 놀이 자료

영역	자료
수 · 조작	일대일 대응 · 분류 · 서열을 위한 자료, 숫자에 맞추어 사물의 수세기, 없어진 숫자 알아내기 게임, 숫자 써보기, 수빙고 게임, 덧셈과 뺄셈 매트릭스, 부분 보고 전체 알기, 패턴 만들기, 숫자 · 도형 · 색 퍼즐, 페그 보드, 탱그램, 실 꿰기, 구슬 꿰기, 단추 끼우기, 열쇠와 자물쇠, 나사 맞추기, 옮겨 담기, 도미노, 기억카드게임, 다이아몬드게임, 바둑판과 바둑알, 레고 블록, 코코 블럭, 꽃 블록, 와플 블록, 오색만능 띠, 아이캔 블록, 모자이크 블록, 맥포머스, 에듀토이자석 블록, 목공놀이세트 상자 등

영역	자료
쌓기놀이	유니트 블록, 할로우 블록(속이 빈 블록), 우레탄 블록, 종이벽돌 블럭, 자석 벽돌 블록, 종이 원통 블록, 카프라 블록, 블록과 사용할 소품(자동차류, 배, 기차, 동물, 교통표지판, 신호등 등)...
역할놀이	• 소꿉놀이–주방용품, 일상용품, 의류, 음식모형 등 • 병원놀이–의사용품(가운, 청진기, 반사경), 간호사용품(모자, 가운, 주사바늘 뺀 주사기, 혈압기, 가위, 일회용 밴드), 약사용품(약병, 약, 작은 지퍼비닐, 약봉지, 처방전, 종이) • 가게놀이–과일 및 야채 모형, 신발류, 가방류, 모자류, 봉지, 모형 돈, 계산기, 운반차 등 • 미장원놀이–가운, 모형가위, 헤어드라이어, 가발, 미용캡, 머리빗, 핀, 빈 샴푸통, 모형 돈, 네일숍 용품 등 • 은행놀이–모형돈, 인주와 도장, 계산기, 돈 담는 접시, 예금청구서용지, 연필, 통장, 지갑, 대기번호표 등 • 목욕탕놀이–탕을 만들기 위한 종이벽돌(자석벽돌) 블록, 샤워기, 대야, 바가지, 때밀이 수건, 빈 샴푸통, 비누, 때밀이 대 등 이 밖의 창의적 극놀이를 위한 각 주제에 맞는 소품들
언어	CD, CD플레이어, 블루투스 스피커, 헤드폰, 글자 카드, 쓰기 도구, 화이트보드, 판 게임 교구, 여러 가지 손 인형, 전화기, 굵은 연필, 연필 교정기, 지우개, 매직펜, 종이, 포스트잇, 자음과 모음 도장, 분필, 모래와 쟁반, 다양한 장르의 도서 자료 등
과학	체중기, 저울, 온도계, 줄자, 계량컵, 계량스푼, 스포이드, 투명한 플라스틱 병과 컵, 요리용시계, 모래시계, 돋보기, 루페, 자석, 손전등, 색안경, 깔대기, 여러 가지 공구, 각종 표본류, OHP, 비즈캠, 종이와 필기도구, 기르는 동식물류 등
미술	명화퍼즐, 명화감상을 위한 책 • **종이류–**도화지, 색도화지, 검정도화지, 색종이, 목탄지, 아트지, 모조지, 창호지, 한지, 화선지, 마분지, 습자지, 신문지, 골판지, 화장지, 포장지, 잡지, 달력, 벽지, 종이 타올, 소포지, 복사지, 트레이싱지, 주름지, 캔선지, 와트만지, 커피여과지 등 • **비종이류–**마대, 셀로판지, 먹지, 컬러시트지, 은박지, 알루미늄 호일, 사포, 타일, 스티로폼, 비닐, 장판, CD, PET병, 유리병, 접시, 거울, OHP필름, 화분, 아크릴판, 부채 등
	• **그리기 · 자르기 · 붙이기 도구–**색연필, 지우개, 크레파스, 워셔블 크레용, 사인펜, 매직, 수채색연필, 수채물감, 포스터물감, 템페라물감, 풀 물감, 파스텔, 목탄, 연필, 색분필, 아크릴 물감, 윈도우 마카, 마블링물감, 스테인드글래스물감, 유화물감, 먹물, 파스넷, 부푸러 물감, 드라이어, 부는 물감, 수성페인트, 반짝이물감, 락스, 면봉, 붓, 팔레트, 립스틱 붓, 이젤, 스포이드, 가위, 핑킹가위, 스테이플러, 자, 모양펀치, 도장과 스탬프, 딱풀, 물풀, 목공용풀, 아크릴 본드, 우드락 본드, 테이프, 양면테이프, 글루건, 스티커, 반짝이 풀, 픽서티브 등
	• **점토류–**찰흙, 밀가루점토, 지점토, 고무찰흙, 천사점토, 유점토 등 • **부속자료–**종류의 찍기틀, 지점토본드, 자석, 지점토 물감, 지점토반짝이 등

영역	자료
미술	• **기타 자료**–곡식, 모래, 껍질류(피스타치오, 호두, 땅콩, 계란, 소라, 조개 등), 과일씨앗, 지푸라기, 솔방울, 나무껍질, 나뭇가지, 돌멩이, 깃털, 아이스크림 막대, 계란 판, 깡통, 상자, 단추, 빨대, 구슬, 우유팩, 요거트 통, 요구르트 통, 삶은 요구르트 통, 젤리용기, 필름통, 고무장갑, 호일속대, 장판속대, 두루마리 휴지 속대, 스프링, 비즈, 스팽글, 초콜릿/캡슐 약 껍질, PET병, 주걱, 종이컵, 양말, 장갑, 분유통, 일회용숟가락, 스티로폼 그릇, 다양한 뚜껑들, 다양한 크기와 모양의 유리병, CD, 테이프 케이스, 기계부품, 다 쓴 필름, 코르크, 색노끈, 우드락, 색 솜, 색 이쑤시개, 식용색소, 색모래, 색톱밥, 색소금, 색마카로니, 다양한 천 조각, 포장지, 부직포, 크고 작은 상자, 그림이나 사진이 많은 잡지, 쇼핑백, 포장용 나무젓가락, 다양한 크기의 스티로폼 공, 수수깡, 백업, 솜공, 모루, 리본테이프, 인형 눈, 빵 끈, 빵 칼, 낚시줄, 탁구공, 털실, MDF조각, 장판, 타일 등
바깥놀이	• **대근육 놀이 자료**–미끄럼틀, 그네, 낮은 철봉, 정글짐, 시소, 구름다리, 이동식 농구대, 축구 골대, 자전거, 고리던지기, 놀이용 골프채, 원반, 야구놀이세트, 볼링핀, 콩주머니와 과녁판, 투호, 배드민턴 라켓, 줄넘기, 훌라우프, 평균대, 뜀틀, 매트 등 • **물 · 모래 놀이 자료**–모래놀이틀, 삽, 포크레인, 덤프트럭, 양동이, 체, 계량컵, 깔대기, 소꿉놀이기구, 작은 배, 플라스틱 통, 수조, 바가지, 깡통, 여과기, 비커, 스펀지, 수세미, 샴푸통, 구멍뚫린 PET병, 플라스틱 놀잇감, 비닐가운, 물총, 낚시놀이 도구 등

놀이 자료의 양은 사회적 상호작용과 협동놀이의 정도 및 질에 직접적인 영향을 미치며, 유아들 간의 갈등에도 영향을 준다.

놀잇감의 수가 충분하다면 유아들은 언제든지 놀잇감을 차지할 수 있고 또는 조금만 기다리면 놀잇감을 가질 수 있기 때문에 더 잘 기다릴 수 있고 양보하는 행동을 보일 것이다. 놀잇감이 많아질수록 유아들의 놀이 참여도는 높아지고 공격적인 행동이 덜 나타나는 반면에 놀잇감의 양이 줄어들면 유아들 간의 사회적 상호작용은 증가하게 되지만 공격적 행동과 스트레스 행동도 증가하게 된다(Getz & Berndt, 1982; Smith & Connolly, 1980). 그러나 이와 같은 놀이행동 변화는 놀잇감의 양에 의한 것만이 아니며 유아의 수, 놀이 공간, 놀잇감의 질 등의 요인도 작용했을 것이다(신동주, 류진순, 2006).

놀이 자료가 부족하면 유아들이 서로 기다리고 나누어 쓰는 행동을 보이기 어려울 것이다. 또래 간에 싸움이 발생하므로 인기 있는 놀이 자료의 경우 같은 종류로 더 놓아준다. 짝이 맞지 않아 불완전한 자료이거나 파손되어 있는 놀잇감은 보수하거나 제거한다. “선생님, 이거 망가졌어요. 빨리 고쳐주세요.” 한 후 유아는 교사가 당연히 보수했으리라 기대하고 다음 놀이 시 그 자료를 갖고 놀려고 한다. 파손된 자료가 있을 경우 “다음에 고쳐줄게”라며 뒤로 미루지 말고 조속히 보수해 주어야 하며, 배터리를 교환하면 놀이가 지속될 자료의 경우에는 즉석에서 교체하여 놀이에 대한 흥미가 끊어지지 않도록 한다.

또한 자료의 특성상 공격성을 유발하는 장난감(권총, 칼, 방망이 등)은 극놀이하다가 실제로 공격적 놀이로 변하기 쉬우므로 치우거나 수량을 적절히 조절한다. 그 밖에 놀이 자료의 실제성 정도, 신기성(novelty), 교구 교체기간이 놀이에 영향을 미치며, 놀이 자료의 성별 선호도가 다르므로 다양하면서도 균형 있게 놀이 자료를 놓아준다.

교사는 유아들의 흥미가 발현되는 것을 보고 그 놀이와 관련한 놀잇감 및 자료를 지원하게 된다. 그러나 교사가 미리 예측하여 자유놀이 영역에 적절한 놀이 자료를 완벽하게 준비한다는 것은 어려운 일이다. 더 진보된 수준으로 놀이가 확장되려면 매번 체계적으로 놀이 상황을 관찰하고 이를 기록 · 분석해야 하며, 유아들이 재료를 요청할 경우 이를 수용하여 교사와 유아가 함께 자료실에 가서 찾아서 놓아줄 수도 있다. 이와 더불어 중요한 것이 매일 놀이 자료를 청결하게 닦아주고, 주기적으로 놀이 자료를 세척하며, 잘 갖고 놀지 않는 자료는 교체해 주는 일이다.

한편 놀이 자료를 지원할 때 사고를 방지하기 위한 측면도 고려해야 한다. 해마다 일어나는 유아교육기관에서의 사고가 놀이 자료와 연관된 경우가 많다. 그렇다고 해서 교사가 유아들의 놀이보다 안전을 지나치게 강조하여 통제 위주로만 놀이를 지원할 수는 없다. 교사가 놀이자료를 직접 제작하거나 상품화된 물건을 구입할 때는 KC 인증마크가 있는지, 유아에게 안전한 자료인지를 우선적으로 살펴보아 유아들이 놀이를 방해 받거나 놀이과정에 스트레스를 받지 않도록 유의한다.

또한 교사는 자료의 사용방법을 안내하거나 제한하지 않고 유아가 놀잇감을 자기 방식대로 다양하게 활용하도록 존중하고 지지해야 한다. 유아들은 놀잇감을 결합하거나 새로운 자료를 첨가함으로써 문제해결 능력과 창의성을 발달시킬 수 있다. 문제해결력과 창의성은 유아들이 친숙하게 여기는 재료를 독특한 방식으로 사용할 때 발달되는 것이므로 유아들의 입장에서 친숙하게 느끼는 자료가 무엇일지 고려해 본다.

세 번째로 놀이시간 변화이다. 교사는 하루 일과 중 자유놀이 소요시간을 유연하게 생각해야 한다.

유아들은 바로 전의 놀이를 회상하며 어느 놀이를 할 것인지, 어떤 놀잇감을 가지고 놀 것인지, 누구와 놀 것인지 등을 생각하고 자신의 생각을 실천에 옮기려면 충분한 놀이시간이 필요하다. 유아가 놀이 자료를 충분히 탐색하고 같이 놀 친구를 구하며 놀이 수준이 향상될 수 있게 하기 위해서는 시간이 짧지 않아야 한다. 유아에 따라 놀이를 하기 위해 1시간 중 45분을 소요하기도 하고, 1시간 후에야 비로소 어떻게 놀이를 할지 결정하게 되기도 한다.

서동미(2013)의 연구 결과에 의하면, 자유놀이 시작 후 10~15분 동안 3세 유아들을 관찰한 결과, 유아들은 곧바로 놀이를 시작하는 경우도 있으나 많은 유아들이 배회하기, 놀잇감 만지기, 다른 유아의 놀이 쳐다보기, 놀이 영역의 의자에 앉아 있기, 놀잇감을 책상 위에 올려놓고 있기 등의 행동을 보였다고 보고하였다. 이는 유아들이 실제 놀이에 참여하기까지 시간이 걸리며 사회극놀이나 구성놀이처럼 자신의 경험을 회상하고 다른 유아와 의견을 교환하고 협력해야 하는 놀이의 경우에는 더 많은 시간이 필요하다는 것을 의미한다고 볼 수 있다. 충분한 놀이 시간이 주어지지 않을 경우, 유아들은 놀잇감을 정리하게 될 때 아쉬움을 표현한다. 이러한 일이 반복된다면 유아들은 짧은 시간에 끝낼 수 있는 단순한 놀이만 하려고 할 것이다. 교사의 철저한 계획대로 놀이 시간이 고정될 때 놀이의 몰입도를 방해하게 된다. 그러므로 교사는 놀이에 참여하는 유아의 표정이 즐거워 보이고 여전히 몰입하고 있다면, 계획한 놀이시간이 거의 끝나간다고 할지라도 놀이시간을 연장할 수 있다.

다음 사진은 한 유아가 짧은 놀이시간 때문에 벌어진 에피소드를 시화로 나타낸 것이다.

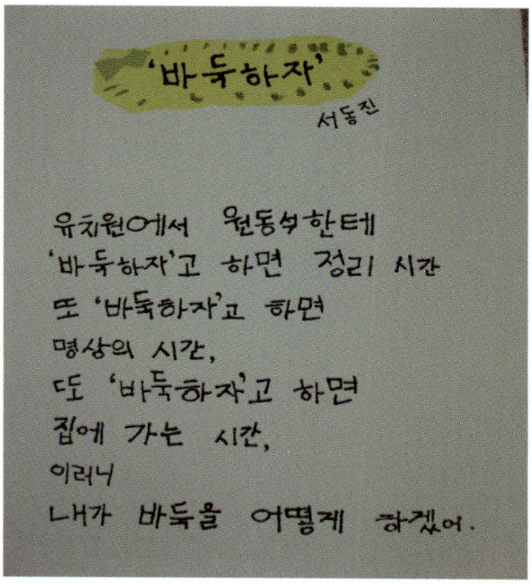

출처: 박문희 엮음, 이오덕 풀이(2000).

2019개정 누리과정에서는 바깥놀이를 포함하여 2시간 이상의 놀이시간을 제공하도록 권고하고 있다(교육부, 2019). 놀이 시간을 충분히 주기 위해서는 짧게 나누어 주기보다는 일과를 조정하여 1시간~1시간 30분으로 한 번으로 묶는 것이 좋다. 놀이 시간이 충분히 주어질 때 유아들은 다양한 놀이에 적극적으로 참여하고, 창의적이고 정교한 높은 수준의 놀이에 참여하여 보다 진보된 형태의 놀이가 이루어진다.

실내 자유놀이의 경우, 등원 직후나 집단 활동 이후에 실시하는 경우가 많으며, 바깥놀이의 경우는 간식 또는 점심 식사 이후로 계획하는 경우가 많다. 바깥놀이의 경우 여러 반이 공유하고 유아들의 안전을 고려해야 하므로 학급별로 시간대를 달리하여 바깥놀이터를 사용하는 것이 좋다.

다음으로, 물리적 지원 유형에 따른 각 놀이 영역의 놀이가 갖는 교육적 의의, 교사의 지원 방법을 자세히 살펴보고자 한다.

(1) 쌓기놀이 지원

쌓기놀이란 비례적인 크기와 모양의 블록과 소품을 이용하여 입체적인 구조물을 제작 구성하여 이루어지는 놀이를 말한다.

쌓기놀이는 다음과 같은 교육적 가치를 지닌다.

① 건설과 파괴의 욕구를 충족시키고 긍정적 자아개념의 형성을 돕는다.
② 또래와 목표를 공유하기가 쉬워 협력활동으로 전개하기가 용이하다.
③ 신체 협응과 조절의 기능을 발달시킨다.
④ 물리적 지식과 조작 기술을 습득하게 하고, 다양한 과학적 개념 및 원리를 경험하고 수학적 개념도 익히게 된다.
⑤ 문제해결을 경험할 수 있는 의미 있는 장(場)을 제공한다.
⑥ 대칭과 균형, 반복과 통일 등의 조화로운 형태를 만들어 가며 주어진 공간에서 건축의 미를 경험하게 한다.

쌓기놀이에서의 구체적인 지원방법을 살펴보면 다음과 같다.

첫째, 유아를 개별적으로 관찰한다. 교사는 관찰을 통하여 유아가 쌓기놀이 발달단계 중 어느 단계에 속하는지 알 수 있으며, 중재 여부와 시기, 방법 등을 결정할 수 있는 것이다. 교사가 관심을 두고 관찰하여야 할 항목은 다음과 같다.

① 어떤 블록 구성단계로 놀이하고 있는가?
② 혼자 놀이하는가? 다른 친구들과 함께 놀이하는가?
③ 블록의 다양한 크기와 모양을 인식하며 구조물을 만들고 있는가?
④ 자신이 만든 구조물에 대해 설명하고 다른 사람의 질문에도 대답할 수 있는가?
⑤ 놀이 중 발생한 문제들을 혼자 해결할 수 있는가?

둘째, 유아가 쌓기놀이에 흥미를 갖고 그것을 즐길 수 있도록 돕는다. 유아들에 따라 쌓기놀이에 대한 선호는 매우 다르다. 어떤 유아는 주어진 시간 내내 쌓기놀이 영역에서만 시간을 보내는가 하면 어떤 유아는 전혀 쌓기놀이를 선택하지 않기도 한다. 왜 쌓기놀이를 하지 않는지 이유를 살펴볼 필요가 있다. 일반적으로 새로운 활동을 시도하기를 두려워하거나, 쌓기놀이는 하고 싶지만 어떻게 해야 할지 모를 때, 실패에 대한 두려움이 있을 때, 쌓기놀이 영역의 소음이 싫을 때, 다른 놀이에 더 큰 흥미를 느낄 때, 쌓기놀이는 남자아이들만 하는 놀이라는 편견을 가질 때 등으로 그 이유를 꼽을 수 있다.

유아가 쌓기놀이에 쉽게 접근하도록 도울 수 있는 방법은 교사가 놀이에 참여하는 것이다. 쌓기놀이에 관심은 있으나 놀이하기를 주저하는 유아에게 함께할 것을 제안한다. 처음엔 교사가 활동하는 모습을 편안하게 지켜보도록 하고, 교사 자신이 하는 활동과정을 언어적으로 묘사한다. 점차 유아가 흥미를 보이면 교사가 유아에게 도움을 청하기도 한다. 교사와 유아가 함께 놀이하다가 유아가 이 놀이에 편안함을 느끼면 점차 독자적으로 만들도록 격려하며 혼자 만든 것에 대해 칭찬을 해주어 성취감을 느끼게 해준다.

또한 여자아이들을 참여하게 하기 위해서 여성 건축가의 작품이나 그림을 보여주며 성에 대한 고정관념을 없앨 수 있는 이야기를 들려준다. “블록은 남자아이들만 가지고 노는 거잖아요. 이건 여자 장난감이 아니에요”라는 말이 유아들에게서 나올 경우, 짧게라도 이러한 편견에 대해 토의할 필요가 있다. 그리고 쌓기 놀이와 역할놀이 영역을 인접 · 배치하여 놀이가 확장되도록 하며, 놀이를 마친 후 회상하기 시간에 여자아이가 만든 구조물을 소개하거나 격려해 주어 참여를 이끈다.

셋째, 교사-유아 간 적절한 중재와 상호작용을 하며, 유아-유아 간 협동을 격려한다. 교사는 유아와의 상호작용에 앞서 유아의 쌓기놀이 과정을 잘 관찰한 후 유아에게 접근한다. 그저 옆에서 블록을 가지고 놀이하는 정도에서부터 적극적으로 함께 놀이하는 수준에 이르기까지 참여 정도를 달리한다. 이때 새로운 어휘를 사용하고, 개방형의 질문을 하여 유아가 자신의 느낌이나 작품에 대한 이야기를 많이 하도록 돕는다.

출처: 서울 Y유치원

쌓기놀이에서는 유아들의 자연스런 협동 장면을 관찰할 수 있다. 협동은 두 명 이상이 공동의 목표를 설정하고 이를 달성하기 위하여 서로 역할을 정하여 조언 및 조력을 주고받는 활동을 말한다. 이렇게 두 사람 이상이 진정한 협동을 이룰 때, 개체의 합 이상의 힘을 발휘할 수 있으며, 독립적으로는 결코 만들어 낼 수 없는 공유된 창조(shared creation)가 가능하다(Schrage, 1990). 유아-유아 간 협동이 원활히 이루어지도록 하려면, 다음과 같이 유아들 간에 벌어지는 다양한 협등적 요소(송응식, 2006)와 어떠한 조건에서 발생 · 전개되는지를 이해하면서 교사가 비계설정(scaffolding)을 하면 효과적이다.

쌓기놀이 시 협동적 요소

- 공동 목표의 설정(예 "~할 사람 여기 여기 붙어라", "~하자")
- 공동 목표 또는 공동 과제에 대한 이전 경험
- 스스로 역할 정하기(예 내가 찻길 만들게)
- 놀잇감 특성에 따라 놀잇감을 선정 · 활용하는 기술
- 놀이 질서를 유지하기 위한 유아 간 합의된 규칙(예 전시한 것을 부수지 않기)

물론 함께 놀이하다가 종종 갈등도 일어나겠지만 이를 해결하기 위해 자신에게 필요한 규칙을 협의하고 설정한 공동의 목표를 달성하기 위해 역할을 분담해서 수행한 결과 더 큰 즐거움이 뒤따르게 된다. 유아들의 정서적인 측면은 유아들의 협동에 크게 작용한다. 협동과정에서 유발된 정서는 활동 그 자체에 적극적으로 흥미를 갖고 지지하게 하는 원동력이 된다(Moran & John-Steiner, 2003). 공동목표의 성취는 기쁨으로 전이될 수 있으므로 협동 활동이 활성화되도록 격려할 필요가 있다.

(2) 역할놀이 지원

역할놀이란 유아들이 흥미로운 사건, 상황, 역할, 대상 등을 모방하고 가상하면서 놀이로 재연해 보는 것을 말한다.

역할놀이는 다음과 같은 교육적 가치를 지닌다.

① 친구들과 협상하고 타협하는 사회적 기술을 발달시킨다.
② 현실에서 충족시키지 못한 부정적 감정을 해소한다.
③ 사고력과 문제해결력이 증진된다.
④ 타인 조망수용능력이 발달하게 된다.
⑤ 상상력과 창의력 그리고 의사소통력이 향상된다.

교사가 역할놀이를 촉진하기 위해서는 첫 번째로 관찰이 선행되어야 한다. 관찰은 유아의 놀이를 발전시키고 확장시키는 데 필수이다. 역할놀이에 참여하는 과정에서 많이 활용하는 놀잇감이나 자료는 무엇이며, 상호작용은 어떻게 일어나고 있고, 필요로 하는 도움은 무엇인가에 관심을 기울인다. 어떤 유아들이 참여하고, 어떤 역할을 하는가를 관찰하고, 놀이를 확장하기 위하여 필요한 도움이나 자료는 어떤 것인지, 역할놀이에서 보낸 시간은 얼마인지, 다른 유아와의 상호작용은 어떠한지, 놀이 집단은 어떻게 구성되고 있는지, 동선에서의 문제는 없는지를 주의 깊게 관찰하고 도움을 준다. 또한, 특정 유아들이 참여하거나 참여하지 않는다면 그 이유가 무엇인지 생각해 보고, 놀이의 내용이나 놀이 환경을 수정 · 보완하기도 한다.

둘째로는 중재자로서 역할을 하는 것이다. 함께 모여 역할놀이 방법에 대해 알아보면서 역할의 종류를 정하고 인원이나 순서 등을 구체적으로 결정해 볼 수도 있다. 구체적으로 역할과 순서를 정해놓지 않으면 놀이 중에 갈등이 발생할 수 있으므로, 놀이에 필요한 역할을 나누고 어떤 방법으로 각 역할을 정할 것인지 등을 미리 의논해 보는 과정이 필요하다. 각각의 역할을 맡은 사람이 어떤 말과 어떤 행동을 해야 할지에 대해서도 유아들이 다양하고 유연하게 생각해 보고 역할에 어울리는 행동을 할 수 있도록 언어적 상호작용을 하는 것도 중요하다.

역할놀이를 하지 않는 유아에게 교사가 적절한 도움을 주었을 때 발산적 사고와 상상력이 증진되었다는 연구결과(Howes & Smith, 1995)를 통해 교사와의 긍정적 상호작용이 유아의 역할놀이 수준 향상과 관련이 높다는 것을 알 수 있다. 교사는 역할놀이에 대한 정확한 이해를 바탕으로 유아들의 역할놀이를 적극적으로 관찰하여 그들의 역할놀이 수준을 살펴보고, 놀이 상황에 적절한 방법으로 참여하고 지원해야 한다. 지원 유형은 다음의 표 5-4와 같다(신은수, 1991, 1996).

| 표 5-4 | 역할놀이에서 교사의 지원 유형

유형	내용
환경 조정하기	놀이자료의 추가 및 환경 재구성하기
놀이유지하기	놀이 진행과정의 보조 및 유지를 위해 도움주기
대화하기	현재 활동, 흥미, 상황에 관하여 일상 대화하기
칭찬하기	놀이의 과정이나 행동, 유아의 성취 결과에 대해 칭찬하기
방향제안하기	놀이의 중단 또는 반복적 활동 시 대안이나 방향 제안하기
참여하기	진행 중인 유아들의 놀이에 교사가 하나의 역할이나 위치에서 참여하기
모델링하기	놀이의 적절한 과정에 대한 모델링하기

다음은 역할놀이에서 교사가 지원한 예이다.

소연이가 인형의 옷을 입혔다 벗겼다 하면서 극놀이 영역에 혼자 앉아 있다. 소연이는 자신의 근처에서 놀이하는 다른 어린이들을 쳐다보지도 않고 같이 활동하지도 않는다. 교사는 소연이를 몇 분간 관찰하고 나서 놀이 속으로 들어간다.

교사 : 네 아기가 배고파하지 않니? 우리가 저녁을 만들어 줄 수 있을 것 같은데.
소연 : (아무 말도 하지 않고, 인형의 옷 입히는 일만 계속한다.)
교사 : 만일 그 아기가 배가 고프다고 하면 나에게 알려주렴. 부엌에서 많은 음식을 만들어 줄 수 있을 거야(소연이의 놀이와 동일하게 행동하며 부엌 쪽으로 움직이면서 프라이팬과 접시를 꺼내기 시작한다)
소연 : (교사 쪽으로 다가오면서) 아기가 배가 고파요.
교사 : 그래 한 번 보자... 아기에게 무얼 만들어 줄까?
소연 : 아기 음식이요.
은빈 : (교사에게로 다가오면서) 저기요... 내가 음식 만들게요.
교사 : 소연이랑 같이 해볼래? 내가 아기를 돌보고 있을게(인형을 흔들면서 아기를 다루듯이 행동한다)
민채 : 같이 놀아도 돼요?
은빈 : 안 돼, 우리가 같이 저녁을 만들 거야, 그렇지, 소연아
소연 : (아무 말도 하지 않고 고개만 끄덕인다)
교사 : 민채야, 네가 채소를 좀 잘라줄래?
민채 : 네, 좋아요. 소연아, 칼을 써도 되니?
소연 : (민채에게 다른 플라스틱 칼을 건네주면서) 여기 있어.
은빈 : 소연아, 네 아기 이름이 뭐야?
소연 : 미미.
은빈 : 그래? 미미야~, 저녁 준비 다 됐단다.

교사는 세 명의 유아들과 같이 저녁을 먹기 위해서 자리에 앉는다. 은빈이와 민채는 교사와 소연이에게 질문을 하며 대화를 건넨다. 소연이는 고개를 끄덕이거나 혹은 한 단어로 된 대답을 한다. 몇 분이 지난 후에 교사는 그 자리를 떠난다. 소연이는 설거지 시간까지 다른 또래 유아들과 함께 놀이를 하였다(Trawick-

Smith, 1994a). 반복적인 놀이만을 하고 주변 친구들과 상호작용도 없는 유아(소연)를 관찰한 후, 교사가 놀이에 참여하여 놀이의 방향을 제안하고 주변의 다른 유아들도 흥미를 갖고 참여하도록 도운 예시이다.

역할놀이에서 교사가 사용하는 언어와 태도는 유아에게 매우 중요한 모델링이 된다. 상황에 맞는 어휘를 사용하고, 놀이의 내용과 맥락에 어울리는 적절한 대화를 이끌어 갈 수 있도록 해야 한다. 또한, 유아들이 미처 놀이에 활용하지 못하고 있는 놀이 장면이 있다면 교사가 자연스럽게 제안할 수도 있다. 그러나 중재 시 교사가 대화를 주도하거나 역할놀이를 통제하는 것을 삼가도록 한다.

교사가 계속적으로 한 곳에 머물러 중재를 할 수는 없다. 교사가 놀이 상황에 참여하는 것뿐만 아니라 놀이에서 빠져나오는 시점도 중요하다. 놀이에 참여하는 주된 목적은 유아들이 자기 주도적으로 놀이하면서 또래 간의 상호작용이 활발히 진행되도록 격려하기 위함이므로 유아들이 주도권을 가지고 놀이에 몰입하게 되면 교사는 놀이에 방해가 되지 않도록 점진적으로 놀이에서 빠져나와야 한다.

셋째로 역할놀이 주제에 대한 이해를 높이기 위해 이야기 나누기, 동화 듣기, 현장학습이나 외부 자원인사 초빙 등의 활동을 연계한다. 5세반 유아들은 다른 연령에 비해 역할놀이의 주제나 놀이방법이 매우 다양하고 융통성 있으며 특히 견학을 다녀와서 역할놀이에 대한 아이디어를 얻어 그 경험과 개념의 확장이 놀이에 반영되는 경우를 많이 볼 수 있다.

넷째로 역할놀이에서는 유아들의 신체적 움직임이 많이 일어나므로 쌓기놀이와 같은 활동적인 영역과 가깝게 배치하여 통합된 놀이를 유도할 수 있다. 역할놀이가 확장될 경우, 공간 크기를 재구성해 준다. 즉, 흥미 영역 중 유아들의 흥미가 비교적 덜하다고 관찰된 영역을 일시적으로 설치하지 않거나 역할놀이 공간과 다른 흥미영역 공간을 합하여 영역을 재구성함으로써 공간을 최대한 효율적으로 사용한다.

출처: 서울 S유치원.

다섯째로 역할놀이를 위한 적절한 놀이 인원과 문제 상황에 대해 협의한다. 역할놀이는 유아들이 매우 흥미로워 하고 특히 새로운 역할놀이가 구성되었을 때 호기심과 관심을 가지고 참여하고자 하는 유아들이 많아서 몰리는 경우가 종종 있다. 유아들과의 협의 결과, 역할놀이 영역 앞에 놀이판을 부착하여 자신의 사진이나 이름표를 붙이고 놀이를 하기도 하고, 역할놀이 팔찌를 사용할 수도 있다.

여섯째로 새로운 역할놀이 주제에 대해 협의한다. 관찰을 통하여 현재의 놀이가 더 이상 활성화되지 않는다면 새로운 놀이로의 전환이 필요할 것인지를 판단하고 유아들에게 의견을 묻는다. 유아들이 제안한 역할놀이 주제와 더불어 교사는 계절의 변화, 사건, 현장 학습 등과 관련지어 도입 가능한 역할놀이 주제를 유아에게 제안할 수도 있다.

출처: 서울 K유치원의 원시놀이장면.

(3) 운동놀이 지원

운동놀이란 주로 신체 수단을 이용하거나 신체적 운동 반응이 요구되는 놀이이다. 운동놀이는 다음과 같은 교육적 가치를 지닌다.

① 신체 균형, 민첩성, 신체기관 간의 협응력, 유연성, 순발력, 지구력 등 신체 전반에 걸친 능력이 향상된다.
② 운동놀이를 통하여 근육이 더 강해지며 근육운동이 정교해진다.
③ 질병에 대한 저항 및 면역기능이 향상된다.
④ 자신의 신체를 원하는 대로 사용할 수 있다는 확신을 통해 자신감과 긍정적 자아개념을 발달시킨다.
⑤ 협동심, 공동체 의식 등과 같은 사회적 기술과 태도를 발달시킬 수 있다.
⑥ 운동놀이를 통해 힘과 속도개념, 시간개념을 익힌다.

갤러휴(Gallahue, 1982)에 의하면 운동 발달은 태아기 반사 운동단계(0~1세)부터 시작되어 초보 운동단계(0~2세), 기본 운동단계(2~7세경)를 거쳐 전문 운동단계(7세 이상)로 변화되어 간다고 한다. 이 중 2세경부터 7세 사이의 시기는 기본 운동단계로서 초보 단계에서의 안정된 직립자세로부터 달리기, 점핑, 홉핑, 갤로핑, 스키핑과 같은 이동 동작 패턴이 발달한다. 또한 던지기, 받기, 차기와 같은 물체 조절이나 조작 양식은 쥐기와 놓기와 같은 초보 기술에서 발달된 것이다(박대근, 2004).

운동놀이를 통해 유아들은 이동기술, 비이동기술, 조작기술 등을 익힌다. 자세히 살펴보면 다음과 같다(Graham et al., 2004; Pica, 2004).

표 5-5의 이동기술은 신체를 한 지점에서 다른 지점으로 완전히 옮기는 것을 의미한다. 유아들이 움직임 기술을 자동적으로 획득하고 발달시키는 것으로 보이지만, 훈련과 격려, 적절한 지도가 없으면 숙련된 단계에 이르기가 어렵다. 이에 반해 표 5-6의 비이동기술은 서 있거나, 무릎으로 서 있거나, 앉아 있거나,

누워 있는 자세로 만들어지는 움직임을 말한다.

| 표 5-5 | 이동기술

걷기 (walk)	걷기는 무게를 한 발의 발끝에서 다른 발의 발꿈치로 옮기는 동작을 말한다. 팔과 다리는 서로 반대로 교차한다. 3세가 되면 양발로 번갈아 계단을 오르내린다.
점프 (jump)	점프는 몸을 위로 들어 두 발로 내려오는 것이다. 뛰어 오를 때 발가락이 땅에서 가장 나중에 떨어지고, 내려올 때는 가장 빨리 땅에 닿아서 두 발로 착지하는 것이다. 내려올 때는 무릎을 구부려서 내려오는 충격을 흡수한다. 3세가 되면 한 발을 들며 뛰는 동작부터 시작하여 두 발 뛰기가 가능해진다. 약 20cm 높이에서 뛰어내리고, 4세경에 약 80cm의 넓이뛰기를 할 수 있고, 4~5세경에 약 25cm 정도를 뛰어 넘을 수 있다(Gallahue & Ozmun, 2002). 약 2세가 되면 두 발로 균형을 잃지 않고 점프하여 올라갔다 내려올 수 있다. 5세가 되면 다리 근력이 충분하여 점프 양식을 완성할 수 있다.
뛰기 (leap)	달리기와 비슷하지만 무릎과 발목의 동작이 더욱 크다. 땅에서 뛴 다음에 무릎이 앞으로 나오고 발이 앞쪽으로 땅에 닿는다.
갤로핑 (galloping)	갤로핑은 일정하지 않은 리듬으로 진행된다. 걷기와 달리기를 조합한 것으로 한쪽 다리를 내밀고 다른 쪽 다리를 내민 다리에 끌어다 붙이는 동작의 연속이다. 3세가 되면 모양을 따라 할 수 있고 5세에는 능숙하게 할 수 있다.
호핑 (hopping)	호핑은 발을 위로 들어 움직일 때 한 발이 들어서 땅에 내리면 다른 발이 공중에 있게 한 발로 뛰는 것이다. 3세에 약 3회 정도를 뛰며, 4세 때 한 발로 4~6회를 뛰며, 5세 때 한 발로 8~10회를 뛰게 된다(Gallahue & Ozmun, 2002).
슬라이딩 (sliding)	옆으로 갤로핑을 하는 것이다. 앞발이 앞서 가고 다른 발이 따라가는 것으로 한 번의 동작 내에서 리듬이 일정하지 않다.
스킵핑 (skipping)	한 번 뛰고 호핑하는 것으로 갤로핑이나 슬라이딩과 마찬가지고 한 번의 동작 내에서 리듬이 일정하지 않다. 발이 번갈아 바뀐다. 4세부터 미약하지만 흉내 내기 시작할 수 있으며 5세가 지나면 능숙하게 할 수 있다.

| 표 5-6 | 비이동기술

뻗기 (stretch)	스트레칭은 몸과 신체 부분을 뻗는 것으로 신체의 한 마디나 그 이상의 마디가 수직이나 수평으로 되는 것이다.
구부리기 (bend)	구부리기는 신체의 두 연결 부분을 몸의 중앙 쪽으로 향하게 하는 것으로, 전체의 몸을 구부리기도 하고, 팔, 손가락, 다리, 목과 같은 신체의 일부를 구부리는 것이다. 구부리기와 뻗기가 함께 발생하기도 하는데, 이는 신체의 일부가 일단 구부려지면 다시 자연스럽게 펴지기 때문이다.

떨기 (shake)	흔들기는 긴장과 이완을 포함하는 떨리는 움직임을 말한다. 흔들기는 신체 부위로도 할 수가 있고, 전체 몸으로도 할 수가 있다.
돌리기 (swing)	돌리기는 축을 중심으로 하여 원이나 활과 같은 모양을 만드는 것이다. 돌리기는 힘과 추진력을 필요로 한다. 돌리는 동작은 몸 전체를 돌리거나 상체나 몸통만을 돌리거나 머리로, 팔로, 다리로 돌린다.
꼬기 (twist)	몸 전체를 돌리는 것과는 달리 꼬기는 축을 중심으로 몸의 일부분을 꼬는 것이다. 목, 다리, 팔, 몸체를 중심으로 하여 쉽게 꼴 수 있고, 손목, 발목, 어깨, 엉덩이를 신체 다른 부위에 꼴 수도 있다.
피하기 (dodge)	피하기는 자신을 향해 오는 물건을 피하기 위해서 빠르고 힘차게 몸을 움직이는 것을 말한다. 이것이 달리기와 연합되면 피하기는 이동기술이 된다. 그러나 정지된 동작으로 하는 경우가 많기 때문에 구부리기, 뻗기, 꼬기, 떨어지기와 같은 비이동 동작으로 구분한다.
떨어뜨리기 (fall)	떨어뜨리기는 높은 위치에서 몸을 움직여서 수그리거나, 옆으로, 위로, 반듯이 하여 몸을 떨어뜨리는 것이다. 떨어뜨리기는 갑자기 힘차게 움직이는 것이지만 느린 동작으로 할 수도 있다.

조작이라는 단어는 퍼즐, 블록, 혹은 소근육을 사용하여 어떤 물체를 만지는 것을 떠올리게 만든다. 그러나 신체 운동에서 조작기술은 대근육 기술과 다른 사물도 포함한다. 따라서 표 5-7의 조작기술은 한 가지 사물을 조작하는 대근육 운동기술로 정의할 수 있다.

| 표 5-7 | 조작기술

당기기 (pull)	당기기는 저항을 받으며 어떤 것을 한 장소에서 다른 장소로 끌어오는 데 사용된다. 이러한 움직임을 통해 어깨가 펼쳐지고 구부려진다. 당기기는 걷기와 같은 이동 움직임을 조합하여 확장된다.
밀기 (push)	밀기는 저항을 받으며 물건을 한 곳에서 다른 곳으로 보내는 것이다. 밀기는 팔을 안으로 끌어당겨서 팔을 최대한 뻗을 수 있게 될 때까지 지속하는 것이다. 이것은 이동 동작과 결합되어 확장된다. 밀기는 당기기보다 쉽다.
들어올리기 (lift)	들어올리기는 물건을 한 장소에서 다른 장소로 운반하는 것으로 낮은 곳에서 높은 곳으로 옮기는 것이다. 이 기술은 하나의 물건이나 깡통을 운반하는 것이며 그렇기 때문에 이동 동작이 될 수도 있다. 낮은 위치에서 높은 위치로 옮길 때 무릎을 구부렸다가 다시 펴는 것이다. 들어 올릴 때 팔과 다리와 몸통을 당기고 미는 것과 같은 행동이 동시에 일어난다.

치기 (strike)	치기는 팔을 강하게 움직여서 물건을 목표한 방향으로 돌리는 것이다. 치기를 할 때 팔을 구부려져야 하고 힘 있게 빨리 펼쳐야 한다.
던지기 (throwing)	던지기는 손을 사용하여 몸으로부터 물건을 움직여 밖으로 보내는 것이다. 어릴 때에는 아래로 던지지 만 좀 더 크면 두 손으로 아래로 던지고 그 후 한 손으로 머리 위로 던질 수 있게 된다. 2~3세 때는 목표 방향으로 서서 두 발을 고정시키고 신체를 회전시키지 않고 던지며, 4~5세 때는 몸통을 돌리며 한 발을 앞으로 내딛으며 던질 수 있고, 6세가 되면 팔과 반대쪽 다리를 앞으로 내밀고 허리와 어깨까지 사용한다.
차기 (kicking)	차기는 팔과 발로 어떤 물건에 힘을 가하는 것이다. 이러한 기술은 눈과 발의 협응과 신체의 통제와 통합을 요구한다. 먼 거리에 떨어지는 것을 차는 것은 좀 더 성숙한 차기이며 정확하게 차는 것은 그 후 에 고려해야 할 점이다.
공굴리기 (ball rolling)	던지기와 마찬가지로 몸으로부터 멀리 땅위로 공을 굴리는 것이다. 공굴리기 기술은 볼링과 공차기와 같은 것과 연합된다.
튀기기 (bouncing)	튀기기는 드리블링이라고 표현되기도 하는데, 한 손이나 두 손으로 물건을 아래쪽 방향으로 치는 것이다. 공을 튀기는 것은 눈과 손의 협응에 중요하다.
잡기 (catching)	잡는 기술은 손으로 공을 받고 통제하는 것으로 물건에 초점을 맞춰 조절하는 것을 말한다. 약 3세까지 잡기 동작은 팔을 벌려 고정된 자세로 팔과 가슴으로 공을 잡는다. 4세의 초보 하위 단계 동안에 유아는 시각적으로 공을 추적하고 공을 잡기 전에 눈을 깜빡인다. 4~5세부터 공의 위치에 따라 몸과 팔을 움직여 받는 능력을 보인다. 손바닥으로 공을 잡는 행동은 5~6세부터 가능해진다. 약 6세가 되면 아동은 공받기가 끝날 때까지 공을 눈으로 추적하고 팔로 공을 받을 준비를 한다. 잡기는 물건이 자신에게 오는 것을 두려워하는 일부 아이들에게는 좀 어려운 일이다. 부드럽고 색깔이 있는 물건을 이용하고 크고 부드러운 공을 이용하는 것이 두려움을 없애고 눈이 쉽게 따라갈 수 있도록 도와준다.

운동놀이에서 교사는 다음과 같은 지원을 한다.

첫째, 유아들의 운동놀이를 관찰한다. 놀이기구가 유아의 능력과 발달 수준에 적합한지, 충분한 수의 놀이기구가 준비되어 있는지, 놀이기구나 설비는 안전하며 견고한지, 친사회적인 상호작용을 하며 놀이하는지 등을 관찰한다.

둘째, 운동 발달 능력과 이동 · 비이동 · 조작의 운동기술을 고려하여 유아들에게 바른 자세와 정확한 행동을 시범 보인다.

셋째, 유아들의 발달 수준에 맞고 흥미를 유발할 만한 다양한 활동과 기구 설비를 마련한다. 게임이나 규칙이 있는 놀이는 단순한 것에서부터 복잡한 형태의 놀이로 계획하는 것이 좋다.

넷째, 규칙 있는 대집단 게임을 할 때 지나친 경쟁심을 갖지 않도록 "게임은 무엇을 위해 하는 걸까?"를 질문하여 즐거움을 위한 활동임을 인식시킨다.

다섯째, 교사는 유아의 건강과 안전을 위해 시설의 이상 여부를 살펴보고 이상이 발견되면 즉각 수리한다. 실외 운동놀이 기구를 즉각 수리하기 어려울 경우, 그 영역의 둘레에 빨간색 테이프를 둘러서 출입을 금한다. 매우 습한 날, 실내에서 운동놀이를 할 경우 바닥의 미끄러움 상태를 점검하여 사고를 예방하도록 한다. 놀이가 끝난 후에 손을 씻도록 한다.

(4) 모래 · 물놀이 지원

모래 · 물은 실내 · 외에서 가능한 놀이로서 가지고 노는 그 자체가 유아에게 큰 기쁨을 준다. 모래 · 물은 무정형의 성질로 인해 마음대로 변형시키면서 실험할 수 있고 특별한 기술 없이 어떤 유아도 쉽게 접근할 수 있고 큰 만족감을 준다.

모래 · 물놀이의 교육적 가치를 살펴보면 다음과 같다.

① 모래 · 물은 감촉 그 자체로 유아에게 정서적 안정감과 즐거움을 주고, 긴장과 불안, 공격적 성향 등을 발산할 수 있도록 해준다.
② 대 · 소근육이 발달하고 촉감적인 자극을 감지하는 능력을 발달시킨다.
③ 분류, 수, 서열, 무게, 측정, 부피, 비교, 보존 등과 같은 수 · 과학적 개념을 발달시킨다.

④ 모래 · 물놀이는 주로 집단놀이로 많이 이루어진다. 여러 명의 또래와 상호작용하며 놀이함으로써 의사소통능력 및 사회성을 발달시킨다.

모래 · 물놀이에서의 교사의 지원방법은 다음과 같다.

첫째, 유아가 자발적으로 모래 · 물놀이를 하도록 한다. 쉽게 접근하지 못하는 유아들이 참여하도록 격려한다. 놀이 상황을 관찰하여 필요한 경우에만 적절히 도움을 준다.

둘째, 놀이를 진행하는 중에 발생하는 문제에 대해 토의한 후 합의하여 규칙을 정한다. 특히 바깥 모래놀이터에서는 자신의 뒤쪽을 고려하지 않고 삽으로 또는 두 손으로 모래를 파거나 던지는 유아를 자주 발견할 수 있다. 눈에 모래가 들어갈 경우 손으로 비비지 말고 교사에게 도움을 청하여 식염수로 씻어 내도록 학기 초부터 강조한다.

① 모래와 물을 다른 친구에게 튀기거나 뿌리지 않는다.
② 모래와 물을 밖으로 쏟아내지 않는다.
③ 놀이도구는 각 놀이 영역에서만 사용한다.
④ 놀이를 한 후 제자리에 정돈한다.
⑤ 모래를 입에 넣지 않는다.
⑥ 모래 묻은 손을 충분히 턴 후 수돗가에서 깨끗이 손을 씻는다.

셋째, 실험, 게임, 극놀이 등 다양한 놀이가 왕성하게 이루어지도록 여러 종류의 놀이용품을 제공한다.

넷째, 청결과 안전에 유의한다. 실내에서 모래 · 물놀이를 할 경우 바닥이 미끄럽지 않게 걸레질을 하며, 물을 매일 갈아주고 통을 깨끗이 씻어 말린다. 바깥 모래놀이터의 경우 학기마다 새 모래를 보충해 주고, 동물들의 변을 막기 위해 매일 퇴근시간에 비닐을 덮어둔다. 모래 안에 물길을 만든다고 하여 물을 많이 부어서 고이게 한 경우, 놀이를 마친 후 그 흙을 말린다.

출처: 서울 J유치원.

다섯째, 유아의 놀이를 확장하고 발달을 도울 수 있는 질문을 던진다. 그러나 교사의 잦은 발문은 유아들의 즐거운 모래 · 물놀이를 방해할 수도 있다는 점을 유의해야 한다.

(5) 목공놀이 지원

목공놀이는 실내 · 외에서 모두 할 수 있는 놀이로서 톱, 망치, 펜치, 드라이버, 니퍼 등의 실물도구와 모형 도구를 직접 만지고 조작하거나 간단한 구성물을 만들어 보는 놀이다. 많은 교사가 목공놀이가 위험하다는 이유로 하지 않는데, 다양한 도구를 직접 다루어 가며 작품을 만드는 유아들에게 있어서는 무척 흥미로운 놀이이다.

목공놀이가 갖는 교육적 가치는 다음과 같다.

① 자신이 만들 구성물을 구상하고 못을 박는 과정에 깊이 몰두함으로써 주의집중력이 길러지며, 다루기 힘든 도구를 사용하여 자신이 계획한 구성물을 완성했을 때 성취감을 경험한다.

② 처음에 예상한 대로 되지 않아 문제가 발생할 경우가 많은데 이를 해결하는 과정에서 사고력과 문제해결력이 증진된다.

③ 나무토막, MDF, 스티로폼, 스펀지 등 못을 박는 재질에 따라 못의 굵기와 못 박는 힘을 달리해야 함을 알게 되며, 이를 통해 대 · 소근육과 감각기능의 발달, 눈과 손의 협응력이 촉진된다.

④ 소음을 내며 못을 박음으로써 부정적 감정을 해소시킬 수 있다.

⑤ 다소 위험한 도구의 올바른 사용방법과 놀이를 하기 위해 자신의 몸을 지킬 수 있는 방법을 이해하고, 함께 정한 규칙을 잘 준수한다.

⑥ 친구와 협동하여 하나의 구성물을 완성하기 위하여 계획 · 실행하는 과정에서 서로 의논하고 타협하는 과정을 통해 의사소통 능력과 사회성이 발달한다.

목공놀이에서 교사의 지원방법은 다음과 같다.

첫째, 목공놀이는 위험성이 있는 놀이이므로 안전하게 놀이하기 위해 주의할 점에 대해 사전에 충분히 이야기를 나눈다.

① 각 목공놀이 도구는 용도에 맞게 사용한다.

② 합의한 인원수(3~5명)가 놀이한다.

③ 못이나 작은 조각들을 입과 코 속에 넣지 않도록 주의한다.

④ 사용 후 제자리에 정돈한다.

⑤ 나무토막에 못을 박을 경우 고글(안전용 안경)을 반드시 착용한다.

⑥ 놀이 중 친구와 다툼이 생길 경우 도구를 제자리에 놓고 말로 해결한다.

⑦ 목공놀이 중에 다쳤을 경우 선생님에게 알리고 상처 치료를 받는다.

둘째, 유아가 목공놀이 도구를 처음 접하거나 올바른 사용방법을 모를 경우, 교사가 직접 시범 보인다.

① 망치는 손잡이 끝부분을 잡는다.

② 처음 못질을 하는 유아의 경우, 못 박을 위치에 송곳으로 구멍을 뚫어 못을 고정 시킨 뒤 망치로 못 머리를 살살 두드리도록 한다.

셋째, 연령이나 개인차에 따라 목공놀이 자료를 내어주며, 단계적으로 지원한다. 예를 들면, 나이가 어리거나 목공놀이 경험이 없는 유아는 나무보다 스티로폼, 우드락, 코르크 등에 못을 박도록 하며, 나무를 톱질하기보다는 스티로폼을 케이크 칼로 잘라보게 한다.

넷째, 사전활동으로, 지역사회의 목수를 초청하거나 목공소를 견학하여 정확한 연장 사용방법에 대해 알아보는 것도 바람직하다.

다섯째, 목공놀이의 결과보다는 과정에 초점을 두어 놀이과정 중에 다양한 탐색과 문제해결 과정을 경험하도록 격려한다.

여섯째, 여러 명의 유아가 협동하여 하나의 구성물을 만들어 보도록 격려하고, 함께 어떻게 만들 것인지 토의하고, 이를 설계도로 간단히 그린 후 만들어 보게 한다.

일곱째, 목공놀이는 소음이 많이 발생하므로 주로 실외에 배치하고, 교사가 쉽게 관찰할 수 있는 곳에 놓아두어 목공놀이가 진행되는 동안에 안전 감독을 충실히 하도록 한다.

(6) 언어놀이 지원

유아교육기관의 하루 일과를 보면 언어가 차지하는 부분과 그 중요성이 크다고 할 수 있다. 언어놀이는 언어 영역과 단위활동에서만 이루어지는 것이 아니며, 다른 놀이 영역에서도 언어는 기본적으로 다루어진다.

언어놀이의 교육적 가치는 다음과 같다.

① 다른 사람의 말이나 동화 · 동시를 잘 듣고 이해하는 능력을 기른다.
② 자신의 생각이나 느낌을 바르게 말로 표현하는 능력과 태도를 기른다.
③ 글자에 관심을 가지고 읽기 · 쓰기의 기초능력을 기른다.

언어놀이에서는 듣기, 말하기, 읽기, 쓰기의 여러 가지 놀이를 할 수 있다. 교사는 발달 수준과 흥미를 고려하여 다양한 언어놀이 자료를 준비해 준다. 혼자 또는 여럿이 함께 조작하면서 말할 수 있는 놀잇감과 읽고 쓰기에 관심을 갖도록 하는 도구와 자료도 놓아준다. 그림책과 더불어 등장인물 손인형, 책을 활용한 게임교구, 극놀이 틀과 소품, 화이트보드, CD플레이어, 헤드폰 등을 놓아주어 말하기와 듣기, 읽기, 쓰기가 통합적으로 이루어지도록 한다. 무엇보다도 교사는 유아들에게 듣기, 말하기, 읽기, 쓰기의 모델이라는 점을 유의하여 언어놀이 지원을 한다.

출처: 서울 M유치원.

특히 유아들은 서로에게 편지를 써서 주고받기를 즐긴다. 반 유아들의 이름이 모두 적힌 이름 카드와 종이와 편지봉투 그리고 장식용 스티커와 도장들을 놓아 준다. 글자를 잘 모르는 유아일 경우 그림으로 나타내도 좋다고 말해주며, 교사가 유아의 말을 받아 적어 주거나 유아가 직접 쓰기를 원한다면 보고 쓰게 할 수도 있다. 이때 유아는 교사가 자신의 말을 그대로 받아 적어주는 과정을 세심히 보기 때문에 교사는 글자의 획순과 철자에 유의하여 쓴다. 또는 친구에게 하고 싶은 말(예: 사랑해, 같이 놀자, 네가 좋아 등)을 받아 적어 카드로 제작하여 함께 놓아 줄 수도 있다.

이러한 하나의 놀이를 통하여 듣기, 말하기, 읽기, 쓰기를 통합적으로 다룰 수 있는 동시에 친구관계를 돈독히 하는 데에도 도움이 된다. 교실 내에 설치한 편지함에 편지를 넣어 놀이 후 회상하기 시간에 꺼내어 해당 유아에게 나누어 준다. 편지를 받은 사람도 자발적으로 쓰기 놀이에 참여하도록 이끌게 된다. 편지 내용을 읽어 주어도 좋다. 유아들은 종종 선생님에게 편지를 쓰는데 교사도 답장을 꼭 해준다. 이 밖에도 자신이 읽은 책 중 친구들에게 추천해 주고 싶은 책과 그 이유를 써서 붙이거나 특히 어느 부분이 재미있으니까 읽어보라고 써서 붙이는 놀이도 유익하다.

출처: 서울 B유치원, M유치원.

(7) 수 · 조작놀이 지원

수 · 조작놀이에서는 기초적인 수놀이 및 활동을 하고, 퍼즐이나 구슬 꿰기와 같이 손과 손가락의 소근육을 사용해서 놀잇감을 맞추고 분류하고 배열하는 등의 놀이와 게임을 한다.

수 · 조작놀이의 교육적 가치를 살펴보면 다음과 같다.

① 눈과 손의 협응력, 소근육 운동 능력이 발달한다.
② 분류 · 서열화 · 수개념 등 인지 발달이 촉진된다.
③ 집중력과 지구력이 증진된다.
④ 친구와 게임을 하면서 규칙을 지키고 서로의 의견을 존중하는 태도를 기른다.

교사는 유아의 발달 수준에 적절하게 단순하고 쉬운 수 · 조작놀이로부터 복잡하고 어려운 놀이로 해보도록 돕는다. 같은 바느질 놀이라도 장판과 신발 끈 또는 돗바늘과 굵은 실로 자료를 다르게 내줄 수 있다. 또한 책상이나 교실 바닥에서만이 아닌 벽에서도 조작을 하도록 자석을 활용한 자료를 내줄 수 있다.

출처: 서울 B유치원.

세트로 제작된 놀잇감 중 유아의 수준을 고려하여 부속물 중 하나를 빼거나 다른 것으로 대체하여 다르게 놀도록 지원해줄 수도 있다.

> 새 교구를 놓아주었다. 먼저 이야기 나누기에서 '식사 예절'에 관한 이야기를 한 후다 ... 돌림판을 돌리고 올바른 행동에 화살표시가 놓이면 곰에게 숟가락으로 콩을 퍼서 먹여 주는 건데 몇 번을 반복해서 하더니 돌림판의 화살표시를 의도적으로 놓는다. 그래야 곰에게 콩을 먹여주니까. 우리 반 아이들에게는 돌림판보다는 주사위가 더 적절한 것으로 생각되며 콩보다는 작은 솜 공을 젓가락으로 먹여 주도록 내주는 게 낫겠다.
>
> -3세반 교사의 놀이경험 분석에서-

유아가 다양한 탐색과 조작을 할 수 있도록 격려해 주며 때로는 시범도 필요하다. 그리고 조작놀이에 계속 흥미를 가질 수 있도록 일정 기간이 지나면 놀잇감을 교체한다. 그러나 인기 있는 놀잇감은 유아들에게 물어보아 더 놀이하기를 원할 경우 그대로 놓아둔다. 조작놀이 영역에는 크기가 작은 게임 자료가 많아서 분실될 경우가 있다. 놀이하기 전 새로운 놀잇감을 알아볼 때 게임 말과 조각의 수를 정확히 세어본다. 놀잇감 정리 후, 처음의 개수와 맞지 않을 경우에는 그 자리에서 찾아 바구니에 넣도록 한다.

출처: 서울 B유치원.

(8) 과학놀이 지원

과학 놀이에서는 유아가 주변 환경의 사물과 현상에 대해 호기심을 가지고 직접 관찰하거나, 실험하고 문제해결을 위한 적극적인 경험을 하게 된다. 즉, 유아는 교실 내의 다양한 사물, 동식물, 주변 자연현상에 관심을 가지고 주의 깊게 관찰하며, 끊임없이 탐구하고 실험한다.

과학놀이의 교육적 가치는 다음과 같다.

① 과학적인 탐구를 통하여 의문과 호기심을 해결해 보기 위해 관찰 · 비교 · 측정 · 예측해 보려는 과학적 습관과 태도를 기른다.

② 유아가 초보적 과학지식, 과학적 사고, 그리고 과학기술을 가지고 여러 가지 자료를 직접 탐색 · 실험해 보는 기회를 가짐으로써 다양한 과학적 개념을 형성한다.
③ 주변 환경을 주의 깊게 탐구하는 과학적 방법과 과학의 문제해결 과정에 관한 기술을 증진시킨다.
④ 또래 간 자신이 관찰한 바를 서로 토론하고 자신의 생각을 표현함으로써 의사소통능력과 문제해결력을 향상시키고 사회적 기술을 증진시킨다.
⑤ 주변 세계를 탐색함으로써 주변 환경에 대한 지식을 습득한다.

과학놀이 지원 시 교사의 역할은 다음과 같다.

① 교사가 유아의 흥미와 경험을 사전에 관찰하고 호기심을 자극할 수 있는 과학놀이 자료와 환경을 구성한다. 직접 들여다보고 손으로 직접 조작할 수 있는 활동(hands-on activity)으로 구성해 준다.

출처: 서울 B유치원, M유치원.

② 과학놀이를 할 때 자유로운 탐색경험과 탐색의 과정에서 발생하는 실수도 존중해 주어야 한다.

③ 과학놀이는 자유놀이 시간이나 과학 영역에서만 진행되는 것은 아니다. 하루 일과 중 어떠한 상황과 시간, 장소에서든 통합적으로 이루어지도록 한다. 예로 자석동화, 녹음기 조작, 미술 영역에서의 밀가루반죽놀이, 바람소리에 따른 사물의 움직임 신체표현, 병원놀이 시 주사기 사용, 씨앗 마라카스 연주, 바깥에서 그림자놀이, 모래놀이, 그네 · 미끄럼의 움직임, 시소와 평균대, 바닥 표면 성질에 따른 자전거 속도와 힘의 차이 등을 들 수 있다.

④ 과학놀이 과정을 통해 형성된 개념이나 활동의 결과에 대해서 그림이나 글로 기록하거나 결과물 전시 등 평가가 다양하게 이루어지게 한다.

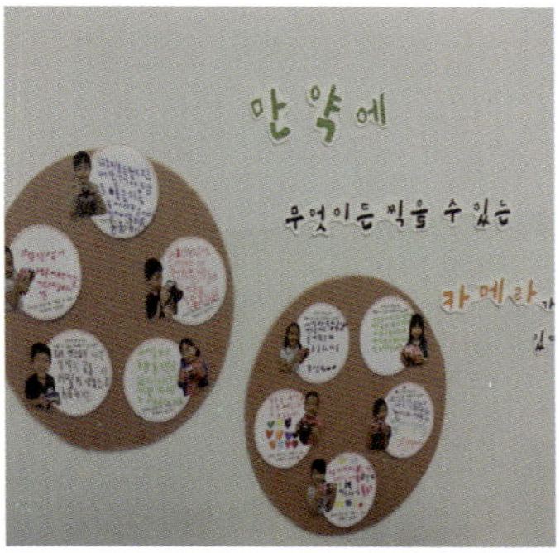

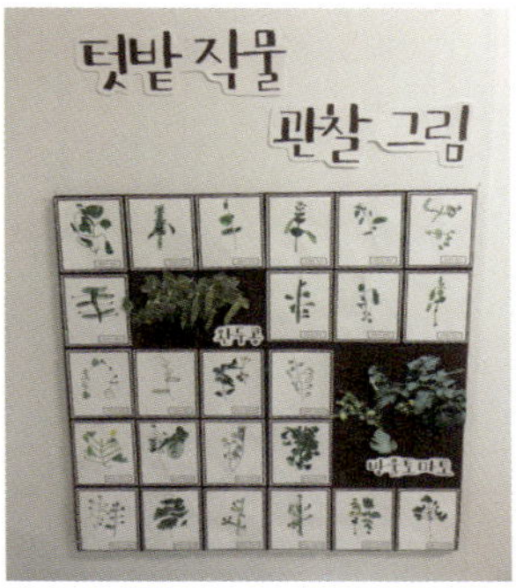

⑤ 과학적 사고를 돕는 확산적 질문을 던진다: "~에 대해서 무엇을 발견했니? 어떻게 발견할 수 있었니? 이것에 대해서 네가 알고 있는 게 무엇이니? 네가 먼저 할 것이 무엇일까? 다음은? 그 다음에는 무슨 일이 일어날까? 만약 ~하다면 어떻게 될 것이라고 생각하니? 왜 너는 ~게 된다고 생각하니? 왜 너는 ~인 것 같다고 생각하니?" 등

(9) 미술놀이 지원

미술 영역에서는 다양한 재료를 이용하여 자신의 생각이나 느낌을 그리고 칠하고 구성함으로써 탐색, 표현, 감상의 예술 경험을 즐길 수 있다.

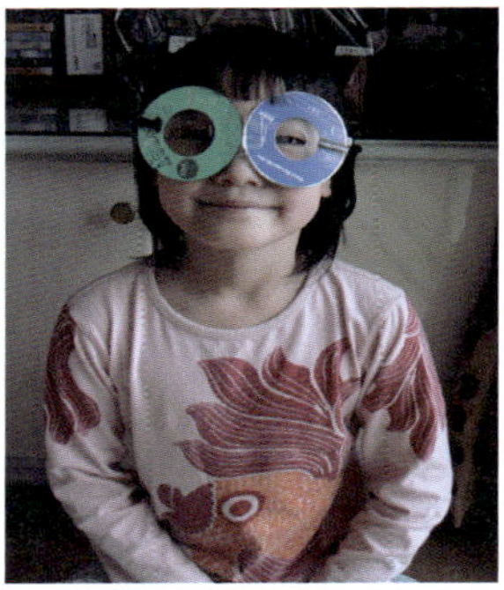

미술놀이의 교육적 가치는 다음과 같다.

① 유아들이 원하는 것을 자유롭게 표현함으로써 만족감을 느낀다.
② 미술 작품을 보며 미적 심미감이 발달한다.
③ 미술 자료를 각자의 생각으로 조작하고 표현하면서 창의성이 발달한다.
④ 친구와 함께 활동하면서 차례 지키기, 양보하기, 협동하기 등 사회적 기술을 익힌다.

미술 영역이 예술을 경험하는 공간이 되어야 하지만, 자칫 잘못하면 똑같은 결

과물을 만들어 내는 곳이 될 수도 있다. 유아가 창조의 즐거움을 만끽하느냐의 여부는 교사의 신념과 태도에 달려 있다. 그러므로 교사는 미술놀이 결과보다는 과정 자체를 즐길 수 있도록 격려한다. 그러려면 우선 유아들이 좋아하는 자료들을 각각의 용기에 담아 유아들이 언제든 사용하도록 다양하게 마련해 준다.

또한 놀이 중간 중간에 노력의 정도, 협동, 표현되는 미술적 요소 등에 초점을 두어 언어적 · 비언어적 격려와 칭찬을 해준다. 이때 한참 놀이에 몰입한 유아에게 '뭘 그리고 있니? 무엇을 만들고 있니?' 질문을 던져 방해하지 않도록 유의한다. '다 한 사람은 선생님에게 무엇을 표현했는지 이야기해 주겠니?'라고 묻고, 자신이 표현한 것을 받아 적어 달라는 요청이 있을 때 유아의 말을 귀담아 들어주고 바르게 적어준다. 그리고 회상하기 시간에 자신의 작품을 소개하고, 모든 유아의 작품을 골고루 전시하여 자부심을 갖도록 한다.

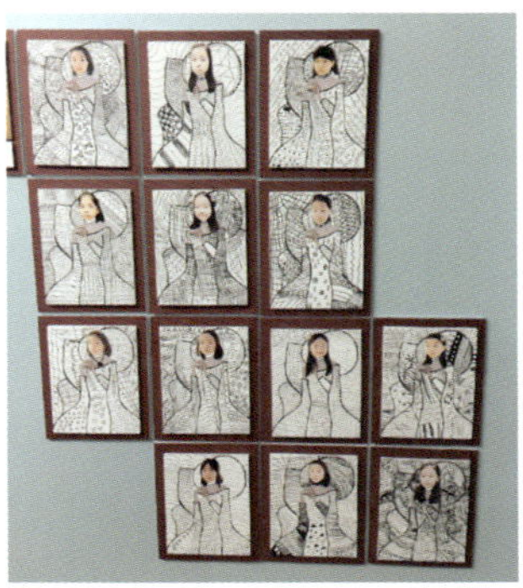

이젤에서 그림 그리기, 명화를 이용하여 제작한 감상 자료나 퍼즐, 척 등의 미술놀이는 실내뿐만 아니라 실외에서도 가능하다.

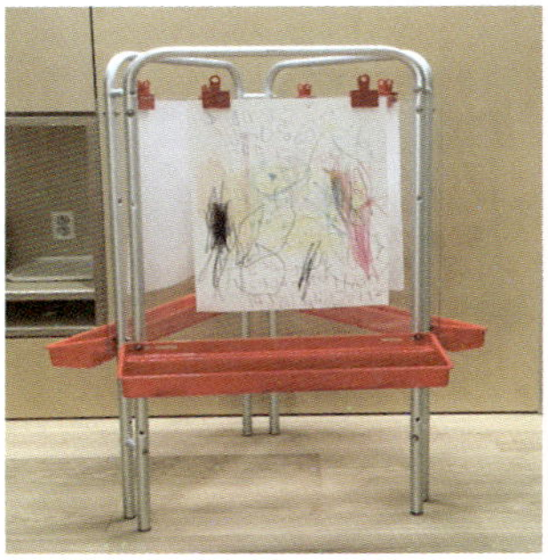

출처: 서울 B유치원.

(10) 음률놀이 지원

음률놀이에서는 음악 감상, 악기 탐색 및 연주, 노래 부르기 등을 비롯하여 음악에 맞추어 신체를 자유롭게 움직여본다. 교실의 크기가 작거나 악기에서 발생하는 소음 때문에 음률 영역을 따로 배치하지 않는 기관도 있으며, 유희실에 배치하여 모든 반이 공용하도록 하는 경우도 있다.

음률놀이의 교육적 가치는 다음과 같다.

① 다양한 노래, 악기 다루기, 음악 감상을 통해 청감각이 향상되며, 리듬감, 박자감, 심미감이 발달한다.
② 함께 노래 부르고 악기를 다룸으로써 사회적 관계를 증진시킨다.
③ 생각이나 느낌을 자유롭게 표현하며 창의성이 발달한다.

음률놀이가 원활히 이루어지게 하기 위한 교사의 지원방법은 다음과 같다.

① 유아들이 흥미 있어 하는 노래의 가사판이나 색깔이나 악기 표시를 한 악보를 놓아주어 악보를 보며 리듬악기나 멜로디악기 연주와 더불어 노래를 부르도록 한다.

출처: 서울 S유치원.

② 유아들이 자신의 생각이나 느낌을 자유롭게 표현하고, 다양한 소리 탐색과 시도를 해볼 수 있도록 허용하는 분위기를 조성한다.

③ 민요, 동요, 클래식, 영화음악 등 다양한 음악 CD를 골고루 놓아주어 감상의 폭을 넓힌다. 감상한 곡을 익히기 위하여 일주일간 자유놀이 시간 또는 미술활동 시간에 배경음악으로 틀어주는 것도 좋다.

④ 다양한 소리 탐색과 실험을 할 수 있도록 여러 가지 악기를 놓아준다. 또한 미술 영역과 연계하여 폐품활용 악기를 제작하여 노래 부르기와 음악 감상 때 연주하도록 한다.

멜로디 막대

까혼(드럼의자)

오션드럼

⑤ 가사에 여러 등장인물의 말과 행동이 드러나는 노래가 있다. 노래를 익힌 후 극놀이 소품을 함께 내주어 역할을 맡아 몸짓과 더불어 노래 불러볼 수 있다.

⑥ 음률 영역에서는 교구장, 벽, 탁자 등을 활용하여 음률 자료를 놓아줄 수도 있다. 음률 영역은 1년 내내 교실 내에 구성할 수도 있고, 교실 내 공간이 좁다면 복도나 유희실, 바깥놀이터에 구성할 수도 있다.

출처: 서울 J유치원.

2) 심리적 지원

유아의 연령, 발달, 장애, 배경 등의 개별적 특성과 문화적 다양성을 존중하는 놀이지원이 필요하다. 유아 개개인이 가진 문화적 다양성은 놀이를 지원하기 위한 다양한 맥락으로 이해해야 한다. 교사는 개별 유아에 따라 다르게 나타나는 유아의 경험을 인정하고, 가치 있게 여기며, 유아의 개별 특성에 적합한 방식으로 지원해야 한다. 이를 위해 유아의 발달적 특성이나 장애 정도, 문화적 배경에 적합한 놀이경험과 놀이자료를 찾아 배움을 지원해주도록 한다.

놀이 도중에 발생하는 소음, 안전에 대한 우려, 뒤처리, 유아의 제안이나 요청 등 다양한 상황이 벌어진다. 이때 교사는 유아들의 놀이방식을 수용하고 존중하는 태도가 필요하며 정서적으로 지원하도록 한다.

블록으로 건물을 쌓기 시작한다. 건물이 높아지자 의자를 가지고 와서 그 위에 올라가서 쌓는다.

의자를 쌓기놀이영역에 가지고 오면 안 되는데..저러다 넘어지면 다칠 텐데 의자는 가지고 오지 말라고 할까?

"무너질 수도 있어. 블록에 안 맞게 조심해"
"무너지지 않게 잡고 있을게. 너도 조심해"
"의자 잡아줄게"

"우리가 만든 구슬 길에 물을 부어 봐도 돼요?"

물을 부으면 교실이 엉망이 될 텐데...뒷감당을 할 수 있을까?

"설계도를 먼저 그리면 어때?"
"물이 쏟아지지 않으려면 사이를 고정시켜야해"
"큰 바구니를 두 개 연결해서 그 안에 두고 하면 덜 새겠다!"

유아들은 놀이를 하면서 서로 갈등에 직면하게 된다. 대부분 장난감 소유나 공간 차지 또는 친구관계 등이 원인이 되어 싸움이 일어난다. 갈등이 모두 나쁜 것은 아니다. 유아들이 하루 일과에서 종종 마주치는 실생활 문제를 해결하기 위해 꼭 필요한 기술들을 배울 수 있는 중요한 학습 기회라고 생각할 수 있다. 교사가 갈등이 일어날 때마다 도울 필요는 없다. 매번 교사가 도와서 해결해 준다면 유아들은 계속 교사에게만 의존하게 될 것이다. 그들 스스로 해결할 기회를 주어야 한다.

교사들은 싸움으로 인한 소음 때문에 즉각적으로 갈등 상황을 막아버리려 한다. 일반적으로 교사들은 갈등을 몇 가지 방식으로 다룬다. 예를 들어 소유분쟁의 경우에는 놀잇감을 치우거나, 방해하는 유아를 다른 곳으로 가게 하거나, 다른 것을 가지고 놀게 하거나, 서로 너무 공격적일 때는 사과할 때까지 일명 '생각하는 의자'라 불리는 곳에 앉히거나, 순서를 정하여 차례대로 가지고 놀게 하거나, 주먹을 사용하지 말고 말로 하라고 이야기해 주는 것 등이다. '미안해' → '괜찮아' → '서로 안아줘' → '이제 됐지? 가서 놀아'는 일회용 밴드식의 해결방법이라고 할 수 있다. 그리고 유아교육기관에서 흔히 사용하는 '생각하는 의자에 앉아서 자신의 잘못을 반성해 보게 하는' 일종의 타임아웃 또한 유아의 발달수준과 능력을 고려하지 못한 방법이며, 교사의 일방적인 해결방법이라고 할 수 있다.

이런 경우 단지 시끄러운 소리만 잠정적으로 사그라진 것이고, 교사의 입장에서만 편해졌을 뿐이다. 오히려 유아들 간에는 부정적인 감정의 응어리가 아직 풀리지 않고, 같은 일이 유아에게 다시 또 일어날 수 있고, 다른 유아들도 그러한 유사한 갈등 상황에 처할 수 있다.

무엇보다도 교사는 교실에서 어떤 종류의 갈등이 일어나는지 알아야 하며, 유아들 간의 갈등에 언제 그리고 어떻게 지원해야 하는지, 그 때 어떤 질문을 던져야 할지 알아야 한다. 갈등 상황에 놓였을 때 당사자 유아들과 짧게라도 이야기를 나누어 그들이 문제를 스스로 해결할 수 있도록 도와야 한다.

갈등 종류

소유분쟁, 권력투쟁(첫째가 되길 바라는 마음에서), 성격차이나 시기심, 집단 참가 분쟁(이미 놀고 있는 유아들의 집단에 들어가려고 애쓸 때), 불쾌한 별명 부르기, 비난, 자기 행동에 대한 책임 부인 또는 전가, 공격적인 극놀이

지원 시기

- 상대방을 해치거나 물건을 파손할 때
- 때리기, 물기, 던지기 등과 같은 공격적인 행동을 보일 때
- 유아들이 소리 지르거나 울 때)

지원 방법

- 교사가 도와주어야 하는 경우인지, 유아가 스스로 해결할 수 있는 경우인지 결정한다.
- 교사는 조용하고 침착한 태도를 유지해야 한다. 깊이 숨을 마시고 진정한다.
  (※ "또 싸워? 누가 먼저 시작했어?"라는 말을 하지 않도록 유의한다.)
- 유아들의 이름을 부르고 눈을 맞추며 유아들을 진정시킨다.
- 각 유아를 끌어안고 표 5-8의 갈등을 전환할 수 있는 질문을 던진다.

놀이 시 흔히 나타나는 유아의 갈등 유형에 따른 교사의 효과적인 지원 전략은 다음 표 5-8과 같다.

| 표 5-8 | 놀이 시 유아 간 갈등 유형에 따른 교사의 전략

갈등의 유형	교사의 지원 전략
소유분쟁	• 자료나 장난감을 함께 사용하도록 한다. • 타협하는 방법을 익히도록 돕는다. 예 "싫어, 나도 이 장난감을 갖고 논 지 얼마 되지 않았어", "다른 거 먼저 갖고 놀아. 내가 다 놀고 나서 너한테 줄게", 5분 후에 네게 줄게. 그동안 너는 다른 놀이를 먼저 하고 있을래?"
권력투쟁	• 순서가 되면 놀이할 수 있다고 단호하게 말한다.

갈등의 유형	교사의 지원 전략
집단참가 분쟁	• "너랑 안 놀아. 넌 빠져. 안 시켜줘" 등의 타인을 따돌리는 말을 사용해서는 안 된다는 규칙을 강조한다. • 참여하려고 할 때 거절당할 수도 있으나 포기하지 않고 한 번 이상 시도해 보게 한다. 집단 근처에서 조용히 서성거리거나 집단의 놀이행동을 흉내 내도록 한다. • 수줍음이 많거나 새로 유치원에 온 유아의 경우, 친절하게 데리고 가서 집단 옆에 서서 놀이를 지켜보게 한다. • 질문으로 요청하거나(예 내가 도와줄까?) 어떻게 하자고 주장하거나 공격적인 말을 하거나(예 이건 내가 먼저 맡은 인형이야, 내 자리야), 놀이를 물리적으로 방해하는 건(예 누군가를 옆으로 밀치기, 블록 만든 것 부수기) 집단에 낄 수 없는 효과적이지 못한 방법임을 이야기한다. 이때 교사는 다른 친구를 끼워주도록 하지 않는다.
불쾌한 별명 부르기	• 재미로 놀리려고 했을지라도 상대방의 마음이 어떠한지, 입장을 바꾸어서 자신이 괴롭힘을 당하면 어떤 느낌이 드는지 이야기하고, 다른 사람의 마음에 상처를 줄 수 있다는 점을 생각하도록 한다. • 놀리는 유아들은 '상대방이 보이는 반응'이 재미있어서 반복하는 경우가 많으므로 다른 친구들이 놀려도 이에 대해 쩔쩔매지 않고 울지도 않고 화를 내지 않으며 무시하라고 제안한다.
공격적 놀이	• 놀이 상황에서 허용할 수 있는 제한점을 유아들과 협의하여 정한다.

연령이 높아질수록 사회적 갈등이 많아진다. 갈등을 긍정적인 감정으로 전환하기 위해서는 표 5-8과 같이 우선적으로 무엇이 그들 간의 갈등의 문제가 되는지 상황을 인식하도록 자신들의 문제에 대해 구체적으로 말을 할 수 있게 한다.

갈등은 쌍방 간에 일어나는 일이므로 상대방의 관점을 고려해야 한다. 4~5세 유아가 상대방의 관점에서 문제를 살펴보기란 어려운 일이지만, 감정이입해 볼 수 있는 기회를 마련해야 한다. 최종적으로 어느 한 사람에게만 만족스런 해결방법이 아닌 연관된 모든 유아들이 모두 만족하는 해결법을 이끌어 내도록 도와야 한다. 이때 교사는 이전에 사용했던 긍정적인 해결책을 제안하고 보다 다양한 방법을 생각해 보도록 중재할 수 있다.

같은 갈등이 유아에게 다시 또 일어날 수 있고, 다른 유아들도 그러한 유사한 갈등 상황에 처할 수 있다(Beaty, 1995). 그러므로 회상하기 시간에 자유놀이 중에 벌어졌던 갈등 상황과 갈등을 어떻게 해결했는지를 표 5-9와 같이 이야기해 나누면 효과적이다. "○○와 △△는 ~게 해결했는데, 또 어떻게 해결하면 둘 다 좋을까? 만약 너희들이라면 이럴 때 어떻게 해결하면 좋겠니?" 이를 통해 다른 유아로부터 더 좋은 아이디어를 얻을 수 있으며 이 같은 해결방안을 실천해 보도록 격려할 수 있다.

| 표 5-9 | 유아 간 긍정적 감정 전환을 돕는 교사의 언어적 중재

<table>
<tr><td rowspan="2">상황 인식</td><td>"○○야, 무슨 일이니?"</td></tr>
<tr><td>차례로 묻고 유아들의 대답을 듣는다. 유아 자신의 입장을 정당화할 기회를 주는 것이다. 상대방이 잘못되었다고 느낄 것이다. 교사는 각 유아의 말을 판단하지도 말고, 비난 하지도 말고, 듣는 데 주력해야 한다. 편견 없는 말로 유아들이 말한 것을 되받아서 말해 준다.
예를 들어, "세준아! 너는 영진이가 네 블록을 가져갔다고 말하는 거구나. 그리고 영진아! 너는 세준이가 널 때렸다고 말하는 거구나"
※ 교사는 "누가 잘못했어? 누가 먼저 시작한 거야?"라는 질문을 삼간다.</td></tr>
<tr><td rowspan="2">감정 인식과 감정이입</td><td>"○○야, 네가 △△에게 ~했을 때, 아이의 마음은 어떨까? ~했을 때 그 아이는 어떻게 느끼겠니?"(상대방 유아에게도)</td></tr>
<tr><td>"△△의 얼굴을 보렴, 얼굴을 보면 그 아이의 느낌이 어떤지 알 수 있지. △△가 어떻게 느끼고 있는지 물어볼래?" 할 때, "나 화났어."라는 아이의 말을 반향시켜 준다. 나머지 다른 유아의 감정도 표현하게 하여 서로의 상처받은 감정을 발산할 수 있도록 기회를 준다. 유아들은 다른 친구의 입장에서 생각해 보는 감정이입을 배울 수 있는 기회가 된다.
※ 유아들은 '내 잘못이 아니라고요, 얘가 먼저 그랬다고요'라고도 종종 말한다. 이러한 경우, 교사는 '지금 누구의 잘못인지 찾아내려는 것이 아니란다. 우린 단지 느낌에 대해서만 이야기하는 거야'라고 말을 해준다.</td></tr>
<tr><td rowspan="2">최선의 문제해결 도출</td><td>"어떻게 하면 ○○의 기분을 좋게 할 수 있을까?"(상대방의 유아에게도)</td></tr>
<tr><td>유아들이 상대방에게 초점을 두어 생각하게 한다. 흔한 예로, 한 유아가 "엄마놀이에서 엄마 해보게 양보해주면요"라는 말에, 교사가 다른 유아에게 "○○야, 엄마놀이에서 엄마 해보게 해주면 기분이 좋아지겠니?"라고 물으면, 동의할 것이다.
그 다음으로는, 다른 유아에게도 친구를 기분 좋게 해줄 수 있는 방법에 대해 생각해 보게 한다. 두 유아가 해결책에 동의했으면 큰 소리로 말해준다. "소연이는 민경이에게 엄마를 해보게 양보한다고 하고, 민경이는 인형을 빌려주겠다고 이야기 했구나!"
교사는 유아들이 동의를 이끌어낸 점에 대해 칭찬을 해준다. "선생님은 너희 둘 다 서로의 마음을 생각해주었다는 것이 너무나도 대견하단다. 서로 기분을 해치지 않으려고 노력한 거 말이야. 이제 서로 악수해도 될까?"</td></tr>
</table>

3) 관련 정보 지원

놀이가 진행 · 확장되기 위해서는 해당 놀이와 관련된 경험이나 지식이 필요하다. 이때 교사는 언어적 또는 자료를 통하여 실마리를 찾거나 컴퓨터 검색으로 관련 정보를 지원하면 효과적이다. 이때 교사는 유아의 놀이를 주로 관찰하면서 필요한 순간에 질문하거나 탐색 또는 촉진하기 위해 질문을 던진다.

출처: 서울 Y유치원.

"선생님~ 나 강아지 그리고 싶은데 그려줘요"
"나 못 그려요"

강아지를 그리고 싶구나! 강아지를 잘 보자.
머리는 어때? 귀는 어떻게 생겼니? 네 귀와 위치가 같을까? 어떤 모양이야? 눈은? 코는? 코 옆도 살펴볼까? 입은?

(놀이 관찰기록을 보며) 요즘 아이들이 횡단보도 이야기를 많이 하네! 그런데 실제로 횡단보도를 만드는 것까지 확장되지는 않는구나! 어떻게 만들어야할지 모르겠어서 그런 걸까? 횡단보도를 직접 보고 오는 건 어떨까?

"유치원 주변 길을 살펴보자"
"길과 관련된 표시들로 무엇이 보이니?"
"왜 이 길만 노란 걸까? 무엇을 표시하려는 걸까?"
"길 바닥에 또 무엇이 보이니?"
"사람이 다니는 길과 자전거 길은 무엇이 다르니? 자전거가 다니라고 어떤 표시를 해 놨니?"
"밤길에 건너가는 사람들을 위해서 어떤 것도 필요할까?"

놀이는 단순한 모방이 아니라 유아가 경험하고 이해한 현실에 대한 유아 나름대로의 자기 해석과 표현이다. 또한 즐겨 보는 동화책의 이야기가 놀이 시 재연되기도 한다. 좋은 이야기처럼 유아들의 놀이 이야기도 실제의 생활 경험에 기초하며 놀이하는 사람은 자신의 경험과 흥미를 바탕으로 놀이 이야기를 지어내는 경향이 있다(Goodman, 1990).

그래서 비고츠키(1978)는 놀이를 신기한 가상적 상황이라기보다는 '기억 속의 행동'이라고 보았다. 놀이 시 유아들은 선행경험과 지식을 끌어다가 자신이 이해한 만큼 맡은 역할을 수행한다. 그러므로 사전경험이 없으면 놀이가 유지 · 확장되기 어렵다.

역할놀이의 경우 준비 단계에서 유아들이 역할놀이를 수행하는 데 필요한 사전경험이 있는지 검토해본다. 유아들은 대부분 가족 구성원의 역할에 대한 경험은 있지만 지역사회와 관련된 역할놀이 시 각각의 역할에 대해서는 친숙하지 못할 것이다. 자신이 맡은 역할에 대해 경험이 부족하다면 제대로 수행하기 어려울 것이다. 놀이를 시작하기 전에 견학, 동화 감상, 관련 외부 인사 초대하기, 사진 또는 VTR을 보며 이야기 나누기 등을 통해 역할놀이와 관련된 사전경험을 한다. 예를 들면, 도서관 놀이를 하기 전에 어린이도서관 견학을 다녀올 수 있고, 우체국 놀이를 활발히 하기 위해 사전에 우체국에 다녀올 수도 있다. 또한 신문사 놀이를 위해 신문사 기자인 학부모님을 초대하여 이야기를 들어보고, 신문이 만들어지는 과정에 대해 알아볼 수도 있다.

4) 인적 지원

놀이가 진행되면서 또래, 교사, 교직원, 지역사회 인사 등과의 다양한 방식의 언어적 · 비언어적 상호작용이 놀이 촉진을 도모한다.

유아가 중심이 되고 놀이가 살아나는 놀이중심 교육과정에서는 유아와 유아 간 상호작용이 더 빈번하게 일어난다. 교사는 미리 정해진 답이 있거나 일방적인 지식 전달을 하기 보다는 유아의 흥미와 관심에 긍정적으로 교감하는 상호작용을 해야 한다. 또한 유아와 유아, 유아와 교사 간에 능동적인 상호작용이 이루어지도록 한다.

교사는 놀이 영역 가까이에서 유아들이 놀이하는 것을 바라보며 관심을 보이고 고개를 끄덕이거나, 진행 중인 놀이가 중요함을 인정하는 비언어적인 표현(예: 엄지손가락 치켜들기)과 언어적 표현(예: 참 재미있겠구나!)으로 유아들에게 무엇을 하고 있는지 묻지만 놀이에 참여하거나 놀이를 방해하지 않는다.

놀이를 촉진하기 위해 놀이 주제와 관련된 적절한 제안과 비지시적인 진술을 하기도 하며(예: "너희들이 지금 해변놀이를 하는데 수영복 대여소를 만들면 어떨까? 빌려 준다는 팻말도 만들어 보면 어때!") 교사는 놀이에 참여하지 않고 놀이를 위한 제안과 도움을 줄 수 있다. 이때 유아들은 교사의 제안을 일부 받아들일 수도 있고 거절할 수도 있다.

교사나 유아가 다른 유아의 곁에서 같은 놀이 자료를 가지고 놀지만 유아와 직접적인 상호작용을 하지 않을 수 있다(예: 유아 가까이에서 블록 쌓기를 하며 혼잣말을 한다. "와 멋진 아파트가 되었네!"). 이와 같이 병행 놀이하는 교사나 친구로 인하여 유아는 편안함을 느끼며, 자신의 놀이가 가치 있는 경험이라는 것을 알게 하고, 오랜 시간 놀이에 몰두하게 하며, 다른 사람의 놀이를 보며 새로운 놀이방법도 알게 되는 장점이 있다.

"나도 놀이해도 되니?"라고 말하며 손님이 되어 자연스럽게 참여하여 주변 역할을 맡아서 유아들의 놀이 흐름을 따르며 유아가 놀이를 주도하도록 지원한다.

한편 유아들이 놀이를 하다가 친구나 동생들에게 보여주거나 다 같이 했으면 좋겠다며 제안하는 경우가 있다. 이때 놀이 소재가 활동으로 연결될 수 있다. 몇몇 유아의 놀이로 시작했다가 집단 활동으로 연계되어 친구나 동생들에게 공유될 수 있도록 지원할 수 있다.

"선생님~ 역할놀이에서 돌 잔치한 것을 친구들에게도 보여주고 싶어요"

"그럼 친구들과 함께 돌잔치 놀이를 동극으로 해봐도 좋겠다"

"선생님~ 동생들에게 우리가 만든 길 놀이터에서 놀아보게 해주고 싶어요"

"동생들에게 길 놀이터를 소개할 수 있는 방법을 다같이 이야기 나눠보면 어떨까?"

4. 자유놀이의 운영

1) 자유놀이의 교육적 의의

유아교육기관에서 놀이가 이루어지는 시간은 주로 실내 · 외 자유놀이 시간이다. 자유놀이란 유아가 자신이 하고 싶은 놀이를 스스로 결정하여 자신의 개별적인 흥미나 욕구 및 발달 수준에 따라 자유롭게 자료를 선택하여 놀이하는 것을 말한다. 듀이(Dewey, 1913)에 따르면, 아이들에게 깊은 신뢰를 보이면서 아이들이 스스로 놀이의 즐거움을 추구할 수 있도록 허용해 주어야 한다. 그래야 유아들이 선택한 경험들이 더욱 의미 있고 유용하다는 것이다.

자유놀이에서의 흥미란 유아의 긍정적인 정서적 몰입을 의미하는 것으로서 사물과 사람 또는 사건에 대해 정열을 쏟거나 정지시키는 일종의 통제 요소로 작용할 수 있다. 유아의 흥미란 내재적인 요소로 관찰하기 어려우나 유아들의 밝은 얼굴표정, "재미있다", "또 해봐요"라는 흥이 났을 때 표현되는 언어 사용과 행동 등을 보고 흥미를 유추해 볼 수 있다. 자유놀이 시간에 유아들이 흥미를 보이고, 더 많이 즐거워하며 놀이에 몰입하는 것으로 나타난 경우를 기술하면 다음과 같다(나은숙, 양옥승, 2007).

① 자신이 선호하는 영역과 좋아하는 친구와 놀이를 할 때

② 자발적으로 놀이방법을 수정하거나 "내가 만들고 싶은 대로 할래요"라며 창의적으로 필요한 놀이 자료를 만들어 갈 때

③ 새로운 놀이 주제를 정하거나 놀이 주제를 전개하기 위해 부족한 물리적 환경 속에서 필요한 놀이소품을 만들 때

④ 유아들이 자신이 생각한 놀이나 놀이자료들을 교사에게 선택해 주길 요구할 경우 교사가 자신의 요구를 받아주었을 때

⑤ 교사가 유아들의 흥미를 유발할 수 있는 새로운 놀이나 놀잇감을 제안할 때

⑥ 교사가 유아의 놀이에 관심을 보여주고 참여하였을 때
⑦ 유아들이 관심 있어 하는 대중매체와 관련된 놀이 주제(TV 만화, 인터넷 게임, 캐릭터 인형 등)를 인정해 주거나 묵인해 줄 때

유아교육기관의 하루 일과를 볼 때 자유놀이가 상당 부분을 차지한다. 유아가 아무한테도 방해받지 않고 놀이할 수 있도록 1시간 이상의 자유놀이 시간을 권장한다(Bredekamp & Copple, 1997; Enz & Christie, 1997; Johnson et al., 1999).

위의 학자들과 마찬가지로 2019 개정 누리과정에서는 '놀이'를 더욱 강조하고 '놀이 시간을 충분히 편성'하는 등의 문장을 고시문에 명시하였다. 그렇기 때문에 교사는 놀이중심의 교육과정이 잘 이루어지기 위해서는 효과적인 놀이지원을 수행해야 한다.

자유놀이의 교육적 의의를 살펴보면 다음과 같다(Rogers & Sawyers, 1988).

① 놀이는 자발적인 내적 동기에 의해 이루어지므로 유아는 실패에 대한 두려움이나 외부로부터 부과된 목표 달성에 대한 부담 없이 적극적으로 참여하게 된다. 유아가 놀이를 주도적으로 하므로써 자율감과 책임감을 기르는 기회가 되며 능동적인 학습이 이루어질 수 있다. 놀이를 통해 유아들은 경험을 정교화하고 통합하므로 이는 중요한 학습 기회가 된다.
② 놀이 시 유아들은 어떤 것에 행위를 가하여 사물을 변화시키고 그 과정에서 원인과 결과를 깨닫게 되며, 결과에 대한 책임과 자신이 어떤 일을 통제할 수 있다고 느낀다. 또한 유아들은 기술을 완전히 획득할 때까지 놀이를 지속한다. 유아들은 놀이행동의 특성인 반복을 통해 자신감과 유능감, 능숙함을 느끼게 되며, 반복을 통한 확고한 지식은 응용력과 창의력에 기초가 된다.
③ 유아의 개별적인 흥미와 욕구를 최대한 존중해 주는 시간이기 때문에 놀이를 통해 즐겁고 의미 있고 흥미진진한 학습이 이루어질 수 있다. 놀이 시 배운 것은 기억하기 쉽고 흥미롭게 배우는 장점이 있으며 실생활과도 연관시

키기 쉽다.

④ 놀이는 유아의 직접적인 참여와 경험에 의해 이루어지기 때문에 직접 경험에 의한 의미 있는 학습 및 개별학습이 이루어질 수 있다. 이때 교사는 대집단으로 이루어지는 활동에서 미흡했던 유아의 개별적인 특성을 고려하여 지원할 수 있게 된다.

⑤ 유아들은 놀이 시 인지적 불일치를 경험하게 되고 이를 해결하기 위해 이미 알고 있는 것과 이전의 경험들을 동원하여 새로운 것에 적용해 봄으로써 통합적인 학습경험을 하게 된다. 이것은 다양한 학습 영역에 대한 이해를 증진시키고, 비판적 사고와 문제해결 능력을 기르며, 지적 기반을 심화 · 확대한다.

⑥ 놀이 시 유아들은 돕기, 협동하기, 양보하기, 놀잇감 공유하기, 차례 지키기, 남을 배려하기, 자기 의견 주장 및 관철시키기, 감정이입하기, 대인문제해결하기 등 긍정적 대인관계 기술을 획득하게 된다. 이러한 자유놀이 시간의 경험은 사회적으로 성숙하도록 이끈다. 또한 교사-유아, 유아-유아 간 친밀감이 형성되는 좋은 기회가 된다.

자유놀이는 말 그대로 유아 스스로 주도적으로 놀이를 하는 시간이다. 여기서 '자유'는 '방임'과 확연히 구분되는 말이다. 즉 교사가 자유놀이 시간에 다른 활동을 준비하는 데 바쁘거나 아이들을 두고 교실을 떠나 있는 것은 방임이 되는 것이다. 유아의 발달에 미치는 놀이의 영향을 극대화할 수 있도록 교사는 적극적인 노력을 기울여야 한다.

2) 자유놀이의 실행

자유놀이는 유아들의 놀이 실행, 놀이 정리 및 평가로 나누어 살펴볼 수 있다.

(1) 유아의 놀이 실행

유아들은 유아교육기관에서 하루일과를 놀이하며 지낸다. 하루일과 내에서 일상생활과 활동도 하게 되나 이들은 놀이의 연속선상에서 이루어진다. 유아들은 등원하자마자 놀이를 시작한다. 어제까지 진행했던 자신의 놀이를 회상하여 이어서 할 수 있고, 새로운 놀잇감을 발견하여 어제와 다른 놀이를 할 수도 있다. 또는 놀이 · 활동 · 일상생활 속에서 우연히 발생한 사건으로 인해 놀이가 이루어질 수 있다.

관찰된 상황

등원 시간에 유아교육기관 현관에서 한 유아가 집에서 가져온 비눗방울 총을 쏘며 "야~ 비눗방울 봐봐. 무지개가 들어있어."라고 말하자 유아들이 몰려들어 비눗방울 속의 여러 가지 색깔을 찾으며 관심을 보인다.

교사의 지원

등원 시간에 유아들의 흥미를 발견하여 여러 명의 유아가 비눗방울을 직접 불어볼 수 있도록 비눗방울 통을 가져다준다.
일과시간을 조정하여 자유놀이시간을 연장한다.
무지개 색을 발견한 물건들을 모아둘 수 있도록 바구니를 놓아준다.
교실 안팎에서 볼 수 있는 무지개 빛을 더 찾아보자고 제안한다.
무지개와 관련된 지식 그림책을 놓아준다.
유아들이 책에서 무지개를 만드는 방법을 발견하고 직접 해 보자는 요청에 바깥놀이터에 나가 햇빛이 잘 드는 곳에서 분무기로 물을 분사해 본다. 이때 물 뿌리기 관련 자료를 즉각적으로 추가해 준다.

교사는 유아의 놀이를 이해하려는 민감성을 가지고 주의깊게 바라보아야 한다. 유아가 먼저 놀이를 시작하고 교사가 놀이를 지켜보면서 무엇을 지원할 수 있을지를 생각하게 된다. 놀이 공간, 설비 및 자료가 잘 준비된 경우에도 유아의 놀이에서 가장 핵심이 되는 교사의 역할은 관찰자의 역할이다(Matterson, 1965). 관찰을 토대로 순간순간 유아에게 어떻게 행동해야 할지를 결정할 수 있다. 유아의 현재 흥미와 욕구가 무엇인지, 개개 유아가 어떤 놀이 영역과 놀잇감을 선호하는지, 자료가 부족하지 않은지, 어떤 자료를 더 놓아주어야 하는지, 놀이 공간은 적당한지, 교사의 도움이 필요한지 등을 파악하여 최적의 지원을 할 수 있게 된다.

교사는 유아들이 놀이하는 동안 다음의 놀이 상황을 관찰한다.

- 놀이 속에서 어떤 상황들이 벌어지고 있는가?
- 유아는 어떤 이야기들을 하고 있는가?
- 유아는 놀이 속에서 어떤 움직임과 표정을 보이고 있는가?
- 놀이가 어떻게 이어져나가고 있는가?
- 유아는 놀이과정에 몰입하고 즐거워하는가?
- 유아는 놀이의 과정 그 자체를 즐기는가?
- 유아가 어디에서 누구와 무엇을 하며 무엇을 가지고 놀고 있는가?
- 그냥 배회하는 유아가 있는가? 혼자 놀이하는 유아가 있는가?
- 혼자 놀이하는 유아는 사회적 기술이 부족해서인가? 혼자 집중하여 놀고 싶은 것인가?
- 같은 놀이만 반복하는 유아가 있는가?
- 같은 놀이가 같은 수준에서 반복되는가?
- 같은 놀이지만 놀잇감 사용이나 놀이 시 언어적 표현에서 차이가 있는가?
- 놀이에 참여하는 유아의 기분은 어떠한가?
- 유아는 안전하게 놀이하고 있는가?
- 다른 유아의 안전을 위협하지는 않는가?

교사는 유아들의 참여가 가장 많은 영역과 참여가 저조한 영역을 파악할 수 있는 기초자료를 작성한다. 놀이 영역에 참여하는 유아들의 상황을 관찰하여 참여가 저조한 원인이 무엇인지를 분석한 후, 놀이 환경의 일부를 변화시켜 주거나 놀잇감을 첨가시켜서 유아들의 놀이가 단순한 탐색과 기능적 놀이 수준에서 벗어나 놀이가 심화될 수 있도록 돕거나 확장해 준다(서동미, 2013).

반 아이들이 점토를 많이 갖고 놀지는 않았다. 몇몇 아이들이 잠깐 들렀다가 다른 데로 가고…점토로 만드는 과정을 아이마다 날마다 사진으로 찍어서 벽에 바꿔 붙여주었다. 계속 관찰해보니 ○○는 매일 길지 않게 점토로 놀이하곤 했다. 결국 ○○는 점토로 자기가 좋아하는 로봇태권브이를 정말 정교하게 만들어냈다. (교사 저널)

놀이 관찰을 통해 평가도 이루어진다. 놀이를 표준화된 검사방법으로 평가하기는 어렵다. 놀이 상황에서의 언어적 · 비언어적 행동을 있는 그대로 정확하게 기록한다. 교사는 유아들과 함께 놀이하면서 놀이과정과 결과에 대한 유아의 생각을 알 수 있도록 기록한다. 놀이의 흐름을 기록해놓음으로써 교사는 의미를 찾고 지원할 수 있는 것이다. 매일 몇 명의 유아를 정하여 1시간가량의 자유놀이 시간에 일정한 시간 간격을 두고 2회 정도 관찰하는 것도 좋다. 기록 시 유의사항으로는 관찰대상 유아의 행동과 언어뿐만 아니라 그 상황에 있는 다른 사람들의 반응도 기록하고, 일이 일어난 순서대로 기록하며, 유아가 사용한 말을 직접화법으로 기록한다. 무엇보다도 관찰자의 주관적인 관점이나 편견이 배제되도록 유의한다. 언어 발달, 친구관계, 선호 영역 등을 파악할 수 있으며 관찰내용에 근거하여 교사의 지원 계획까지 기술함으로써 이후 놀이지원 계획에 반영한다. 이 자료는 부모와의 대화나 상담에서도 유용하다. 디지털카메라를 이용한 사진이나 동영상 촬영 방법으로 기록하여 평가에 활용하면 그 효과는 배가된다.

<table>
<tr><td>관찰일시</td><td colspan="3">년 월 일 요일</td><td>반</td><td></td></tr>
<tr><td>관찰유아</td><td></td><td>생년월일</td><td></td><td>관찰교사</td><td></td></tr>
<tr><td rowspan="2">관찰내용</td><td>놀이시간( )</td><td colspan="4"></td></tr>
<tr><td>놀이시간( )</td><td colspan="4"></td></tr>
<tr><td>평가</td><td colspan="5"></td></tr>
<tr><td>교사의
지원계획</td><td colspan="5"></td></tr>
</table>

놀이 중 유발된 유아들의 마음을 알아주고 감정을 나타내는 단어를 표현해 준다.

기분이 좋아 보이는 구나!
즐거워 보인다!
무척 흥미로운가 보다
만족스러웠니?
마음이 불편한가 보다
지쳤구나

화가 났나 보구나
무서워?
기쁘구나
심각해 보이네!
긴장했나 보다
당황했구나

속상한가 보다!
쓸쓸해 보이네!
편안해 보인다!
부끄러워서 그러니
걱정이 있어 보인다

그러나, 자유놀이시간에 교사는 언어적 상호작용을 많이 해야 한다는 부담감은 내려놓도록 한다. 오히려 말을 줄이고 유아의 놀이 흐름을 따라가며 유아들이 놀이에 몰입하고 확장되도록 놀이를 지원한다. 유아에 따라 탐색기간이 다르다. 그러므로 관찰 중 놀이를 하지 않는 유아로 잘못 착각하여 성급히 발문을 던지지 말고 기다려줘야 한다.

교사가 편성한 놀이시간이 거의 끝나가더라도 유아들이 놀이에 참여하여 즐기는 모습을 보며 유아가 놀이에 몰입할 수 있도록 놀이시간을 연장하여 진행할 수도 있다. 그리하여 유아들이 '충분히 놀았다'는 느낌을 받을 수 있도록 한다.

(2) 놀이 정리 및 평가

교사는 유아들이 합의하여 정한 놀이시간이 종료되기 5분 전에 놀이를 종료할 것이라는 예고를 한 뒤, 정리정돈 하도록 한다. 치우지 말고 연이어 놀이할 놀잇감에는 친구들이 실수로 부수지 않도록 표시를 해놓거나 말해놓도록 한다(예: 만드는 중).

출처: 서울 Y유치원 '만드는 중' 장면.

정리정돈을 마친 후 모여서 놀이 평가의 시간을 갖는다. 유아들은 자유놀이 시간 동안 자신의 놀이를 회상하며 이야기하고, 자신이 만든 작품도 또래 앞에서 보여주거나, 자유놀이 시간에 일어난 일이나 느낌에 대해 이야기 나눈다. 이때 교사의 입장에서는 유아들의 놀이 경향을 파악하고 다음날의 자유놀이 시간의 계획과 준비를 위한 기초자료로 활용할 수 있다. 예를 들어, 평가 시 역할놀이 영역에서 가게 놀이를 하는데, 떡볶이 가게가 더 추가되었으면 좋겠다는 유아들의 제안을 반영하여 교사는 이후에 떡볶이 가게 관련 소품을 마련하여 줄 수 있다.

정리정돈과 평가를 위한 교사의 역할을 직접 화법으로 진술하면 다음과 같다.

- ○○반 너희들이 ~까지 놀기로 해요! 라고 말했던 시간이 다 되어가네. 바늘 한 칸 더 가면 정리 종을 쳐 줄게.
- (끝나기 5분 전에 종을 보이며) 오늘 누가 정리 종을 울려주기로 했었지? ○○야, 긴 바늘이 ○○에 가면 '정리하자!'고 말하면서 영역을 돌아다니며 종을 흔들어 줘.
- 치우지 말고 계속 연이어 놀이했으면 좋을 놀잇감엔 표시를 해놓을까? 친구들이 모르고 부술 수도 있으니까 미리 말해줘도 좋겠다!

  ※ 화장실이 급한 유아를 제외하고는 정리할 땐 모두 참여하도록 유도한다.

  ※ 교사나 정리 종 담당 유아가 정리 중인 영역을 돌아다니며 격려한다. 정리를 게임식으로 운영해도 좋다.

  예 각각 ○개씩 치우고 모이는 장소에 모이자, 선생님이 숫자 몇 까지 셀 동안 정리할 수 있니?, '♬ 모두 제자리 모두 제자리 모두모두 제자리' 정리 노래를 몇 번 부를 동안 다 치울 수 있을까?
- ○○반! 너희들이 주위를 둘러봐. 놀잇감이 다 제자리에 잘 놓인 것 같아? 더 정리해 줄 게 있어요! 하는 것 있니?
- (점차 템포를 빨리하여) 모두 제자리♬ 모두 제자리♬ 모두모두 제자리
- (모여서) 오늘 무슨 놀이 했니? 어떤 놀이가 재미있었는지 한 명씩 나와서 말해볼까?
- 친구들에게 소개해 주고 싶은 거 있니? 서로가 한 작품을 보여주면서 감상해 볼까?
- 누구랑 놀아서 재미있었니?
- 놀이하면서 알게 된 것이 있니? 발견하게 된 것이 있니?
- 오늘 새로운 놀잇감으로 놀아본 사람? 놀아보니 어땠니? 오늘 놀아보지 못한 사람에게 ~게 놀아봤더니 재미있더라~ 이야기해줄 사람?
- 오늘 놀이하면서 기분이 좋았거나 슬펐던 일이 있었니?

  ※ '저는 속상했어요, 친구가 때려서요' 경우, 어떤 일이 있었는지 경위를 묻고 부정적인 감정이 풀어지도록 해결을 유도한다.
- 오늘 놀이하면서 불편하거나 속상한 점이 있었는데, 서로 조심히 하면서 놀이해요! 라는 점 있니?

- (정리 종 담당 유아에게) 오늘의 정리대장은 누구라고 생각하니? 다음 정리 종을 쳐줄 사람을 네가 뽑아줘.
  ※ 판 게임의 말 수를 확인한다. 학기 초에는 크기가 작고 매력적인 놀이자료라 유아들이 주머니에 넣고 귀가하는 경우가 가끔 있기 때문이다.

교사는 유아들의 자유놀이 관찰기록물을 동료 교사들과 공유하면서 놀이 탐구 능력을 키워나가도록 한다. 놀이관찰과 기록에서 끝나는 것이 아니라 이를 바탕으로 놀이가 확장될 수 있도록 지원해야 한다.

다시 생각해보기

어울려 놀지 않고 혼자 노는 아이를 어떻게 할까?

주로 쌓기놀이 공간에서 움직이는 문을 만들고, 문을 여닫는 혼자놀이를 즐기는 3세 유아가 있습니다. 다른 유아들과는 다르게 독특하게 놀이하는 장면을 영상으로 기록하여 다른 유아들과 공유함으로써 관심을 유발할 수도 있습니다(예 긴 지관을 세운 후, 긴 지관에 짧은 지관을 끼우는 것을 반복하면서도 같은 지름의 짧은 지관을 모아 긴 지관 밖으로 쌓고 짧은 지관으로 긴 지관을 모두 감싸는 장면을 영상으로 보더니 유아들이 "우와, 멋진데!"라며 관심을 보였다).

연습문제

1. 다음 문장들을 읽고 진위를 O, X로 표시하세요.

- 교사는 사전에 철저하게 놀이계획해서 그대로 이행해야 한다. ( )
- 놀이횟수가 중요하므로 놀이시간을 분절하여 여러 번 제공한다. ( )
- 유아가 흥미를 보인다면 새로운 영역을 만들 수도 있다. ( )
- 유아들의 놀이 흐름을 기록하여 동료 교사들과 기록물을 공유한다. ( )
- 유아들이 주도성을 갖고 놀이하려면 교사는 유아들의 자발적 선택과 결정권이 존중될 수 있도록 기다려 줘야 한다. ( )
- 역할놀이 주제에 대한 이해를 높이기 위해 이야기 나누기, 동화 듣기, 현장학습이나 외부 자원인사 초빙 등을 실시한다. ( )
- 운동놀이를 통해 익히는 비이동기술에는 뻗기, 구부리기, 꼬기, 밀기, 당기기 등이 있다. ( )
- 자유놀이의 원활한 운영을 위해 한 교실에 적어도 8~9가지 흥미 영역을 구성해야 한다. ( )
- 창의적 미술 표현을 위해서는 '뭘 그리니? 무엇을 만들고 있는 거니?' 질문을 활동하는 중간 중간에 던져 창의적 표현을 충분히 자극하는 언어적 상호작용이 중요하다. ( )

2. 다음의 괄호에 알맞은 말을 골라 넣으시오.

질문, 관찰, 40분, 50분, 60분, 개입, 지시, 감독, 놀이, 흥미

- ( )은 유아의 놀이를 발전시키고 확장시키는 데 필수적이다.
- 교사가 계속적으로 한 곳에 머물러 유아들의 놀이를 ( )할 수는 없다. 유아가 주도권을 가지고 놀이에 몰입하게 되면 교사는 점진적으로 놀이에서 빠져나와야 한다.
- 2019 개정 누리과정에서는 하루 일과 중 ( )와 일상생활, 활동이 구별되지 않고 연계되도록 강조하고 있다.

3. 모둠을 구성하여 활동해 보시오.

- 다음과 같은 놀이장면을 설정하고 그에 따른 효과적인 교사의 지원방법을 주제로 토의해 보세요.

〈 예시 〉

과학 영역에 교사가 화석을 제작하여 놓아두었다. 한 유아가 실수로 깨뜨린 것을 보자, 여러 명이 몰려와 '너~~선생님한테 혼났다~~얘 좀 보세요! 너 선생님이 만든 걸 깨뜨리면 어떡하니?' 라며 놀림의 노래와 더불어 비난을 퍼부었다. 화석을 깨뜨린 유아는 눈물을 흘리며 울먹인다.

- 자유놀이의 교육적 의의에 대해 설명해 보세요.

- 주변의 유아교육기관을 방문하여 흥미 영역별 배치도를 그려보세요. 네 명이 한 모둠이 되어 각자 그려 온 배치도를 함께 보며 교실의 전체 크기, 소음의 정도, 문과 물의 위치 등의 측면에서 평가해 보세요.

- 3~5세를 위한 흥미 영역별 놀이 자료에 추가하면 좋을 자료들을 적어 보세요.

- 교사-유아를 맡아 자유놀이를 직접 모의수업해 보세요.

참고문헌

경기도교육청 (2018). 놀이 2018, 유아교육, 놀이로 풀다. 경기도교육청.

_________ (2019). 놀이 2019, 놀이로 유아의 삶을 담다. 경기도교육청.

교육부 (2019). 교육부 고시 제2019-189호, 유치원 교육과정 고시문. 세종특별자치시: 교육부.

_____ (2019). 「2019 개정 누리과정」 해설서. 세종특별자치시: 교육부.

_____ (2019). 「2019 개정 누리과정」 놀이 실행 자료. 세종특별자치시: 교육부.

김민정, 엄정애 (2005). 유아의 혼자 놀이와 기질 및 문제행동과의 관계. **아동학회지, 26**(5), 1-14.

나은숙, 양옥승 (2007). 자유선택활동시간에 나타난 유아들의 흥미. **유아교육연구, 27**(1), 281-304.

박대근 (2004). 유아기 대 · 소근육의 운동발달의 과정적 특징. 중앙대학교 대학원 박사학위 청구논문.

박문희 (2000). **침 튀기지 마세요.** 경기: 고슴도치.

서동미 (2013). 자유선택활동의 관찰 및 평가. **제48회 유아교육 교사연수 '영 · 유아를 위한 자유선택활동의 효율적운영'**. 한국유아교육협회, 27-76.

송응식 (2006). 쌓기놀이에서 유아의 협동에 관한 질적 연구. **유아교육연구, 26**(2), 213-235.

신동주, 류진순 (2006). 유아교육기관의 물리적 환경과 유아의 실내 · 외 놀이행동. **유아교육학논집, 10**(2), 165-185.

신은수 (1990). The relationship between children's play patterns and types of teacher intervention. **유아교육연구, 10**, 243-260.

_____ (1991). 유아의 놀이형태와 수준에 따른 효과적인 교사의 놀이개입 유형의 방향 모색. **유아교육연구, 11**, 7-22.

_____ (1996). 혼합연령 집단과 동일연령 집단 유아의 사회인지능력 비교 분석에 기초한 혼합연령 집단 학급의 교수방법 모색을 위한 연구. **유아교육연구, 16**, 139-154.

이원영, 손은애 (2006). 만 4세 여아의 또래놀이 참여과정 탐색. **유아교육연구, 26**(2), 237-261.

정훈 (1994). 취업모의 직업별 부모-자녀관계. 이화여자대학교 교육대학원 석사학위 청구논문.

최미숙, 김미숙 (2005). 유아의 기질과 사회적 능력 및 어머니의 심리적 자세 간의 관계분석. **미래유아교육학회지, 12**(2), 153-172.

최세진 (2003). 만 3, 4, 5세 유아의 친구관계 형성과 놀이. 이화여자대학교 대학원 석사학위 청구논문.

Beaty, J. (1995). *Converting conflicts in preschool*. Fort Worth, TX: Harcourt Brace.

Bell, P. A., Greene, T. C., Fisher, J. D., & Baum, A. (1996). *Environmental psychology* (4th ed.). New York: Harcourt Brace College Publishers.

Bodrova, E., & Leong, D. (1998). Scaffolding emergent writing in the zone of proximal development. *Literacy Teaching and Learning*, 3(2), 1.

Bredekamp, S., & Copple, C. (Eds.) (1997). *Developmentally appropriate practice in early childhood programs serving children from birth through age 8* (Revised). Washington, D.C.: NAEYC.

Bronson, M. B. (1995). *The right stuff for children birth to 8: Selecting play materials to support development*. Washington, D.C.: NAEYC.

Bruner, J. S. (1972). The nature and uses of immaturity. *American Psychology*, 27, 687–708.

Cassidy, T. (1997). *Environmental psychology: Behavior and experience in context.* London: Psychology Press Ltd.

Christie, J., & Johnson, P. (1983). The role of play in social–intellectual development. *Review of Educational Research,* 53, 93–115.

Coplan, R. J., Rubin, K. H., Fox, N. A., Calkins, S. D., & Stewart, S. L. (1994). Being alone, playing alone, and acting alone: Distinguishing among reticence and passive and active solitude in young children. *Child Development, 65*, 129–137.

Enz, B., & Christie, J. F. (1997). Teacher play interaction styles: Effects on play behavior and relationships with teacher and experience. *International Journal of Early Childhood Education, 2*, 55–75.

Field, T. M. (1980). Preschool play: Effects on teacher/child ratios and organization of classroom space. *Child Study Journal, 10*, 191–205.

Gallahue, D. (1982). *Understanding motor development in children*. New York: John Wiley & sons. Getz, S. K., & Berndt, E. G. (1982). A test of a method for quantifying amount, complexity, and arrangement of play resources in the preschool classroom. *Journal of Applied Developmental Psychology, 3*, 295–305.

Glifford, R. (1997). Environmental psychology: Principles and practice (2nd ed.). Boston: Allyn & Bacon.

Goodman, J. R. (1990). A naturalistic investigation of the relationship between literacy development and dramatic play in 5–year–old children. Peabody College for Teachers of Vanderbilt University Doctoral Thesis. UMI Dissertation Services.

Graham, G., Holt/Hale, S., & Parker, M. (2004). *Children moving*. New York: McGraw–Hill.

Griffi ng, P. (1983). Encouraging dramatic play in early childhood. *Young Children*, 38(4), 13–22.

Hartup, W. W. (1992). Having friends, making friends, and keeping friends: Relationships as educational contexts. ERIC Digest, ED 345854.

Isenberg, J. P., & Jalongo, M. R. (2001). *Creative expression and play in early childhood* (3nd ed.). Upper Saddle River, NJ: Merrill.

Johnson, J., Christie, J., & Yawkey, T. (1999). *Play and early childhood development*. New York: Addison Wesley Longman, Inc.

Johnson, J., Christie, J., & Wardle, F. (2005). *Play, development and early education*. New York: Longman.

Jones, E., & Reynolds, G. (1992). *The play' the thing: Teacher' roles in children' play*. New York: Teachers College Press.

Matterson, E. M. (1965). *Play with a purpose for under-sevens*. London: Nicholls & Company.

Moore, G. T. (1986). Effects of the spatial definition of behavior settings on children's behavior: A quasiexperimental field study. *Journal of Environmental Psychology, 6*, 205–231.

Moran, S., & John–Steiner, V. (2003). Creativity in the making: Vygotsky's contemporary contribution to the dialectic of development and creativity. In R. K. Sawyer, & V. John–Steiner (Eds.), *Creativity and development* (pp.61–90). New York: Oxford University Press.

Pica, R. (2004). *Experiences In Movement Birth to Age Eight* (3rd ed.). Delmar Thomson Learning.

Reinsberg, J. (1999). Understanding your children's behavior. *Young Children*, 7.

Rogers, C. S., & Sawyers, J. K. (1988). *Play in the lives of children. Washington*, D.C.: NAEYC.

Rohe, W. M., & Nuffer, E. L. (1977). The effects of density and partitioning on children's behavior. Paper presented at the meeting of the American Psychological Association, San Francisco.

Schrage, M. (1990). *Shared minds: The new technologies of collaboration.* New York: Random House.

Sheehan, R., & Day, D. (1975). Is open space just empty space? *Day Care and Early Education, 3*, 10–13.

Smith, P. K., & Connolly, K. J. (1980). *The ecology of preschool behaviors*. Cambridge: Cambridge University Press.

Spodek, B., & Saracho, O. N. (1990). Preparing early childhood teachers for the twenty–first century: A look to the future. In B. Spodek, & O. N. Saracho (Eds.), *Yearbook in early childhood education V. I.: Early childhood teacher preparation* (pp.209–221). New York: Teachers College Press.

Sutton–Smith, B., & Sutton–Smith, S. (1974). *How to play with your child* (and when not to). New York: Hawthorn.

Sylva, K., Roy, C., & Painter, M. (1980). *Childwatching at playgroup & nursery school*. Ypsilanti, MI: High/Scope Press.

Trawick–Smith, J. (1994). Interactions in the classroom–facilitating play in the early years. New York: Merrill.

Vygotsky, L. S. (1978). *Mind in society: The development of higher psychological process*. London: Harvard University Press.

Chapter 06

놀이 관찰과 기록 및 평가

1. 놀이 관찰 및 평가의 의의
2. 놀이 관찰 및 평가를 위한 지침
3. 놀이 이해하기
4. 놀이 관찰 및 평가방법

개요

놀이 관찰을 통해 교사는 유아의 사회, 정서, 언어, 건강, 인지 등 제반 발달에 대한 귀중한 정보를 얻을 수 있다. 유아들은 놀이를 통하여 자신의 모든 것, 즉 여러 가지 경험과 탐색과 발견의 결과들을 표현하기 때문이다. 6장에서는 놀이 관찰의 의의와 지침, 관찰척도, 평정척도, 일화기록, 전자매체 기록, 포트폴리오에 의한 놀이 관찰 및 평가방법을 구체적으로 살펴보고자 한다. 이를 기초로 교사 및 연구자들은 필요에 따라 다양한 관찰과 평가방법을 활용할 수 있을 것이다.

Chapter 06

놀이 관찰과 기록 및 평가

1. 놀이 관찰 및 평가의 의의

2019 개정 누리과정에서는 유아는 놀이의 주인으로서 스스로 놀이하는 유능한 존재이며, 교사는 유아의 놀이능력이 발현되도록 돕는 역량 있는 존재임을 강조하고 있다. 놀이중심교육과정을 운영하기 위해서 교사는 계획에 얽매이기보다 유아들의 흥미에 따라 계획을 변경하고, 수정하는 융통성과 유연성을 발휘해야 한다. 이때 놀이관찰과 기록 및 평가는 놀이중심교육의 운영에 중요한 부분이다. 관찰을 통해 교사는 유아의 관심과 현재 수준을 파악하고, 적절한 놀이개입의 시기와 상황을 판단할 수 있다(경기도교육청, 2018).

놀이관찰과 기록에 반영되어야 할 것은 유아가 하는 놀이의 의미, 놀이를 통한 변화와 성장, 유아의 생각 등이 기록에 담겨야 한다. 그리고 관찰과 기록으로 끝나는 것이 아니라 관찰 결과를 기초로 놀이지원하기, 허용하기, 활동으로 연결하기, 주제로 이끌기, 비계 설정하기로 놀이가 확장될 수 있도록 지원해야 한다. 유아들은 놀이를 통해 많은 것들을 표현하므로 놀이에서 나타나는 유아들의 생각과 삶, 의도, 의미를 이해하기 위해 교사는 유아들의 놀이에 다가가 귀 기울여야 한다(경기도교육청, 2018). 놀이관찰과 기록 및 평가의 3R 과정은 다음과 같다.

관찰 기록하기 (Respect)	유아의 놀이를 민감하게 깊이 있게 바라보고, 사진, 기록, 작품수집 등의 방법으로 유아의 현재 놀이 상태를 기록하기
반성하기 (Reflect)	관찰기록을 바탕으로 유아의 놀이 수준과 양상, 의미를 해석하여 놀이 계획에 반영하기
지원하기 (Relate)	자료 제공, 실마리(Que) 제공, 공간 재배치 등을 통해 유아의 놀이 실행을 지원하기

즉, 바쁜 업무와 편견, 고정 관념 등의 이유로 놀이영역 바깥에서 스치듯 보는 관찰에서 벗어나 유아의 놀이 가까이에서 개별 유아의 다양성 존중과 허용적 태도로 관찰에 임하는 것이 필요하다(경기도교육청, 2019). 놀이맥락을 관찰할 때, 교사는 유아의 흥미와 관심, 경험과 앎, 상상과 바람, 문제해결력, 창의력, 사회성, 협력, 관찰과 탐색, 몰입과 열정을 발견하고 이해할 수 있어야 한다. 다음은 놀이 시 관찰할 사항이다.

① 유아들이 흥미진진함과 만족감, 행복감을 느끼는 가운데 놀이에 참여하고 있는가?
② 어떤 정서가 표현되고 있는가?
③ 어떤 유형의 놀이인가(기능놀이, 구성놀이, 상상놀이, 규칙 있는 게임, 혼자놀이, 병행놀이, 집단놀이 등)
④ 유아의 흥미와 요구는 무엇인가?
⑤ 놀이가 얼마나 정교한가?
⑥ 유아의 사회적 놀이 참여 수준은 어떤가?
⑦ 유아의 행동과 언어는 어떤 지식과 개념을 포함하고 있는가?
⑧ 놀이를 통해 어떤 학습과 발달이 이루어지고 있는가?
⑨ 놀이 결과에 치중하지 않고, 놀이과정에 몰입하고 즐거워하는가?

교사들은 위와 같은 전반적인 놀이 상황을 늘 관찰할 필요가 있다. 유아가 혼자 혹은 집단으로 놀이에 참여할 때 관찰 목적과 방법을 숙지하고, 객관적인 관찰을 해야 한다. 놀이 관찰 및 평가의 결과는 유아를 위한 놀이지원 계획에 반영하고, 부모상담 시 유아의 놀이 특성(선호하는 놀이, 놀이 수준 등)과 사회적 관계, 놀이 지속시간, 놀이 몰입의 정도를 알려주어 교육에 도움을 주도록 한다.

일부 교사들은 과중한 유아교육현장의 업무로 인해 관찰과 평가를 할 시간이 없다고 말한다. 그러나 교사들은 더 이상 시간적 여유가 없다거나 관찰과 평가를 막연히 어렵게 생각하고, 기한에 임박해서 대강 기록하는 것으로 처리해서는 안 될 것이다. 놀이 관찰 및 평가 결과가 교육내용의 계획뿐만 아니라 놀이의 계획에 순환적으로 반영됨을 이해하고, 놀이 관찰과 평가에 임해야 한다.

놀이 관찰과 평가는 기타의 일보다 우선해야 할 교사의 필수 업무이며, 전문성을 요하는 일이기 때문에 교실환경을 꾸미고, 장식하는 일보다 우선되어야 한다. 교사들은 많은 연습과 훈련을 통해 관찰과 평가가 어렵고 복잡한 것이라는 생각을 버리고, 교육활동의 자연스러운 일부분이 되도록 스스로 훈련해야 한다. 왜냐하면 유아교육에서는 초 · 중등학교와는 달리 평가시간이 별도로 없고 유아들이 생활하며, 놀고, 배우고, 활동하는 가운데 놀이와 교육, 평가가 긴밀하게 연결되어 이루어지기 때문이다.

이를 위해 원장도 교사의 잡무를 줄이기 위한 방안, 교사 대 유아의 비율 줄이기, 보조교사의 투입 등을 통해 교사가 교육과 평가에 전념할 수 있는 여건을 마련해 주어야 한다.

2. 놀이 관찰 및 평가를 위한 지침

유아 놀이 관찰 및 평가는 유아의 놀이를 이해하고 지원하는데 의의가 있으며, 그 지침은 다음과 같다(Johnson, Christie, & Yawkey, 1999).

① 유아놀이의 어떤 측면을 관찰할 것인지를 먼저 결정하고 그 목적에 적합한 관찰방법을 선택한다.

② 필요에 따라 몇 가지 놀이 관찰 및 평가방법을 연합해서 사용할 수 있으며, 다양한 방법으로 평가하여 종합적인 평가가 되도록 한다.

③ 유아가 자신의 모든 능력을 발휘할 수 있는 상황에서 놀이를 관찰하도록 한다. 복잡한 형태의 놀이로 발전되는 데는 충분한 시간이 필요하다. 이 점을 고려하지 않는다면 유아의 놀이기술이 부족하다기보다는 시간 부족이나 놀잇감 부족으로 인해 발전된 놀이 형태로 전개될 기회가 없는 것으로 평가해야 한다.

④ 개인간 평가보다는 개인내 평가(유아의 개별적인 진보)에 중점을 두어 관찰 · 평가한다.

⑤ 가능한 한 실내 · 외에서 유아를 관찰한다. 유아들은 실내놀이에 참여할 때보다 바깥놀이에 참여할 때 더 높은 수준의 사회인지적 놀이에 참여하는 것으로 나타난다.

⑥ 유아들이 서로를 알고, 학급환경에 친숙해졌을 때 관찰한다. 유아들의 놀이 집단에는 역동적이고 복잡한 관계가 형성되어 있으며, 유아들은 친한 친구와 놀 때 더 높은 놀이 수준을 보이는 경향이 있다.

⑦ 대표적이고 전형적인 놀이행동이라는 판단을 확실히 하기 위해서는 기간을 두고 유아의 놀이행동을 관찰하여 평가한다. 단 하루의 관찰만으로 그 유아의 놀이에 대해 단언하거나 중요한 판단을 내리는 것은 옳지 않다. 질병이나

가정에서의 문제, 다른 일시적인 조건(낯선 친구, 흥미 없는 놀잇감 등)이 그날의 놀이에 영향을 줄 수 있으므로 가능한 한 장기간, 체계적으로 걸쳐 관찰 한다.

⑧ 놀이 관찰 및 평가는 그림 6-1과 같이, 평가자료의 수집과 관찰 기록하기 → 자료활용하여 평가하기 → 다음 놀이 지원 계획하기의 순서를 거친다.

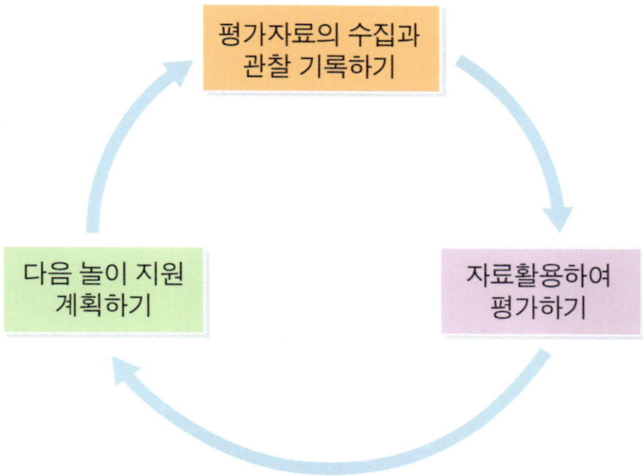

| 그림 6-1 | 놀이 관찰 및 평가

3. 놀이 이해하기

교사의 놀이관찰과 기록을 통해 유아들의 놀이를 이해하기 위한 과정은 다음과 같다.

1) 놀이 기록 남기기

사진, 녹음, 간단한 기록 등의 놀이 기록은 유아들의 놀이를 돌아보며 어떤 의미가 있는지 생각해 볼 수 있는 시간을 제공하고, 이 과정을 통해 교사는 유아들의 삶을 더 잘 이해할 수 있게 된다. 유아들이 경험하는 문제, 갈등과 해결을 중심으로 간단히 기록하는 것도 중요하다. 놀이를 기록할 때는 간단한 메모, 사진, 영상, 작품수집 등 다음과 같은 다양한 방법으로 기록할 수 있다(경기도교육청, 2019).

(1) 놀이 흐름 기록하기

교사의 선호에 따라 유아들의 놀이 흐름을 저널형식, 사진, 주제망, 의미 있는 단어 중심으로 기록하는 등 다양한 방식으로 기록할 수 있다.

① 저널로 놀이 기록하기

20○○년 ○월 ○일 ○요일	
놀이의 흐름	
오늘의 놀이 기록	
교사의 지원	

출처: 경기도교육청(2019).

② 사진으로 놀이 기록 남기기

③ 단어 중심으로 놀이 기록하기

20○○년 ○월 ○일 ○요일 놀이의 흐름 바깥놀이에서 우연히 발견한 애벌레→교실로 애벌레를 데려가자는 유아들의 제안→과학영역에 애벌레를 관찰할 수 있도록 준비→과학영역 공간의 부족, 작은 애벌레 관찰의 어려움 발견→문제해결을 위한 교사의 지원 필요

출처: 경기도교육청(2019).

(2) 개별 유아 놀이 기록하기

[예시 1] 유아명 : ○○○	
6/15	~~~
6/28	………

출처: 경기도교육청(2019).

▶ 예시 1
개별 유아별로 누적하여 기록하면, 추후 이해자료로 활용하기 수월함

▶ ~~~
관찰내용은 빨강, 고민은 노랑, 지원기록은 파랑 등으로 구분하여 자유롭게 기술할 수 있음

▶ ……
접착 메모지를 활용하여 나중에 옮겨 붙일 수도 있고, 바로 간단하게 흔적 남기기를 할 수도 있음

유아마다 관심과 흥미가 다르므로 개별 유아에게 의미가 있는 놀이상황이라면 별도의 놀이 기록을 하는 것이 좋다. 놀이 흐름과 확장의 과정을 기록으로 남기

면 개별 유아의 성장 과정을 이해할 수 있는 자료가 된다.

▶ 지원내용
–교사의 생각과 고민 또는 해석 및 지원방안을 기록함
–양식은 자유롭게 작성할 수 있음

<table>
<tr><th>김○○</th><th>박○○</th><th>곽○○</th><th>정○○</th><th>권○○</th></tr>
<tr><td colspan="5">[예시 2]
유아명 : ○○○</td></tr>
</table>

놀이 관찰 내용	해석 및 지원내용
–놀이장면을 날짜, 장소 등을 포함하여 기록함 5/15 ○○가 ~~를 ~~하였다. 6/17	

출처: 경기도교육청(2019).

(3) 교사 · 유아가 함께 놀이 기록하기

교사와 유아는 놀이의 과정을 흐름에 따라 함께 벽면에 기록할 수도 있다. 놀이상황을 벽면에 게시해 유아들이 놀이 기록에 함께 참여하면서 자신의 놀이를 회상하면서 즐거움을 느끼고, 새로운 놀이로 발전되기도 하며, 교사와 유아가 함께 놀이와 기록의 가치를 경험하게 된다.

(4) 유아 스스로 놀이 기록하기

유아들은 놀이하면서 자연스럽게 기록을 하거나, 자신들이 남긴 놀이 기록을 다시 들여다보며 의미 있는 발견을 하기도 한다.

<table>
<tr><th>[놀이장면]</th><th>[교사지원]</th></tr>
<tr><td>놀이시간에 우연히 하늘을 관찰하고, 구름에 대해 이야기 하는 유아들</td><td>구름에 관심 있는 유아들에게 카메라와 녹음기 등을 제공하여 유아 스스로 놀이상황을 기록</td></tr>
<tr><td colspan="2">[놀이확장]
유아들이 유아교육기관 하늘에서 발견한 구름 사진을 탐색 후,
구름의 다양한 모습에 호기심을 갖고 글, 사진, 그림 등으로 기록 남기기를 즐겨함</td></tr>
</table>

출처: 경기도교육청(2019).

(5) 교육계획안과 통합하여 기록 남기기

교사는 유아들의 놀이와 흥미가 가치 있게 발현될 수 있도록 여유 있는 교육계획을 수립하고, 융통성 있게 운영해야 한다. 일과 속에서 유아들의 놀이를 들여다보며 이해한 것들은 다음의 교육계획에 반영한다. 이렇게 유아들의 놀이는 수정되고 확장되는 과정을 거치며 발전한다. 놀이 기록 남기기를 교육계획안과 통합하여 유아들의 놀이 내용과 과정, 그리고 어떻게 지원하는가를 구체적으로 담을 수도 있다.

사례 1) 일일교육계획안과 놀이 기록의 통합

학급명: ○○반	날짜: ○○년 ○월 ○일 ○요일
주제	동물원
일일목표	• 동물원에 사는 동물에 관심을 가진다. • 동물원 놀이에 필요한 것들을 알아보고 창의적으로 만든다. • 친구들과 협력하여 동물원 놀이를 해본다.
일과의 흐름	등원→자유놀이 및 간식→새노래(작은 동물원)→점심식사→바깥놀이(유아교육기관 주변의 동물 찾기)→동화(손바닥 동물원)→하루 일과 평가 및 귀가
오늘의 놀이 기록	다양한 기록방식 중 선택하여 자유로운 형식으로 흔적 남기기(사진, 저널, 마인드맵, 벽면 기록, 유아들이 하는 기록 자체를 사진으로 찍어 남길 수도 있음)
해석 및 반영사항	교사가 놀이의 의미를 찾아 해석한 것을 기록하거나 놀이를 지원하기 위해 반영해야 할 사항 등을 기록함

출처: 경기도교육청(2019).

사례 2) 주간교육계획안과 놀이 기록의 통합

<table>
<tr><td rowspan="4">계획</td><td>주제</td><td colspan="2"></td><td>시기</td><td>○○년 ○월 ○일(○요일)</td></tr>
<tr><td>목표</td><td colspan="4">• 주변에서 볼 수 있는 그림자에 관심을 가진다.
• 빛을 이용한 다양한 그림자 놀이 만들기에 즐겁게 참여한다</td></tr>
<tr><td>월</td><td>화</td><td>수</td><td>목</td><td>금</td></tr>
<tr><td></td><td></td><td></td><td></td><td></td></tr>
<tr><td>놀이 기록 하기</td><td></td><td></td><td></td><td></td><td></td></tr>
</table>

출처: 경기도교육청(2019).

▶ **계획**
교사는 유아들의 놀이 흐름을 예상하여 확장 및 지원 계획을 사전에 수립하여 기록함. 실제 유아들의 놀이 방향이 달라지면, 즉각적으로 반영하여 수정하며 일과를 운영함

▶ **놀이 기록하기**
하루 일과나 놀이 중에 의미 있는 내용을 자유로운 방식으로 기록함. 놀이장면, 해석, 지원방법 등을 기록한 후, 다음날 일과에 반영하여 사전에 계획한 놀이나 활동을 수정함

2) 놀이 속 의미 찾기

놀이의 기록을 남기는 경험은 교사와 유아 모두에게 의미 있는 변화를 가져온다. 놀이 속 의미 찾기는 놀이 기록을 통해 놀이의 의미를 읽어내고 해석함으로써 유아들의 삶을 더욱 깊이 이해하여 배움과 성장을 지원한다. 놀이 속 가치와 의미를 발견하면, 교사는 적절한 지원을 통해 놀이를 확장하기도 하고, 놀이와 배움을 연결함으로써 다양한 방법으로 배움과 성장을 지원한다. 놀이 속 배움의 요소, 즉 협력, 공감, 조절, 탐구, 창의성, 감수성 등은 누리과정에서 추구하는 인간상과도 연결되어 있다.

유아의 배움	놀이 지원하기	
협력, 탐구, 공감 조절, 창의성, 감성	주제로 연결하기	놀이를 교육주제와 연결하기
	활동으로 연결하기	놀이를 교육활동으로 연결하기
	언어적 지원하기	놀이를 말하기, 듣기, 읽기, 쓰기로 지원하기
	물리적 지원하기	놀이 공간의 변형(실내외, 복도, 계단 밑 등 숨은 공간, 자투리 공간 활용 지원하기), 시간, 놀이자료 지원하기
	심리적 지원하기	놀이 격려, 칭찬, 인정하기
	인적 지원하기	교사, 또래, 지역사회 인사를 통해 놀이 하기
	관련 정보 지원하기	놀이와 관련된 정보 제공하기

출처: 경기도교육청, 2019: p.35 응용.

유아들의 놀이를 관찰하고, 이해하는 과정에서 동료 교사나 이웃 유아교육기관과의 공유와 협력을 통해 놀이를 다양하게 지원하면서 유아들의 놀이가 확장되고 발전해가도록 한다. 유아의 놀이를 의미 있게 바라보고, 놀이를 통해 유아의 삶을 이해하며, 배움을 지지할 때 유아 중심, 놀이 중심 교육과정이 실행될 수 있다. 교사가 유아의 놀이를 인정하고 존중할 때, 유아는 자신의 놀이를 더욱 가치 있고 의미 있게 여기며 자율적이고 주도적으로 펼쳐나갈 수 있다. 교사는 유아의 선택과 요구, 경험하고자 하는 것과 의미 있게 느끼는 것을 관찰할 수 있어야 한다. 또한 놀이의 흐름 속에서 유아와 함께 놀이하고 지원하는 것이 필요하다(경기도교육청, 2019).

놀이 지원의 예)

자동차 길을 만들 수 있는 자료 제공하기
공간을 확장하여 놀이영역을 통합하거나 복도, 계단 활용하기
길과 관련된 표시나 안내판에 관심을 갖고 탐색할 수 있도록 지원하기

4. 놀이 관찰 및 평가방법

이 절에서는 놀이 관찰 및 평가방법을 관찰척도(checklist), 평정척도(rating scale), 일화기록(anecdotal records), 전자매체 기록(digital media records), 포트폴리오(portfolio) 평가의 다섯 가지 범주로 묶어서 소개하기로 한다.

관찰척도와 평정척도는 매우 구조적인 관찰구도로서 관찰과 기록방법이 규정되어 있는 것이 특징이며, 사용하기 쉽고 빠른 반면, 놀이에 대한 설명이 제한적인 정보를 제공하는 단점이 있다. 일화기록은 비구조적인 관찰도구로서 관찰자가 빈 카드나 종이에 놀이에 대해 기록(description)하는 것을 말한다. 일화기록은 관찰 척도보다 시간 소모적이긴 하지만 유아의 놀이와 놀이 상황에 대해 상세한 기록을 제공하는 장점이 있다.

그러므로 관찰방법을 선택할 때 관찰자는 관찰하기 쉽고 빠른 것과 상세한 것 중 어느 것에 비중을 둘 것인가를 결정해야 한다. 평가는 다양한 종합적인 자료를 근거로 해야 하므로 신뢰할 만하고 포괄적인 평가가 이루어질 수 있도록 이하 소개되는 놀이 관찰 및 평가방법 몇 가지를 연합해서 사용하는 것이 바람직하다.

또한 놀이 관찰 및 평가를 통해 얻은 정보는 효율적인 놀이 계획과 지도 및 놀이 환경 제공에 반영하도록 한다(Johnson et al., 1999; Lindberg & Swedlow, 1980; Nilsen, 1997).

1) 관찰척도

관찰척도는 관찰한 놀이행동을 명확히 규정하는 관찰 및 평가도구이다. 관찰척도는 관찰하려는 놀이행동의 유무를 판단할 때 사용하며, 놀이의 특정 측면에 대한 체계적인 관찰이 가능하고, 관찰 정보를 빠르게 기록할 수 있다. 교사들이 활용할 수 있는 비교적 쉽고 유익한 여섯 가지 유아놀이 관찰척도를 소개하면 다음과 같다.

① 사회 · 인지놀이 관찰척도
② 사회극놀이 관찰척도
③ 놀이 관찰척도
④ 놀이 영역 참여 관찰척도
⑤ 놀이환경 · 놀이친구 · 놀잇감 관찰척도
⑥ 놀이지속시간 관찰척도

이상의 관찰척도 중 어느 것을 사용할 것인가에 대한 교사의 판단과 선택은 사용목적에 따라 달라진다. 특히 이들 관찰도구는 상호 유기적으로 활용할 수 있다. 예를 들면 사회 · 인지놀이 관찰척도는 유아의 전반적인 놀이 발달 수준을 관찰하는 데 유익한 척도이므로 이 척도를 통해 관찰한 후, 유아의 놀이 발달에 문제가 있을 때 추가적으로 다른 관찰도구를 활용하여 특정 놀이에 대해 집중적으로 관찰하는 기초 도구로 활용 가능하다.

(1) 사회 · 인지놀이 관찰척도

사회 · 인지놀이 관찰척도는 루빈, 마이오니, 호넝(Rubin, Maioni, & Hornung, 1976)이 파튼(Parten, 1932)의 사회놀이 범주와 피아제(1962), 스밀란스키(1968)의 인지놀이 범주를 조합하여 두 놀이를 동시에 평가할 수 있는 관찰도구를 만든 것이다. 이 관찰도구는 사회놀이나 인지놀이 중 어느 한 분야의 놀이 발달에 비중을 두고 평가하기보다는 사회 · 인지놀이 발달을 동시에 관찰 · 평가하는 계기를 마련하였으며, 이후 많은 놀이 관찰 연구 및 개발의 토대가 되었다.

이들은 파튼의 사회놀이 분류 중 연합놀이와 협동놀이를 집단놀이라는 한 개의 범주로 통합하고, 인지놀이의 범주로는 기능놀이, 구성놀이, 극놀이, 규칙 있는 게임을 분류하여 사회 · 인지놀이를 통해 동시에 관찰할 수 있는 척도를 개발하였다. 이 척도는 표 6-1에 제시된 바와 같이 12개의 놀이 범주와 놀이에 포함시킬 수 없는 비놀이를 관찰할 수 있도록 구성되어 있다.

| 표 6-1 | 사회 · 인지놀이 관찰척도

유아이름 : 관찰일자 :

인지놀이 사회놀이	기능놀이	구성놀이	역할놀이	규칙 있는 게임
혼자놀이	㉥ 공 던져 넣기 ◎ 퍼즐 맞추기			
병행놀이	㉡ 자동차 굴리기 ㉨ 실 꿰기		㉠ 미장원 놀이	
집단놀이				㉤ 비석치기
비놀이	몰입하지 않는 행동 / 지켜보기 / 전환			활동
	㉦ 주위 배회			㉢ 금붕어 먹이 주기 ㉣ 책 읽기

출처: Johnson et al., (1999).

제3장에 제시하였듯이 유아놀이에는 발달단계가 있다. 영아의 놀이는 대개 혼자-기능놀이에 국한되어 있으나 유아가 점차 성장해 감에 따라 사회적 놀이에 참여하게 되고 구성놀이, 가상놀이, 규칙 있는 게임 등 인지적으로 보다 진보된 놀이 형태에 참여하기 시작한다. 연구에 따르면 연령이 증가함에 따라 유아들은 혼자-기능놀이 → 혼자-구성놀이 → 혼자-극놀이로 발달해가며, 이 중 혼자-기능놀이는 놀이자의 미성숙함과 관련된 것으로 평가된다.

① 사회 · 인지놀이 관찰척도의 놀이행동 관찰 목록에 대한 정의

- 인지놀이의 발달단계
  - 기능놀이 : 사물을 가지고 또는 사물 없이 신체의 움직임을 계속 반복하는 놀이(예 뛰기, 모으고 부수기, 사물 또는 자료들을 조작하기)
  - 구성놀이 : 사물(예 블록) 또는 여러 가지 놀이 자료(예 모래, 점토, 물감)를 가지고 무엇을 만드는 놀이

- 역할놀이 : 역할 이행(예부모, 아기, 괴물 등의 역할) 또는 가상 전환(예자동차 운전하는 척하기, 막대기로 주사 놓는 척하기)을 하는 놀이
- 규칙 있는 게임 : 미리 정해진 규칙을 확인하고 그것을 인식하고 수용하면서 진행하는 놀이(예주사위 놀이, 카드놀이, 과녁 맞추기)

• 사회놀이의 발달단계

- 혼자놀이 : 서로 이야기할 수 있는 거리만큼 떨어져서 사물을 가지고 또는 사물 없이 혼자 하는 놀이(다른 유아들과의 사회적 접촉이나 어떤 대화도 이루어지지 않는다)
- 병행놀이 : 다른 유아들과 아주 근접한 거리에서 같은 놀이 자료를 가지고 놀이활동을 하든가 비슷한 놀이활동에 참여하는 놀이(상대를 인식하고 있으나 같이 놀이하고자 시도하지는 않는다)
- 집단놀이 : 다른 유아들과 함께 사회적 상호작용을 하면서 참여하는 놀이(각자의 역할이 분담되기도 하며, 복잡한 교실 상황에서의 관찰을 고려하여 연합놀이와 협동놀이 범주를 합하여 집단놀이로 평가한다)

• 비놀이

- 몰입하지 않는 행동/지켜보기/전환 : 몰입하지 않는 행동, 쳐다보는 행동, 한 활동에서 다른 활동으로 전환하는 행동이 포함된다.
- 활동 : 학습활동과 교사가 제시하는 활동 및 과제 등이 비놀이 범주에 포함된다. 책 읽기, 금붕어 먹이 주기, 색칠하기, 컴퓨터하기 등은 비놀이로 간주된다.

② 관찰도구 활용방법

관찰도구의 활용단계는 다음과 같다.

- 먼저 관찰자는 이 관찰척도의 놀이 관찰목록에 대한 개념 정의를 숙지한다.
- 유아의 놀이를 관찰 · 기록할 수 있는 사회 · 인지놀이 관찰기록지를 준비한다(표 6-1 참조).

- 체계적인 관찰이 이루어질 수 있도록 자료 수집을 위한 놀이의 관찰과정을 계획한다. 관찰과정은 관찰자에 따라 융통성 있게 실시될 수 있으나 한 관찰 사례당 15초의 관찰을 실시하는데 이는 유아의 놀이유형을 충분히 판단할 수 있고, 15초 동안 유아가 다른 유형의 놀이를 할 수 있는 확률이 낮기 때문이다(Hinde, 1978, Johnson et al., 1999에서 재인용).

구체적인 관찰과정은 다음과 같다.

- 관찰지에 관찰하고자 하는 유아들의 이름과 날짜를 기입하고, 유아들의 관찰순서를 미리 결정하기보다는 무선으로 맨 처음의 관찰지에 기입된 이름의 유아부터 관찰을 시작한다.
- 15초 동안 첫 번째 유아를 관찰한다. 이 관찰척도의 놀이 목록의 해당 항목에 관찰된 행동을 평가하여 기록한다. 예를 들어 유아가 블록으로 또래들과 탑 쌓는 놀이를 한다면 집단-구성놀이로 평가되므로 관찰 기록지의 해당 칸에 기록한다(5초 동안 기록).
- 첫 번째 유아의 놀이를 관찰하고 기록한 다음, 두 번째 유아를 15초 동안 관찰한다. 유아마다 20초 동안 관찰 · 기록하며, 모든 유아들을 한 번씩 관찰한다. 그런 다음 다시 첫 번째 유아를 관찰함으로써 두 번째 관찰 사례를 시작한다. 대략 1분 동안 세 명의 유아를 관찰할 수 있다.
- 유아 개인당 20~30번의 관찰을 하게 되면 그 유아의 놀이유형과 특성이 드러나기 시작한다.

③ 관찰기록의 실례

다음의 관찰사항들을 표 6-1의 해당란에 기록해 보면서, 이 관찰기록 방법을 익히도록 한다.

- 세 명의 유아들이 미용실 놀이를 하면서 상대 유아가 놀이하는 것을 의식하

지만 상호작용은 하지 않는다(병행-역할놀이).

- 두 유아가 장난감 자동차를 바닥 위에 굴리고 있다. 서로 가상에 대한 지시도 없고 상호작용도 하지 않지만 상대방을 인식하며 논다(병행-기능놀이).
- 과학 영역의 금붕어 어항에 먹이를 준다(활동).
- 책 읽기 영역에서 책을 읽는다(활동).
- 세 명의 유아들이 윷놀이를 한다(집단-규칙 있는 게임).
- 혼자 바구니에 공을 던져 넣는다(혼자-기능놀이).
- 유아가 특별한 활동에 참여하지 않고 교실을 배회한다(몰입하지 않는 행동).
- 혼자 퍼즐 맞추기를 한다(혼자-기능놀이).
- 두 유아가 나란히 앉아 상호작용 없이 실꿰기를 한다(병행-기능놀이).

(2) 사회극놀이 관찰척도

사회극놀이 관찰척도(Sociodramatic Play Inventory: SPI)는 스밀란스키(1968)가 성숙된 형태의 사회극놀이의 평가준거로 다섯 개의 요인, 즉 ① 모방적 역할 이행, ② 가상 전환, ③ 사회적 상호작용, ④ 언어적 의사소통, ⑤ 놀이의 지속성을 평가하기 위해 고안한 도구이다. 이 놀이는 겉으로 보기에는 단순하게 보이지만 고도의 인지, 사회, 언어능력이 요구된다. 그래서 스밀란스키는 사회극놀이를 인지적으로 성숙된 놀이로 간주한 바 있으며, 비고츠키(1978: 102)는 이 놀이를 ' 발달의 주도적 요인(leading factor in development)'이라고 규정하고, '모든 발달 성향이 응집되어 있는 놀이'이자 '발달의 주요 자원'이라고 보았다.

① 관찰목록에 대한 정의

- 모방적 역할 이행 : 유아가 역할(예 아기, 의사, 점원 등)을 수용하고 역할에 적절한 언어적 표현과 행동을 수반하는 것을 말한다.
- 가상 전환 : 유아가 사물, 행동, 상황을 가상한다.
  - 사물의 가상 : 한 사물을 다른 사물로 대치하거나(손수건을 이불로 대치한다) 가상의 사물을 창조하기 위해 언어를 사용한다(양팔을 펼치면서 "이건 비행기야~"라고 말한다).
  - 행동의 가상 : 행동을 통해 가상을 나타내거나(손을 위아래로 움직이면서 망치로 박는 흉내를 낸다) 가상적 행동을 언어로 표현한다("나는 공룡 뼈를 조사하고 있는 중이야").
  - 상황의 가상 : 언어적 표현을 통해 상황을 가상한다("지금 비행기가 추락하고 있다구").
- 사회적 상호작용 : 동일한 놀이 주제를 가지고 두 명 이상의 유아들이 상호작용을 한다.
- 언어적 의사소통 : 놀이 주제에 대한 언어적 의사소통의 교환을 말한다. 언어적 의사소통에는 메타 커뮤니케이션과 가상 커뮤니케이션의 두 가지 형태가 있다.
  - 메타 커뮤니케이션 : 이 메시지는 실제 상황이 아니라 놀이 상황에서의 메시지임을 인식하는 유아의 이해와 표현을 말한다.

예
- 사물의 가작화 → 이 담요가 배라고 하자.
- 역할의 배정 → 난 아빠고 넌 엄마야.
- 전개될 이야기의 계획
  → 우리는 지금 미장원에 간다. 그리고 나서 공항에 갈 거다.

▶ **메타 커뮤니케이션(meta communication)** 상위 의사소통, 의사소통의 한 형식으로 자신의 의사소통에 대한 지식과 자각을 말한다. 즉, 의사소통에 대한 의사소통. 이 개념은 베이트슨(Bateson, G.)에 의해 처음 소개되었으며, 자신이 나 상대방의 의사소통능력에 관해 정확한 지식을 가지고, 이에 맞추어 의사소통을 조절하는 능력을 말한다. 출처: http://blog.naver.com/com-tizen/110094317163

• 놀이 상황에 부적절한 행동을 하는 상대에 대한 비난
→ 아기는 전화를 걸지 못 해, 넌 주인이니까 이렇게 해야지. 자꾸만 그렇게 하면 어떻게 해

– **가상 커뮤니케이션 :** 가상의 놀이 상황에서의 의사소통으로 놀이 상황에서 맡은 역할을 적절하게 이행할 때 사용한다.

예 우체부 아저씨 역할을 담당한 유아가 "편지 왔어요."라고 말하자 다른 유아가 "이 편지 많이 기다렸는데 … 아저씨 정말 고맙습니다!"라고 말한다.

• **놀이의 지속성 :** 놀이를 지속하는 능력은 유아의 발달과 관계 있다. 영아들은 5분 정도, 유아들은 10분 정도 놀이를 지속해야 사회극놀이 활동에 참여한 것으로 인정한다. 놀이의 지속성은 놀이의 질을 평가하는 주요 요인이다.

표 6-2는 사회극놀이 관찰기록지이다. 관찰행동 목록으로 모방적 역할 이행, 가상 전환(하위 목록 : 사물, 행동, 상황), 사회적 상호작용, 언어적 의사소통(하위 목록 : 메타 커뮤니케이션, 가상 커뮤니케이션), 놀이의 지속성이 제시되어 있다.

② 관찰도구 활용방법

사회극놀이 관찰척도를 사용하고자 할 때는 다음에 제시된 사항들을 고려해야 한다.

• 이 관찰척도는 유아의 사회극놀이의 지속성을 관찰 · 평가하므로 사회 · 인지 놀이 관찰척도의 경우처럼 한 사례를 15초로 할당하여 반복 관찰하지 않는다. 즉 이 척도의 관찰항목 중 놀이 주제의 지속성을 평가하는 데는 적어도 5분에서 10분 정도가 소요되기 때문이다. 그러므로 한 번에 여러 명의 유아들을 관찰할 수 없고, 놀이활동에 참여한 2~4명 정도의 유아를 집중적으로 관찰한다.

| 표 6-2 | 사회극놀이 관찰척도

놀이주제 : 소꿉놀이(가족)
관찰일 : 년 월 일 관찰자 :

유아 이름	모방적 역할 이행	가상 전환			사회적 상호 작용	언어적 의사소통		놀이 주제의 지속성
		사물	행동	상황		메타 커뮤니케이션	가상 커뮤니케이션	
김○○	엄마	손수건-이불	아기 재우기	아기 재우기	○	넌 아기고 난 엄마야	아가야, 자장자장	○
김○○	아빠	종이-신문	신문 보기	신문 보기	○	너는 자는 척 해야지!	우리 아기 귀엽기도 하지	○
오○○	오빠	배낭-책가방	학교 갈 준비	학교 가기	○	아기는 학교에 못 가는거야	엄마, 나 학교 갔다 올게요	○
박○○	아기	장난감-젖병	빨기	잠들기	○	내가 아기라구!	응애 응애!	○

출처: Smilansky, 1968을 응용한 Johnson et al., 1999: 234.

- 사회극놀이는 집단으로 발생되므로 이 놀이의 전반적인 사건에 집중하여 놀이집단에 참여한 유아들을 각 유아당 대략 1분 동안 집중 관찰한 다음, 관찰지에 기록하고 다른 유아를 관찰한다.
- 놀이 주제의 지속성의 기록은 위와 같은 방식으로 기록하되 한 놀이집단에 참여한 유아들을 이 척도로 기록하는 데는 5분 정도의 시간이 소요되므로

5분 이상 지속될 때는 ○표 하고, 그렇지 못한 경우에는 ×표 하여 놀이 주제의 지속성 여부를 판단한다. 5분 이상 길어질 경우에는 분(예15분)도 기록해 둔다.

- 만약 유아가 사회극놀이 활동에 참여하면서 '사회적 상호작용'에 참여하였다면 관찰기록지의 '사회적 상호작용' 칸에 ∨표 한다. 이와 같이 유아들의 사회극놀이 행동을 관찰하며 기록지에 표시한다.
- 한 번의 관찰 사례로 유아의 사회극놀이 행동을 파악할 수 없으므로 교사(연구자)는 며칠 또는 몇 주간의 간격을 두고 적절한 관찰 횟수를 정하여 실시함으로써 사회극놀이를 집중 관찰한다.
- 3~4세 유아의 경우, 관찰목록에 해당되는 행동들이 모두 나타나지 않더라도 발달적 특성이므로 걱정할 필요는 없다.

(3) 놀이 관찰척도

놀이활동을 통해 교육 효과를 높이기 위해서는 조직적이고 체계적인 유아놀이 관찰이 기초가 되며, 이를 통해 체계적인 놀이 계획과 지도, 평가가 가능해진다. 유아놀이 관찰척도는 그동안 소개된 대부분의 놀이척도가 유아의 놀이를 인지, 사회, 언어, 정서, 신체 영역을 통합적으로 평가하기보다는 놀이의 특정 측면에 국한하여 평가해 온 점과 외국에서 개발된 척도를 우리나라 유아들에게 적용했을 때 발생하는 문제점을 극복하기 위해 개발된 것이다(표 6-3 참조).

이 척도는 유아의 놀이 특성을 전인적인 측면에서 구체적 · 체계적으로 파악할 수 있는 장점이 있으며, 타당도(문항 이해도 4.57, 문항 적합성 4.35/5점 만점)와 신뢰도(문항내적 합치도 .97) 검증을 거쳤다. 이 관찰척도를 통해 놀이를 간편하게 효율적으로 파악하여 교육현장에 놀이 관찰과 지도, 평가에 참고하고, 유아놀이의 효과 및 놀이와 제반 변인들과의 관계를 파악하는 데 활용할 수 있다(지성애, 김영옥, 홍혜경, 2007).

| 표 6-3 | 놀이 관찰척도

번호	평가문항	예 1	아니오 0
1	놀이를 계획하여 목표 지향적 놀이를 한다.		
2	놀이를 위해 충분히 탐색한다.		
3	놀잇감에 적합한 특징을 인식한다.		
4	놀이가 전개되는 상황에 대해 이해한다.		
5	놀이 도중 잘못된 것을 스스로 바꾸고 재시도해 본다.		
6	놀이하는 동안 선택한 과제를 완수하고자 한다.		
7	놀이 시 한 역할을 하면서 동시에 다른 역할도 잘 수행한다.		
8	놀이에서 나타나는 문제의 원인을 파악하여 해결하고자 한다.		
9	놀이에서 자기의 감정을 적절한 언어로 표현한다.		
10	놀이내용(이야기 혹은 각본)을 이해하고 설명할 수 있다.		
11	이미 놀이를 시작한 놀이집단에 합류할 수 있다.		
12	놀이 자료를 함께 공유하면서 놀이한다.		
13	놀이규칙을 만들어서 또래에게 제시하기도 하며, 규칙을 지키면서 놀이한다.		
14	다른 또래와 놀이내용(이야기/ 각본)을 수용하고 놀이 상대에 동조한다.		
15	놀이 시 또래를 돕고 놀잇감을 서로 교환하고, 차례를 지키는 행동이 자주 발생한다.		
16	교사의 개입 없이 4~5명의 유아와 함께 협동놀이를 할 수 있다.		
17	놀이에서 다른 사람의 감정을 파악한다.		
18	놀이 상대방의 감정을 공감한다.		
19	놀이 참여 시 자기 감정을 조절하는 편이다.		
20	놀이 참여 시 안정감을 유지하는 편이다.		
21	놀이 결과에 집착하지 않고 놀이를 즐긴다.		
22	놀이하는 동안 화, 기쁨, 슬픔을 표현한다.		
23	놀이에서 갈등 상황을 해결하고 적응한다.		
24	놀잇감을 좋아하고 소중하게 다룬다.		
25	다양한 놀이기구를 사용한다.		
26	놀이에서 역할의 특성을 언어로 적절하게 표현할 수 있다.		

번호	평가문항	예 1	아니오 0
27	놀이 이야기를 만들어낼 수 있다.		
28	다른 사람의 말을 이해하여 대화로 연결시킨다.		
29	놀이 상황에 맞는 어조(억양)를 표현한다.		
30	몸짓을 대신하여 언어로 표현할 수 있다.		
31	놀이에서 새로운 단어나 어휘를 자주 만들어내는 편이다.		
32	또래에게 놀이를 하자고 먼저 요청하고 시도한다.		
33	또래친구들이 놀이 상대자로 선호한다.		
34	놀이 도중 의견 충돌이 있을 경우 중재 역할을 한다.		
35	놀이 시 또래들 사이에서 지도자와 추종자의 역할을 다 잘 한다.		
36	혼자 놀고 싶을 때 적절한 장소를 선택할 수 있다.		
37	다른 사람과 함께 놀이하는 것을 좋아한다.		
38	놀이를 지속하기 위하여 방해 요소를 해결한다.		
39	놀이 상황에 맞는 신체 움직임을 역동적으로 한다.		
40	자신의 감정과 생각을 자유롭게 신체로 표현한다.		
41	눈과 손, 그리고 소근육과 협응력이 뛰어나 조작놀이를 잘 하는 편이다.		
42	신체 움직임과 활동 동선, 속도와 빠르기를 조절하여 놀이를 잘 하는 편이다.		
43	놀이 상대의 동작을 보고 정확하게 따라 하며 놀이를 할 수 있다.		
44	게임 시 사물을 정확하게 던질 수 있는 편이다.		
45	놀이 시 두 가지 이상의 신체 움직임을 자유롭게 한다.		
46	역할놀이 시 자신이 맡은 역할에 맞는 몸짓을 한다.		
47	무관심하게 다른 또래의 놀이를 쳐다본다.		
48	한 가지 놀이에 몰입하지 못하고 이리저리 방황한다.		
49	교사에게 책을 자주 읽어 달라고 한다.		
50	애완동물(금붕어, 강아지), 식물 돌보는 등의 활동을 놀이보다 더 좋아하는 편이다.		

출처: 지성애(2007).

(4) 놀이 영역 참여 관찰척도

놀이를 효과적으로 준비하고 계획하기 위해서는 학급의 어떤 놀이 영역에 유아들이 가장 많이 참여하고 있는지, 또 어떤 영역의 참여도가 낮은지를 알아야 한다. 5분 간격으로 각 놀이 영역에 몇 명의 유아가 참여하고 있는지를 관찰함으로써 놀이 영역의 참여 상황을 관찰할 수 있다. 빈 칸에 놀이 영역별 참여 유아의 수를 기재하여 빈도를 집계하면 놀이 영역의 참여 상황을 쉽게 파악할 수 있다.

| 표 6-4 | 놀이 영역 참여 관찰척도

반이름 :				관찰일자				관찰자 :		
시간	쌓기	역할	언어	수·조작	과학	조형	음률	컴퓨터	바깥놀이	기타
9:20	4명	4명	1명	2명	3명	1명	2명	3명	·	·
9:25	4명	6명	3명	·	·	4명	1명	2명	·	·
9:30	6명	2명	4명	4명	·	4명	·	·	·	·
9:35	2명	1명	4명	2명	2명	4명	·	1명	4명	·
계	16명	13명	12명	8명	5명	13명	3명	6명	4명	·

출처: Lindberg & Swedlow(1980).

(5) 놀이환경 · 놀이친구 · 놀잇감 관찰척도

이 관찰척도는 유아의 놀이환경에 대한 반응과 친구관계, 놀잇감에 대한 반응을 주로 관찰하는 척도로서 관찰 결과를 놀이 준비와 지도에 반영할 수 있다.

한 학급의 유아 전체를 한 번에 관찰하기 어려우므로 하루에 4~6명씩 계속해서 며칠에 걸쳐 관찰하도록 한다.

| 표 6-5 | 놀이환경/ 놀이친구/ 놀잇감 관찰척도

관찰일자 :		관찰자 :		
유아 1-( ) (남, 여)		생년월일		
유아 2-( ) (남, 여)		생년월일		
유아 3-( ) (남, 여)		생년월일		
유아 4-( ) (남, 여)		생년월일		
체크리스트	**유아 1**	**유아 2**	**유아 3**	**유아 4**
〈놀이환경에 대한 반응〉 • 자유로이 탐색함 • 호기심을 보이나 참여하기 망설임 • 탐색을 꺼림				
〈놀이친구와의 관계〉 • 친구와의 접촉 시도 • 교사와의 접촉 시도 • 놀이집단에 가까이 있음 • 친구에게 배척됨 • 친구에 대한 공격성				
〈놀잇감에 대한 반응〉 • 놀잇감을 자유롭게 선택함 • 놀잇감의 선택에 도움이 필요함 • 놀잇감을 통해 성취감을 느낌 • 적절한 주의집중 시간을 보임 • 행동의 목표가 불확실함 • 놀잇감을 잘 다룸 • 지시를 따름				

출처: Lindberg & Swedlow(1980).

(6) 놀이지속시간 관찰척도

이 관찰척도는 유아가 놀이에 집중하며 적절한 시간 동안 놀이를 지속할 수 있는지의 여부를 관찰하기 위한 것이다. 교사는 3분 간격으로 각 놀이 영역에서 놀고 있는 유아들의 이름을 빈 칸에 기록하는데, 3분 후에도 계속 같은 놀이 영역에 참여하고 있는 유아의 경우에는 이름을 다시 기록하지 않고 화살표로 연장선을 긋는다. 3분 간격으로 여러 차례 반복하여 관찰하면 유아의 놀이지속시간을 평가할 수 있다. 늘 같이 이동하는 놀이친구는 ○표로 묶어서 표시함으로써 친구 관계를 파악하도록 하며, 놀이 영역을 자주 바꾸는 유아는 이름에 ○표 하여 구분한다.

| 표 6-6 | 놀이지속시간 관찰척도

시간 표집 : (3분 간격)　　　　　　반 :
관찰일 :　　　　　　　　　　　　관찰자 :

시간 놀이 영역	9 : 20	9 : 23	9 : 26	9 : 29	9 : 32	9 : 35
쌓기	지선 → 종석 → 태희 → 명선 →	→ → 지원 → 가연 →		설희 세라	인혁	대범
역할	가연 유정 유나 지원	인혁		지선 종석 말자 → 남승 → 대범 →	→ → →	
언어	세라	유정 → 유나		태희 →		용한 인혁
수 · 조작	경석 은희	용한	인혁	유정 명선	용한 세라 가연 지원	유정 유나
과학	용한 설희	경석 → 은희 →	→ → 용한 →		유정 유나	흥진 설희
조형	인혁	세라 명선 설희	가연 → 지원 →	은희 → 유나	지선 → → 경석 →	가연 지원
음률				인혁	설희	
컴퓨터	지원 → 향숙 → 남숙 →	대범 → → →	유나		명선 → 지원 →	유정
쳐다보기	대범					

출처: Nilson, 1997: 138에서 응용.

2) 평정척도

평정척도는 놀이행동 관찰 및 평가를 수행하기에 편리한 기록체계를 제공하는 점은 관찰척도와 유사하나 단순히 관찰대상 행동의 유무를 기록하는 관찰척도와는 달리 관찰행동의 정도와 질에 대한 판단을 할 수 있는 장점이 있다.

또한 평정척도는 사용하기 쉽고, 평가자들이 개별 유아의 장기적인 관찰을 통해 정확한 평가를 할 수 있는 장점이 있으나 관찰척도보다 신뢰도가 낮고, 오류가 더 크다는 단점이 있다. 그 예로 기억 효과를 들 수 있는데, 기억 효과란 평가자가 가장 대표적인 행동보다는 최근의 행동에 근거해 판단하는 경향을 말한다. 그 밖에 평가자는 다음과 같은 오류를 범하기 쉽다(Irwin & Bushnell, 1980; Johnson et al., 1999에서 재인용).

① **관대함의 오류** : 친숙한 사람을 관대하게 평가하는 경향
② **집중 경향치의 오류** : 아주 높거나 낮은 점수를 피하려는 경향
③ **후광 효과**(halo effects) : 부적절한 정보가 판단에 영향을 미치는 경향

이러한 오류에 빠지지 않는 최선의 방법은 이러한 오류를 유념하고 공정한 평가에 임하는 것이다. 교사가 교실에서 활용할 수 있는 간편 효율적인 평정척도를 소개하면 다음과 같다.

① 놀이성 평정척도
② 또래놀이 평정척도
③ 놀이 평정척도

(1) 놀이성 평정척도

놀이성은 기본적인 개인 성향이다. 어떤 유아들은 놀이에 적극적으로 참여하는

성향을 인성으로 가지고 태어나는데, 이러한 성향의 유아들은 지루하고 단조로운 환경에서도 스스로 놀이세계를 창조하는 반면, 어떤 유아들은 풍부한 놀이 환경에 처해 있어도 놀지 않는다.

바넷(Barnett, 1990)은 리버만(Liberman, 1977)의 평정척도를 참고로 교사(연구자)들이 유아의 놀이성을 평가할 수 있는 척도를 개발하였다(Johnson et al., 1999에서 재인용). 바넷은 유아들의 놀이성을 평가하는 다섯 가지 행동 특징을 규정하고 5점척으로 평가할 수 있도록 하였다. 놀이성을 판단하는 다섯 가지 행동 특징은 다음과 같으며, 아래 요인을 고루 갖춘 유아들은 놀이성이 풍부하다고 평가한다.

① **신체적 자발성** : 온몸을 활기차고 균형 있게 움직인다.
② **사회적 자발성** : 다른 사람들과 잘 지내며 집단생활을 즐긴다.
③ **인지적 자발성** : 상상력, 창의력, 사고력에 융통성이 있다.
④ **즐거움의 표현** : 잘 웃고 행복함과 즐거움을 표현한다.
⑤ **유머 감각** : 유머러스한 상황을 이해하고 즐긴다.

| 표 6-7 | 놀이성 평정척도

유아이름 : (남, 여) 생년월일 : 관찰일 : 관찰자 :

내용	전혀 1	조금 2	다소 3	많이 4	매우 많이 5
〈신체적 자발성〉					
유아의 동작이 잘 협응되어 있다.	1	2	3	4	5
놀이 시 신체적으로 능동적이다.	1	2	3	4	5
조용하기보다 적극적인 것을 좋아한다.	1	2	3	4	5
많이 뛰고, 스킵, 달리고, 점프한다.	1	2	3	4	5
〈사회적 자발성〉					
다른 유아의 접근에 쉽게 반응한다.	1	2	3	4	5
다른 유아와의 놀이를 시작하고 주도한다.	1	2	3	4	5
다른 유아와 협동적으로 놀이한다.	1	2	3	4	5
놀잇감을 기꺼이 공유한다.	1	2	3	4	5
놀이 시 리더의 역할을 맡는다.	1	2	3	4	5

〈인지적 자발성〉					
자기 나름대로의 게임을 창안한다.	1	2	3	4	5
놀이 시 창의적으로 사물을 사용한다.	1	2	3	4	5
다양한 등장인물의 역할을 맡는다.	1	2	3	4	5
놀이 시 활동을 변경한다.	1	2	3	4	5
〈즐거움의 표현〉					
놀이 시 즐거움을 표현한다.	1	2	3	4	5
놀이 시 환호성을 나타낸다.	1	2	3	4	5
놀이 시 열심을 보인다.	1	2	3	4	5
놀이 시 감정을 표현한다.	1	2	3	4	5
놀이 시 그림이나 글을 쓰고 말한다.	1	2	3	4	5
〈유머감각〉					
다른 유아와 유머를 즐긴다.	1	2	3	4	5
재미있는 이야기를 말한다.	1	2	3	4	5
재미있는 이야기를 듣고 웃는다.	1	2	3	4	5
익살부리기를 좋아한다.	1	2	3	4	5

기타 의견 :

신체적 자발성 :	점	사회적 자발성 :	점
인지적 자발성 :	점	기쁨의 표현 :	점
유머감각 :	점		

놀이성 총점 : 점

출처: Barnett, 1990: 237–238의 연구를 응용한 Johnson et al., 1999.

교사는 놀이성 평정척도로 유아들의 놀이를 평가하여 평가점수가 낮은 유아들에게는 적절한 도움을 제공하도록 한다.

(2) 또래놀이 평정척도

이 놀이 평정척도는 팬투조, 서튼 스미스, 쿨라한, 맨즈, 캐닝, 뎁남(Fantuzzo, Sutton-Smith, Coolahan, Manz, Canning, & Debnam, 1995)이 요인분석을 통해 헤드 스타트 유아들을 대상으로 또래놀이 상호작용 평정척도(Peenn Interactive Peer Play Scale: PIPPS)를 개발한 것이다. 이 척도는 또래놀이 상호작용에서 적응 · 비적응 놀이기술이 있는 유아를 판단하는 도구로 활용할 수 있는 장점이 있으며, 다음의 세 가지 관찰항목에 대해 4점 척도로 평가한다(Johnson et al., 1999).

① **놀이 상호작용**(play interaction) : 친사회적 행동, 대인간 기술, 자기통제, 언어적 주장과 관련되는 긍정적 차원
② **놀이 파괴**(play disruption) :공격적 행동과 자기 통제력의 부족과 관련된 부정적 차원
③ **놀이 단절**(play disconnection) : 위축 행동과 관련된 부정적 차원

교사들은 이 척도로 놀이 시 또래 간의 상호작용을 관찰함으로써 전반적으로 유아들이 상호작용 기술이 부족하고 파괴적이고, 단절된 행동을 보이면 보다 구조적인 교사 중심의 긍정적인 상호작용을 활성화하는 놀이를 준비하고, 유아들이 활발한 사회적 상호작용을 보이면, 이러한 측면을 강화하고 또래 간의 상호작용을 교수매체로 활용하여 사회적 놀이 수준이 높은 유아로 하여금 다른 유아의 사회성 향상을 돕는 또래 중재 프로그램에 참여하게 할 수도 있다.

| 표 6-8 | 또래놀이 평정척도

유아이름 :　　(남, 여)　　생년월일 :　　관찰일 :　　관찰자 :

놀이 관찰 내용	지난 두 달간 행동의 빈도			
	없음 1	가끔 2	자주 3	매우 자주 4
〈놀이 상호작용〉				
아이디어를 공유한다.	1	2	3	4
다른 유아를 리드한다.	1	2	3	4
다른 유아를 돕는다.	1	2	3	4
다른 유아의 행동을 정중히 지시한다.	1	2	3	4
다른 유아를 놀이에 참여하도록 허용한다.	1	2	3	4
놀이 이야기와 활동을 정하는 데 창의성을 보인다.	1	2	3	4

〈놀이 파괴〉				
싸움과 논쟁을 시작한다.	1	2	3	4
다른 유아에게 거절(거부)당한다.	1	2	3	4
차례를 지키지 못한다.	1	2	3	4
공격적인 행동을 한다.	1	2	3	4
다른 유아의 물건을 부순다.	1	2	3	4
언어적 공격과 비난을 한다.	1	2	3	4
울음, 불만, 화낸다.	1	2	3	4
다른 유아의 물건을 빼앗는다.	1	2	3	4
〈놀이 단절〉				
놀이집단 밖에서 서성인다.	1	2	3	4
위축행동을 보인다.	1	2	3	4
목적 없이 배회한다.	1	2	3	4
다른 유아에게 무시당한다.	1	2	3	4
놀이집단에 초대되지 못한다.	1	2	3	4
초대되었을 때 놀이에 참여하기를 거절한다.	1	2	3	4
놀이 시 혼동된다.	1	2	3	4
교사의 지시가 필요하다.	1	2	3	4
행복하지 않은 것처럼 보인다.	1	2	3	4
한 놀이에서 다른 놀이로 이동하기 어렵다.	1	2	3	4

비고 :

놀이 상호작용 : 점
놀이 파괴 : 점
놀이 단절 : 점

출처: Fantuzzo et al., 1995: 111의 연구를 응용한 Johnson et al., 1999.

(3) 놀이 평정척도

놀이 평정척도는 유아의 전반적인 놀이 발달을 평가할 수 있는 평정척도이며, 교육부(1995)가 제시한 「유치원 교육과정에 기초한 유아관찰척도」를 기초로 구성한 것이다. 교사는 놀이 관찰 결과를 기초로 해당란에 ∨표 하도록 하며, 앞의 '(2) 또래놀이 평정척도'와 마찬가지로 총점을 합산하여 상대 평가 자료로 활용할 수 있다.

| 표 6-9 | 놀이 평정척도

유아 이름 :　　　　　　　　　　　　　　　　만 연령 :
학급명 :　　　　　　　　　　　　　　　　　　관찰자 :
관찰기간 :　　　년　　월　　일 ～　　　년　　월　　일

1. 놀이계획 및 실행하기

____1) 스스로 놀이를 계획하지 못한다.
____2) 놀이 계획을 세우나, 실행하지 못한다.
____3) 놀이 계획을 세우고, 반 정도는 계획대로 실행한다.
____4) 놀이 계획을 세우고, 대부분 계획대로 실행한다.

2. 놀이에 참여하기

____1) 놀이에 참여하지 않는다.
____2) 교사나 친구의 도움을 받아 놀이에 참여한다.
____3) 스스로 놀이를 선택하나, 소극적으로 참여한다.
____4) 스스로 놀이를 선택하고, 적극적으로 참여한다.

3. 시작한 놀이 완성하기

____1) 시작한 놀이를 완성하지 못하는 경우가 많다.
____2) 교사의 격려가 있어야만 시작한 놀이를 완성한다.
____3) 교사의 격려가 없어도 대개는 시작한 놀이를 완성한다.
____4) 시작한 놀이를 열심히 하고 스스로 완성한다.

4. 놀잇감 나누기

____1) 놀이기구나 놀잇감을 다른 유아와 나누어 쓰지 않는다.
____2) 교사의 요청이 있어야만 나누어 쓴다.
____3) 교사의 요청 없이도 가끔은 다른 유아와 나누어 쓴다.
____4) 교사의 요청 없이도 다른 유아와 잘 나누어 쓴다.

5. 집단놀이에 참여하기

____1) 집단놀이에 참여하지 않는다.
____2) 집단놀이에 소극적으로 참여한다.
____3) 집단놀이에서 역할을 맡아 참여한다.
____4) 집단놀이에서 주도적인 역할을 한다.

6. 놀이 규칙 지키기

____1) 학급의 놀이 규칙을 전혀 지키지 않는다.
____2) 교사가 일깨워 주어야만 가끔 놀이 규칙을 지킨다.
____3) 스스로 놀이 규칙을 지키는 편이나, 안 지키는 경우도 있다.
____4) 스스로 학급의 놀이 규칙을 잘 지킨다.

7. 놀이 시 차례 지키기

____1) 놀이 시 차례를 지켜야 함을 모른다.
____2) 차례를 지켜야 하는 것을 알지만, 거의 지키지 못한다.
____3) 차례를 지키는 편이나, 지키지 못할 때도 있다.
____4) 자기 차례를 잘 지킨다.

8. 놀이 시 한계 수용하기

____1) 놀이에 어떤 제한(놀이시간, 놀잇감의 사용방법 등)이 있을 때 제한을 받아들이지 않는다.
____2) 거부감을 보이면서 가끔 제한을 받아들인다.
____3) 대체로 거부감 없이 제한을 받아들인다.
____4) 제한을 잘 받아들인다.

9. 놀이 시 돕기행동

____1) 다른 유아나 교사가 도움을 청해도 돕지 않는다.
____2) 도움을 청하면 마지못해 돕는다.
____3) 도움을 청하면 기꺼이 돕는다.
____4) 스스로 도움을 준다.

10. 놀이시설 및 기구의 안전한 사용

____1) 놀이시설 및 기구의 안전규칙을 지키지 않는다.
____2) 안전규칙을 지킬 때도 있고, 지키지 않을 때도 있다.
____3) 안전규칙을 지켜서 놀이기구를 바르게 사용한다.
____4) 안전규칙을 잘 지키며 다른 친구에게도 지키도록 말한다.

11. 놀잇감 정리하기

____1) 교사가 지시해도 놀잇감을 정리하지 않는다.
____2) 교사가 지시할 때에만 놀잇감을 정리한다.
____3) 스스로 놀잇감을 정리한다.
____4) 스스로 놀잇감과 함께 주변을 깨끗이 정리한다.

12. 역할놀이에 참여하기

____1) 역할놀이에 참여하지 않는다.
____2) 역할놀이에 관심은 가지나, 옆에서 구경만 한다.
____3) 역할놀이에 관심을 갖고 참여한다.
____4) 역할놀이 과정에서 새로운 제안도 하며, 창의적 표현을 시도한다.

13. 역할놀이 시 가족의 역할 알기

____1) 역할놀이 시 자기가 할 수 있는 일을 말할 수 있다.
____2) 역할에 따라 적절한 역할을 수행한다.
____3) 가족 구성원(언니, 동생 포함)의 역할을 말할 수 있다.
____4) 가정에 따라 가족의 역할이 달라질 수 있음을 안다.

14. 운동놀이

____1) 달리기를 잘 하지 못한다.
____2) 달리기는 하나, 몸의 균형을 잘 유지하지 못한다.
____3) 몸의 균형을 유지하며 달린다.
____4) 달릴 때 속도와 방향을 조절한다.

15. 미술놀이를 위한 소재 활용

____1) 같은 소재만 주로 선택한다.
____2) 다양한 소재에 관심을 가지나, 적절히 활용하지 못한다.
____3) 다양한 소재에 관심을 갖고 적절히 활용한다.
____4) 다양한 소재에 관심을 갖고 창의적으로 활용한다.

16. 규칙 있는 게임에 참여하기

____1) 게임에 거의 참여하지 않는다.
____2) 게임 시 정해진 규칙에 따라 게임을 한다.
____3) 정해진 규칙에 따라 게임에 참여하기를 즐거워한다.
____4) 게임 시 정해진 규칙을 잘 따르고 적극적으로 참여한다.

3) 일화기록

일화(一話)기록이란 사건이 일어나는 것을 기록하거나 일어난 직후에 기록하는 짧은 기록물을 말한다. 일화기록은 유아의 놀이능력 및 전반적인 발달 상태를 반영하는 놀이 시에 일어난 의미있는 사건들을 기록하기 위해 사용한다. 관찰척도와 평정척도에 의한 관찰방법보다 덜 구조적이며, 놀이에 대한 풍부한 설명과 놀이 상황을 파악할 수 있는 장점이 있지만 시간이 더 많이 소요된다.

일화기록 방법으로는 놀이가 진행되는 동안 현재형으로 기록하는 노트(note)식 일화기록과 놀이가 진행되고 있는 동안 기록이 불가능한 경우 놀이가 끝난 후 놀이를 회상하면서 과거형으로 기록하는 비네트(vignett)식 일화기록이 있다.

일화기록을 할 때는 놀이 시 일어난 일, 보고 들은 것을 정확하게 기록하는 데 중점을 두고, 해석과 평가는 놀이가 끝난 후에 실시한다. 일화기록은 노트나 파일, 도서카드에 학급 유아들의 이름을 플립차트(flip chart)처럼 색인화한 후, 기록할 점이 있을 때 해당 유아의 카드를 찾아 기록하거나 포스트-잇에 기록한 후 나중에 정리한다거나, 기록이 끝나면 카드를 떼어 내어 해당 유아의 관찰 파일에 보관하며, 새 카드를 그 자리에 끼워 넣는 식으로 한다.

관찰 가이드를 참고로 일화기록을 할 수도 있는데 놀이 시의 특정 측면(사회적 상호작용 기술, 놀이 이야기의 주제, 내용, 놀이지속시간, 언어적 의사소통, 사물, 행동, 상황에 대한 가상 등)을 중점적으로 관찰한 후, 이것을 다시 일화기록식으로 기록할 수도 있다.

다음은 구체적인 일화기록 방법과 그 예이다.

일화기록 관찰 양식

- **관찰유아**(생년월일) : 정○○ (2017. 5. 17)
- **관찰일** : 2022년 12월 15일
- **제목(장면)** : 역할놀이 시 첫 쓰기 행동
- **장소** : 교실 역할놀이 영역
- **기록내용** :

몇몇 유아들이 역할놀이 영역에서 수선소 놀이를 하고 있었다. ○○가 수선소 주인이 되어 "면도기, 청소기, 전기밥통, 드라이기 모두 고칩니다! 고장난 물건 고치실 분 어서 오세요!"라고 선전하였다. 이때 △△가 놀이 영역에 놓여 있는 면도기를 들고 수선소에 와서 "아저씨, 면도기가 고장나서 왔는데요, 좀 고쳐 주세요"라고 말하였다.

○○는 쉭쉭 소리를 내며 기름을 칠하는 척하며 물건을 고쳤다. 수선을 마친 후 ○○는 종이에 찾으러 오는 날, 맡긴 사람, 수선소명이 쓰인 영수증을 △△에게 건네주었다.

① 유아명과 날짜, 시간, 상황, 놀이행동에 대한 정보를 기록한다.
② 관찰 대상 유아의 말과 행동을 기록한다.
③ 에피소드를 순서대로 기록한다.
④ 발화된 정확한 언어를 그대로 기록하여 대화 시의 분위기나 느낌이 보존되게 한다.
⑤ 객관적이며 정확하게 기록한다.

4) 전자매체 기록

전자매체 기록이란 평가를 위해 녹음기, 디지털카메라, 사진, 캠코더, 스캐너, 폴라로이드 카메라 등을 이용한 관찰 및 평가방법을 말한다. 비디오는 이제 일반 가정이나 학교에서 보편적으로 사용되고 있다. 캠코더는 부모들이 자녀의 유년기를 기록 · 보관하기 위해 보편적으로 사용하고 있으며, 학급의 기본 장비로 자리잡고 있는 중이다. 최근에는 유아놀이를 관찰 · 평가하기 위해 디지털카메라와 캠코더의 활용이 확산되고 있다. 이들 장비의 활용은 교사들이 관찰과 평가를 위해 들이는 노력과 시간을 다음과 같이 크게 줄여 줄 수 있다.

캠코더 촬영 시의 주의사항은 다음과 같다(Christie, Enz, & Vukelich, 1997, Johnson et al., 1999에서 재인용).

① 삼각대(트리포드)에 캠코더를 놓고, 줌 렌즈를 맞춰 유아들이 놀이할 주 영역을 비춘다. 캠코더를 켜고 카메라의 각도가 유아들의 의미 있는 놀이행동을 포착하는지 간간이 점검한다.
② 유아들의 언어가 잘 녹화되고 있는지를 확인하기 위해 예행녹화 연습을 한다. 이것은 유아들에게 낯선 장비에 대한 민감한 반응을 줄여 준다.
③ 녹화된 직후 가능한 한 빨리 녹화를 보면서 녹화되지 않은 중요한 사항은 기억에 의해 보충한다.

④ 캠코더에 의한 기록은 놀이 관찰을 위한 교사의 시간과 노력, 주의를 줄여 주며, 유아의 놀이행동 전반에 대해 상세한 기록을 남긴다.

5) 포트폴리오 평가

포트폴리오(portfolio) 평가는 그간 시행되어 오던 전통적인 평가방식의 단점이 지적되면서 이를 극복하기 위한 대안적 평가의 대표적인 방법으로서 유아평가의 새로운 패러다임으로 논의되고 있다. 즉 기존의 평가방식이 주로 상대평가를 하게 된 점, 표준화 검사의 선택형 평가문항 구성의 제한점, 지필(紙筆)검사가 지니는 한계점으로서 유아는 글을 알지 못하기 때문에 검사자가 문항을 언어로 들려주어야 하는데 그에 따라 발생하는 문제점, 검사자와의 친숙도나 평가받는 시간의 집중도, 심리 상태 등 주변의 여건이 평가에 미칠 수 있는 영향 등의 단점을 보완할 수 있는 평가이다.

포트폴리오는 미술, 음악, 사진, 건축 등의 예술 분야에서는 이미 오래전부터 사용되어 온 방법으로 예술가들이 자신의 스타일과 가지고 있는 기술을 대표적으로 모은 것에서 시작되었다고 한다(박혜경, 김영실, 김진영, 김소양, 1999; 황해익, 송연숙, 최혜진, 정혜영, 이경철, 민순영 외, 2003).

포트폴리오는 유아의 발달에 관한 다양한 기록물(documentation)을 체계적으로 모은 것(Nisen, 2001: 421, Wellhousen, 2002: 157에서 재인용)으로 유아의 경험이나 노력, 성취, 진보를 보여주는 다양한 자료를 장시간에 걸쳐 체계적으로 수집하여 유아의 수행 정도뿐만 아니라 발달과정을 평가하는 방법을 말한다. 포트폴리오 평가체계를 수행하고 조직하는 데는 다양한 방법이 있으며 교사마다 다르다.

포트폴리오 평가는 표준화 검사보다 훨씬 광범위하고 종합적이며, 평가과정이 일회적으로 끝나는 것이 아니라 유아 개개인의 변화와 발달과정을 전체적이면서도 지속적으로 평가하는 방식을 특징으로 한다. 이는 평가의 본질에 근접한 평가, 유아발달에 적합한 평가라고 할 수 있다. 그리고 이 평가방식의 장점은 평가

결과를 일상적인 교실생활 혹은 교수 · 학습과정에 반영하는 실제적 평가가 될 수 있다는 점이다(Bergen, 1994, Wiggins, 1993, 김경철, 2000에서 재인용).

그러나 포트폴리오 평가는 여러 가지 장점에도 불구하고 비용과 시간이 많이 소요되는 점, 자료 보관 시 공간 문제, 자료 수집과 평가과정에 교사의 편견이 작용할 가능성, 평가내용의 신뢰성 · 타당성 · 객관성의 확보가 어렵다는 단점도 지적되고 있다(황해익 외, 2003).

사실 유아평가는 표준화 검사를 통해 유아 간의 상대적 비교를 시도하는 것(개인간 평가)보다는 유아의 개별적인 진보에 관심을 두는 것(개인내 평가)이 더 바람직하다고 볼 수 있는 바, 바로 포트폴리오가 이러한 맥락의 평가방법이 될 수 있다. 우리나라 유치원 교육과정에서도 유아 개개인의 소질과 적성을 길러주면서 전인적인 발달을 돕기 위해 수행평가와 같은 질적 평가를 도입해야 한다고 제시되어 있다(강숙현, 2002; 교육부, 2000: 195).

포트폴리오에 포함되는 다양한 자료로는 표준화 검사 결과를 포함하여 유아의 작품, 교사의 관찰기록, 유아면담 및 부모상담 자료, 평정척도, 체크리스트에 의한 관찰 결과, 유아의 작품이나 활동을 담은 사진이나 디지털카메라 · 캠코더 · 스캐너 등 전자매체를 이용한 기록물 등 종합적인 자료가 모두 포함될 수 있다.

그렇다고 포트폴리오가 유아의 단순한 작품 모음책이나 잡다한 자료를 모아 놓은 서류철이 되어서는 안 되며, 교사는 포트폴리오를 통해 다른 평가방법으로는 얻을 수 없는 귀중하고 포괄적인 유아평가를 실행할 수 있도록 하는 데 초점을 맞춰야 한다.

교사는 포트폴리오의 조직과 구성에 대해 나름대로 결정을 내려야 한다. 즉 포트폴리오에 무엇을 포함시키고, 작업 견본을 얼마나 자주 수집할지를 결정해야 한다. 그러므로 교사마다 포트폴리오의 조직과 구성, 자료 수집 방법이 독특하고 다양하다고 할 수 있으며, 포트폴리오를 창조하는 것은 유아, 교사, 부모가 함께 참여하는 역동적인 과정이라고 할 수 있다(Catron & Allen, 1999).

포트폴리오의 자료 수집 방법과 내용, 양식, 해석을 살펴보면 다음과 같다(박혜경 외, 1999; 이정환, 박은혜, 1996; 황해익 외, 2003).

(1) 포트폴리오의 자료 수집 방법

일반적으로 포트폴리오의 자료 수집은 다음과 같은 원리와 절차에 의한다.

① 먼저 놀이 종류별로 자료 수집 기준을 정하고, 한 놀이 유형씩 자료를 수집한다. 학기 초부터 정기적으로 한 달에 한 번 정도, 교사의 판단에 따라 중요하다고 생각하는 자료를 선택하거나, 유아를 개별적으로 혹은 대·소집단으로 모이게 한 후, 자료 수집의 목적을 설명하고 포트폴리오에 넣고 싶은 작품을 선택하게 한다. 포트폴리오에 보관할 작품은 반드시 원본이 아니라도 복사본, 사진도 가능하며, 스캐너를 활용한다.

② 자료 수집을 체계적으로 실행하기 위해서 포트폴리오 내용목차(표 6-10 참조)를 활용하여 놀이 유형별로 자료 수집 날짜 및 자료의 형태를 기록하면 편중됨이 없이 균형적인 자료 수집을 할 수 있다.

| 표 6-10 | 놀이 포트폴리오 목차

번호	놀이 유형	날짜(형태)	날짜(형태)	날짜(형태)	날짜(형태)	날짜(형태)
1	쌓기	4/20(사진)				
2	역할					
3	수 · 조작					
4	언어	5/27(일화기록)				
5	미술					
6	과학					
7	음률					
8	물					
9	모래					
10	컴퓨터					
11	요리					
12	목공					
추가 항목						

출처: 황해익 외, 2003: 37에서 응용.

③ 포트폴리오를 수집하는 상황도 놀이환경(실내 · 외 놀이환경, 놀이 공간의 배치, 빛, 소음, 환기, 친구관계, 놀잇감의 종류나 양, 신기성 등)이 유아의 놀이행동에 영향을 미치는 점을 감안하여 가장 일상적이면서도 편안하고 자연스러운 놀이환경에서 유아를 관찰하고 자료를 수집하도록 한다.

④ 선정된 포트폴리오 자료 가운데 유아의 발달과정과 성취를 잘 보여줄 수 있는 가장 잘한 작품이나 실패한 작품을 포함시킨다. 교사는 보관할 자료에 그때 그때 놀이한 날짜와 놀이의 주제, 상황을 기록해 둔다.

⑤ 끝으로 학급에 유아별 개인 파일을 비치하여 포트폴리오 보관체계를 만들고, 유아들이 정기적으로 자신의 놀이 결과물을 스스로 평가할 수 있도록 한다.

⑥ 포트폴리오 노트나 비닐 파일폴더, 파일상자, 또는 다른 적절한 보관함에 보관한다. 이것은 유아의 전반적인 발달상을 파악하는 데 중요한 통찰력을 제공한다(Worthan, 1995, Catron & Allen, 1999에서 재인용).

(2) 포트폴리오의 내용

포트폴리오의 내용으로는 유아의 연령 및 발달 수준을 고려한 유아의 독특한 개성과 놀이 특징, 제일 좋아하는 놀이에 대한 기록, 놀이 발달과정과 장점, 놀이 시 친구관계에서의 자발성과 협동심, 또래 상호작용 관찰기록, 학습 성취 결과 등이 포함된다.

포트폴리오의 내용을 구성할 때는 핵심항목(core item)과 작업 견본(sample), 기타 항목으로 구분하여 분류한다.

① 핵심항목

학급의 모든 유아를 대상으로 반드시 수집되어야 할 항목을 말한다. 교실의 각 놀이 영역, 사회적 · 인지적 놀이 발달의 과정, 놀이 특징, 친구관계, 놀이를 통한

다섯 개 발달 영역의 학습 성취, 놀이의 선호도 등 1년에 세 번 정도 핵심항목의 견본을 수집한다.

② 작업 견본

핵심항목에 대한 다양한 견본으로서 즉 핵심항목에 기초하여 유아가 느끼고, 생각하고, 행동한 것을 보여주는 전형적인 표본을 말한다. 놀이에 대한 다양한 기록과 놀이 결과물(일화기록, 놀이에 참여한 활동 결과물 및 전자매체로 자료화한 것)은 교사 또는 유아가 선택한다.

예를 들면 유아의 조형놀이 결과물, 유아가 지은 이야기, 책읽기, 블록 구성 사진 등이다.

③ 기타 항목

체크리스트, 평정척도를 활용한 교사의 유아 놀이관찰 결과, 표준화 검사 결과, 유아면담 결과, 부모상담 결과 등이 여기에 해당된다. 이것은 포트폴리오 정보와 함께 참고할 수 있도록 포트폴리오에 포함시키거나 별도의 파일에 보관할 수도 있다.

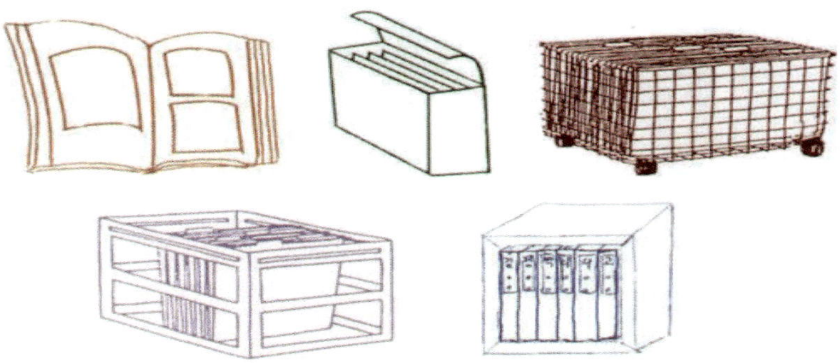

| 그림 6-2 | 포트폴리오 자료 수집 보관의 예

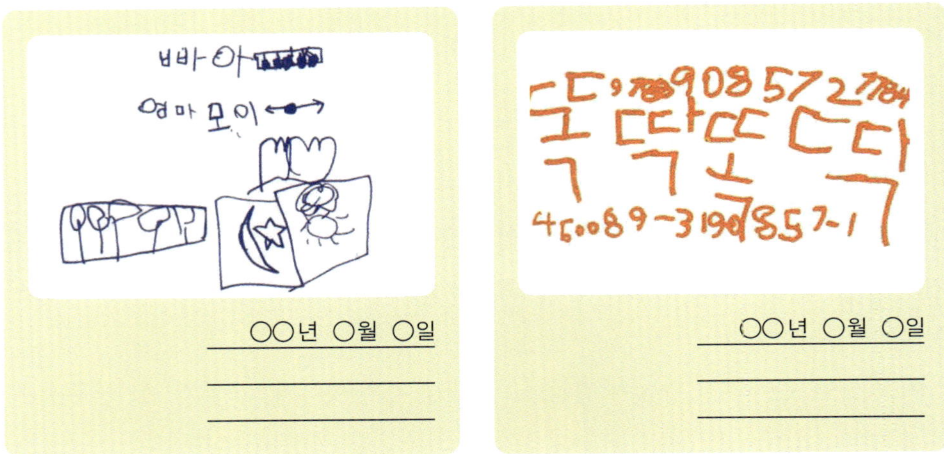

| 그림 6-3 | 포트폴리오 자료 수집의 예

(3) 포트폴리오의 양식

표 6-11은 유아놀이 포트폴리오 양식의 예이다.

| 표 6-11 | 놀이 포트폴리오 양식

유아이름		연령	만 세	성별	남, 여
평가시기	년 월 일	주제	우리 가족	활동명	아기 돼지 삼형제 집짓기
평가내용 및 관점	• 시작한 놀이에 열중하여 성취감 느끼기 • 놀이에 적극적으로 참여하기 • 집단놀이에 적극적으로 참여하기				
평가상황	자유놀이 : 쌓기놀이 영역				
평가유형	평정척도, 일화기록, 사진				

	평정척도	수준 1	수준 2	수준 3	수준 4
평가내용				✓	
				✓	
			✓		

〈일화기록〉

교사 : 무엇을 쌓은 것인지 선생님께 이야기해 주렴.

유아 : 아기 돼지 삼형제 동화에서 나오는 셋째 돼지의 집을 지은 거예요.

교사 : 참, 잘 만들었구나. 만드는 데 어려운 점은 없었니?

유아 : 집을 쌓을 때 블록이 모자랐어요. 친구들이 서로 차지하려고 하고 안 빌려줬어요.

교사 : 다음에는 친구들이랑 사이좋게 같이 쌓아보면 어떨까?

분석	○○○는 쌓기놀이를 통해 기쁨과 성취감을 느끼며, 적절한 놀이지속시간을 보인다. 대칭 개념, 도형 분류개념이 형성되어 있으나 아직까지 놀이 시 친구와의 원활한 상호작용은 이루어지지 않고 있다. 놀이에 열중하여 성취감을 느끼고 놀이에 적극적으로 참여하는 반면, 집단놀이에 참여하여 친구의 협조를 얻는다든지 적극적으로 상호작용하는 경험이 필요하다.

(4) 포트폴리오 분석 및 평가

포트폴리오 평가를 위한 자료와 정보를 수집한 후에는 포트폴리오의 내용을 분석하고 평가한다. 수집된 자료를 해석하기 전에 자료들을 요약 · 편집해야 하는데, 같은 놀이행동에 대해서도 서로 다른 평가기록이 있을 수 있기 때문에 수집된 자료들을 편집 · 통합한다.

자료를 요약 · 편집할 때는 한 번에 한 유아씩 놀이 유형별로 정보를 편집해가고, 한 유아에 대한 정보가 편집되고 나면, 다른 유아에 대한 자료로 넘어간다. 자료를 요약 · 편집하면서 그 유아의 바람직한 성장 경향과 놀이에서의 발달과 성취를 요약하며, 유아의 독특한 놀이 특성을 집약해 본다. 그리고 어떤 놀이에 대한 참여가 부족하고, 어떤 놀이의 향상이 필요한지도 평가해 본다. 또한 유아의 학기 초의 놀이 관찰 및 놀이 결과와 학기 말의 것을 비교해 보며, 교사의 관찰기록도 참고하며 종합하여 판단한다.

끝으로 교사와 유아가 함께 포트폴리오를 보면서 평가시간을 갖는다. 이 평가시간을 가짐으로써 유아들은 자기평가를 통해 자신의 장점과 약점을 알고 자신을 반성할 수 있으며, 교사는 필요한 도움과 피드백을 줄 수 있다. 이것은 최소한 학기당 한 번은 실시하도록 한다. 포트폴리오의 종합적인 분석 및 평가를 위해 표 6-12와 같은 요약서를 활용한다. 포트폴리오 요약서는 한 학기~한 해 동안 포트폴리오에 수집된 많은 정보를 요약하여 서술문으로 작성하는 것으로 이를 통해 교사는 포트폴리오의 내용을 체계적으로 살펴보게 되고, 유아의 놀이에 대한 방대한 포트폴리오 평가작업을 정리하고 요약함으로써 종합적인 평가를 내리게 된다(김석우, 김명선, 강태용, 정혜영, 2000).

| 표 6-12 | 포트폴리오 요약서

유아이름 :	생년월일 : 기 록 일 :	년 월 일 년 월 일	성별 : 남, 여

• **전체 놀이발달에 대한 요약 :**

• **주요 놀이발달 영역 :**

사회적 놀이발달 :

인지적 놀이발달 :

• **기타 :**

포트폴리오 자료를 분석하고 평가할 때 어려운 점은 유아의 놀이를 평가하는데 얼마나 많은 표본이 필요하고 어떤 표본이 적절한지 판단하기 어렵다는 점이다. 이러한 분석의 어려움을 극복하기 위해서 포트폴리오 평가의 유용성과 의미를 확장하기 위해 평가에 구조성을 부여하는 방법이 있다(김정원, 강숙현, 전선옥 역, 2000). 즉 포트폴리오에 수집된 정보를 토대로 정확하고 종합적인 평가를 내리기 위해 루브릭(rubric)을 활용하는 방법이다. 루브릭이란 수행의 질이나 수준을 판단하는 준거 또는 각 놀이 발달 수준에서 기대되는 수행의 정도를 말한다. 교사는 다음 표 6-13과 같은 루브릭을 참고하여 포트폴리오에 수집된 자료들을 분석할 수 있다.

표 6-13은 놀이의 분석과 평가에 활용할 수 있는 루브릭의 예이며, 표 6-9에 소개한 놀이 평정척도를 놀이의 분석과 평가를 위한 루브릭으로 활용할 수 있다.

| 표 6-13 | 놀이 포트폴리오 분석과 평가를 위한 루브릭

놀이 수준 I	놀이 수준 II	놀이 수준 III
• 놀이를 계획하고 완수하기		
놀이를 계획하고 실행하는 경험이 필요하다.	놀이를 계획하지만 실행하지 못할 때도 있다.	놀이를 스스로 계획하고 자율적으로 실행한다.
• 놀이 후 정리정돈하기		
놀이 후 정리정돈이 잘 이루어지지 않는다.	놀이가 끝난 후 가끔씩 정리정돈을 하지 않는 경우가 있다.	놀이가 끝난 후에는 언제나 정리정돈을 한다.
• 놀잇감을 활용하여 놀이하기		
놀잇감을 사용할 때 교사나 친구의 도움이 필요하다.	자기가 좋아하는 놀잇감을 다양한 방법으로 활용할 수 있다.	다양한 놀잇감을 다양한 방법으로 잘 활용한다.
• 놀이 시 협동하여 문제 해결하기		
자기 주장이 강하여 남의 의견을 들을 수 있는 태도가 요구된다.	놀이 시 문제를 해결할 때 자신의 의견을 조정할 수 있다.	놀이 시 친구의 생각을 수용하고 협동적으로 문제를 해결한다.
• 놀이 시 친구관계		
놀이 시 친구들과 사이좋게 노는 태도가 요구된다.	놀이 시 친구들과 잘 어울려 놀며 즐거워한다.	놀이 시 친구들에게 인기가 많으며 분위기를 잘 이끌어간다.
• 놀이 규칙 이해하고 지키기		
놀이 규칙을 잘 지키도록 지도가 요망된다.	놀이규칙을 대체로 잘 지킨다.	놀이 규칙을 잘 지킨다.
• 놀잇감, 시설을 안전하게 사용하기		
놀잇감과 시설을 이용할 때 안전규칙을 지키지 않으며, 성인의 도움이 필요하다.	여러 가지 놀잇감과 시설을 안전하게 이용한다.	안전규칙에 대해 잘 알고 여러 가지 놀잇감과 시설을 바르게 이용한다

놀이 수준 I	놀이 수준 II	놀이 수준 III
• 역할놀이 참여하기		
역할놀이에 직접 참여하는 경험이 필요하다.	역할놀이에 참여하길 즐긴다.	역할놀이에 적극적으로 참여하여 즐긴다.
• 놀이에 열중하여 성취감 느끼기		
놀이에 쉽게 싫증을 내며 끝까지 실행하는 데 어려움이 있다.	시작한 놀이를 끝까지 하려고 노력한다.	시작한 놀이를 끝까지 하여 성취감을 느낀다.
• 놀이에 적극적으로 참여하기		
놀이에 관심이 부족하므로 지도가 요구된다.	놀이에 관심이 있다.	놀이에 많은 관심과 흥미가 있으며 즐겨 참여한다.
• 집단놀이에 적극적으로 참여하기		
집단놀이에 소극적으로 참여한다.	집단놀이에 열심히 참여하려고 노력한다.	집단놀이에 적극적이며 자발적으로 참여한다.

출처: 나정, 박찬옥, 정미라, 1996에서 응용.

다시 생각해보기

이야기 나누기 활동에 산만한 행동을 하면서도 교사의 방금 한 내용을 묻는 질문에 정 반응을 하는 유아가 있다. 자유놀이에서도 여러 영역을 오가며 산만함을 보이는데, 블록으로 구성을 하기 시작하면 완성할 때까지 몰입하곤 한다. 이 유아의 행동을 어떻게 해석하면 좋을까?

교사가 보는 산만함과 유아가 느끼는 산만함이 같은 의미인지, 쌓기놀이에서는 어떻게 몰입이 가능한지, 몸은 계속 움직이며 산만한데 교사의 이야기 내용을 어떻게 알아듣는 것인지 서로 생각을 나누어 봅시다.

연습문제

1. 다음 문장들을 읽고, 진위를 O, X로 표시하시오.

- 놀이 관찰 및 평가는 교육내용 및 놀이계획에 반영되므로 교사로서 연습과 훈련을 통해 교사가 해야 할 일의 자연스러운 일부분이 되도록 해야 한다. (   )
- 놀이 관찰 및 평가는 개인내 평가보다는 개인간 평가에 중점을 두어 관찰, 평가해야 한다. (   )
- 유아의 대표적이고 전형적인 놀이행동이라는 판단을 확실히 하기 위해서는 장기간 유아의 놀이행동을 관찰하여 평가한다. (   )
- 포트폴리오에는 유아가 한 놀이 및 활동 중에 가장 잘한 대표적 작품의 원본과 복사본이 포함된다. (   )

2. 다음 문장을 읽고 간략히 쓰시오.

- 관찰척도란 무엇인가?
- 평정척도란 무엇인가?
- 일화기록이란 무엇인가?
- 포트폴리오란 무엇인가?
- 메타 커뮤니케이션과 가상 커뮤니케이션이란 무엇인가?
- 또래놀이 평가 시 놀이 파괴란 무엇인가?
- 포트폴리오 평가에서 핵심항목과 작업 견본의 차이는 무엇인가?
- 포트폴리오 평가 시 수집된 정보의 정확하고 종합적인 분석과 평가를 위해 수행의 질이나 수준을 판단하는 준거 또는 기대되는 수행의 정도를 기술한 것은 무엇인가?

참고문헌

강숙현 (2002). **포커스 인 포트폴리오–발달에 적합한 영 · 유아평가**. 경기: 교육과학사.

경기도교육청 (2018). 「놀이중심교육과정 실천자료」 놀이 2018 –유아교육, 놀이로 풀다–. 경기도교육청.

경기도교육청 (2019). 「놀이중심교육과정 심화자료」 놀이 2019 –놀이로 유아의 삶을 담다–. 경기도교육청.

교육부 (1995). **유치원 교육활동지도자료 1**. 서울: 대한교과서주식회사.

교육부 (2000). **유치원 교육활동지도자료 1**. 서울: 대한교과서주식회사.

김경철 (2000). 유아평가와 수행평가. 21C에 적합한 유아교육 평가방향 모색. **열린유아교육학회 2000년 추계 학술대회자료집**, 63–78.

김석우, 김명선, 강태용, 정혜영 (2002). **포트폴리오 평가의 이론과 실제**. 서울: 학지사.

나정, 박찬옥, 정미라 (1996). **유치원 생활기록부 전산화를 위한 기술양식 개발연구**. 서울: 한국교육개발원.

박혜경, 김영실, 김진영, 김소양 (1999). **유아언어교육–이론과 실제**. 경기: 양서원.

이정환, 박은혜 (1996). **교사들을 위한 유아관찰 워크북 II**. 서울: 한국어린이육영회.

지성애 (2007). 유아놀이척도 타당화 연구. **유아교육학논집**, 11(1), 65–84.

지성애, 김영옥, 홍혜경 (2007). 유아놀이에 대한 교사의 인식조사 및 창의적 놀이중심 프로그램의 효과. **2002 한국유아교육학회 학술대회–유아교육과정의 방향 정립–자료집**, 158–177.

황해익, 송연숙, 최혜진, 정혜영, 이경철, 민순영, 박순호, 손원경 (2003). **유아교육기관에서의 포트 폴리오 평가**. 서울: 창지사.

Carton, C. E., & Allen, J. (1999). *Early childhood curriculum -A creative play model-*. NJ: Prentice–Hall.

Fantuzzo, J., Sutton–Smith, B., Coolahan, K., Manz, P., Canning, S., & Debnam, D. (1995). Assessment of preschool play interaction behaviors in young low–income children: Penn Interactive Peer Play Scale. *Early Childhood Research Quarterly*, 10, 105–120.

Gullo, D. F. (2000). 유아교육 평가의 이해. 김정원, 강숙현, 전선옥 역. 경기: 양서원 (원본발간일 1994).

Johnson, J., Christie, J., & Yawkey, T. (1999). *Play and early childhood development*. New York: Addison Wesley Longman, Inc.

Linderg, L., & Swedlow, R. (1980). *Early childhood education*. Boston: Allyn & Bacon, Inc..

Nilsen, B. A. (1997). *Week by week plans for observing and recording young children*. Albany: Delmar Publishers.

Rubin, K. H., Maioni, T. L., & Hornung, M. (1976). Free play behaviors in middle– and lowerclass preschoolers: Parten and Piaget revisited. *Child Development*, 47, 414–419.

Smilansky, S. (1968). *The effects of sociodramatic play on disadvantaged preschool children*. New York: Wiley.

Vygotsky, L. S. (1978). *Mind in society: The development of higher psychological process*. London: Harvard University Press.

Chapter 07

유아 놀이의 실제

1. 쌓기놀이
2. 역할놀이
3. 운동놀이
4. 모래 · 물놀이

개요

교실에서 매일 놀이가 반복된다. 유아들의 놀이를 들여다보는 것을 시작으로, 관찰된 놀이상황을 토대로 어떤 놀이가 연계될 것이며, 놀이가 확장되도록 하기 위한 상호작용은 무엇일지 헤아려보게 된다. 이러한 놀이 경험을 통한 의미는 무엇이며, 2019 개정 누리과정 5개 영역의 내용과 어떠한 관련이 되는지도 생각해 볼 수 있다.

이러한 흐름에 맞춰, 5장에서 다루었던 '놀이지원 방법과 교사 역할'을 토대로 놀이를 지원한다면 유아가 보다 주도적으로 놀이하게 되리라 기대해볼 수 있다. 7장에서는 쌓기놀이, 역할놀이, 운동놀이, 물 · 모래놀이 등에서 놀이지원의 실제를 살펴보고자 한다.

Chapter 07

유아 놀이의 실제

1 쌓기놀이

1 주차장 놀이

유아들의 놀이 들여다보기

미니 자동차를 바닥에 굴리고 있다.

"빵빵~ 내가 차를 대고 있어요. 비켜주세요"
"내가 여기에 차를 대려고 하는데~"
"난 맨 끝에다 차를 대야지! 너 내 옆에 댈래?"

연계한 놀이

놀이명	주차장 놀이
놀이자료	유니트 블록, 종이 벽돌 블록, 다양한 소품(자동차, 교통 표지판, 나무, 사람 등)

놀이 확장을 위한 상호작용

- 미니 자동차가 여러 대인데, 블록 영역에서 주차장을 만들려면 무엇이 필요할까?
- 주차장의 층, 칸, 출입구 등 무엇을 더 만들어주면 좋을까?
- 주차장을 만들 때 몇 명이 함께 하면 좋니?
- 이 정도 크기의 공간이면 주차장을 만들 때 적당하다고 생각하니?
- 여러 명이 함께 할 때 서로 자기 생각만으로 하겠다고 하면 어떻게 될까?
- 더 추가하면 좋을 블록과 소품이 있니?

• ○○가 말한 것처럼, 너희가 만든 주차장을 사진으로 찍어서 벽에 붙여줘도 좋겠네!

놀이 경험의 의미

• 블록으로 주차장을 구성하며 공간의 기초개념을 익힌다.
• 서로의 의견을 공유하고 문제 상황을 함께 해결할 수 있다.
• 주차장과 관련된 상상놀이를 하며 자신의 경험을 자유롭게 말한다.

⇒ 미술놀이에서 주차장 놀이에 필요한 소품들을 직접 만들어서 추가할 수 있다.

누리과정 관련 내용

• 의사소통〉말하기〉극놀이로 경험이나 이야기를 표현한다.
• 사회관계〉더불어 생활하기〉친구와 서로 도우며 사이좋게 지낸다.
• 자연탐구〉생활 속에서 탐구하기〉물체의 위치와 방향, 모양을 알고 구별한다.

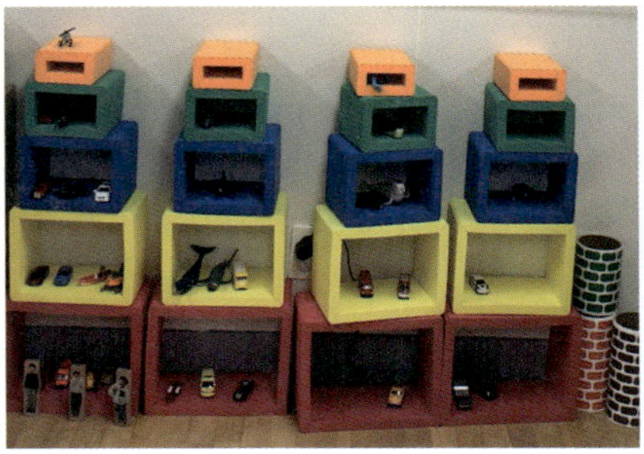

2 경사로 만들어 차 굴리기

유아들의 놀이 들여다보기

쌓기놀이 교구장에 긴 블록을 올려놓고 미니 자동차를 굴리고 있다.

"야~, 이렇게 놓으니까 차가 잘 굴러"
"나도 해보자. 빨리 굴러 떨어지네"
"주우욱 잘 굴러갔으면 좋겠다"

연계한 놀이

놀이명	경사로 만들어 차 굴리기
놀이자료	유니트 블록, 다양한 크기의 미니 자동차

놀이 확장을 위한 상호작용

- 쌓기놀이 소품 중에서 무엇으로 경사로를 만들면 좋을까?
- □□가 다른 영역에서 재료를 갖고 와서 사용해도 되냐고 물어봤는데, 너희들이 필요하다면 갖고 와서 사용해도 좋단다.
- 경사로를 만들 때 어떤 블록들이 어울릴까? 블록의 경사를 어떻게 조절할 수 있을까?
- 경사로를 얼마만큼 길게 만들고 싶니?
- 여기에 다양한 길이와 모양의 유니트 블록이 있네!
- ○○는 두 대의 차를 동시에 굴리고 있네! 자동차의 종류가 다르면 어떨까?
- 경사로에 어떤 변화를 주면 더욱 재미있을까?

놀이 경험의 의미

- 친구와 함께 블록으로 다양한 경사의 도로를 구성한다.
- 다양한 경사의 도로에서 차를 굴림으로써 경사와 차의 구르는 속도를 연관 지어 본다.

⇒ 경사로의 바닥을 천, 비닐, 수세미 등으로 다양하게 하여 차의 구르는 속도에 변화를 줄 수도 있다.

누리과정 관련 내용

- 사회관계〉더불어 생활하기〉친구와 서로 도우며 사이좋게 지낸다.
- 자연탐구〉생활 속에서 탐구하기〉물체의 위치와 방향, 모양을 알고 구별한다.

3 도로 만들기

유아들의 놀이 들여다보기

쌓기놀이 하면서 주말에 고속도로를 달리며 놀이공원에 다녀온 이야기를 하고 있다.

"나 토요일에 ○○랜드 갔다 왔다. 아빠가 그러는데 새 길이 뚫려서 가까워졌대"
"난 긴 터널도 지나가봤어. 정말 길더라"
"우리 블록으로 정말 정말 긴 찻길 만들래?"
"나두 나두. 터널도 만들자"

연계한 놀이

놀이명	도로 만들기
놀이자료	플라스틱 도로 조각들, 유니트 블록, 할로우 블록, 교통 표지판, 미니 자동차

놀이 확장을 위한 상호작용

- 차를 타고 가면서 도로의 모습이 어땠니? 도로의 높이는? 차선은 봤니?
- 어떤 블록들로 도로를 만드는 게 좋을까?
- 누구와 몇 명이서 함께 만들까?
- 우리 교실에서 도로를 만들 공간이 약간 부족할 수도 있는데 어떻게 하면 좋을까? 교구장을 옮겨서 넓히자고?
- 플라스틱 도로 조각을 이어서 길을 만들어볼까? 어떤 모양과 높이의 길을 만들거니?
- 어떤 소품들이 더 필요하니? 너희들이 교통표지판을 만들어서 놔줘도 재미있겠다.

놀이 경험의 의미

- 서로의 의견을 존중하며 도로를 함께 만든다.
- 주어진 공간에 다양한 도로를 구성해 본다.

⇒ 여러 나라의 흥미로운 교통표지판을 살펴보고 유아들이 만들 수도 있다.

누리과정 관련 내용

- 사회관계〉더불어 생활하기〉친구와 서로 도우며 사이좋게 지낸다.
- 자연탐구〉생활 속에서 탐구하기〉물체의 위치와 방향, 모양을 알고 구별한다.

4 카프라 블록 이어서 구성하기

유아들의 놀이 들여다보기

카프라 블록을 하고 싶다고 여러 유아들이 모였다.

"나도 카프라 하고 싶은데..나도 하면 안 돼?"
"이 책상에서는 두 명밖에는 안 돼. 좁아"
"그럼 바닥에서 하자. 어때?"
"그럼 무너져. 다른 애들이 밟고 가잖아"

연계한 놀이

놀이명	카프라 블록 이어서 구성하기
놀이자료	카프라 블록, 삼각 이름표

놀이 확장을 위한 상호작용

- 카프라 블록의 장소가 넓지 않고, 블록이 한 상자만 있네! 지금 너희들이 함께 여럿이 놀이하고 싶구나. 어떻게 하면 좋을까?
- 책상 위에서 하고 싶니? 잘 무너지지 하려면 어떻게 하지? 책상을 길게 붙이자고!
- 바닥에서 하고 싶은 사람도 있고, 책상 위에서 하고 싶은 사람도 있구나!
- ○○ 말대로 순서를 정해서 서로 이어서 만들어도 좋겠다!
- 먼저 만들어놓은 친구의 구성물을 어떻게 다룰까?
- 두 명씩 앉아서 카프라 블록으로 구성물을 만든 후, 그 다음 기다리는 친구를 위해 어떻게 할까?

- 완성한 후 누가 어느 부분을 만든 건지 표시하려면 어떻게 할까? 친구들의 이름표를 놓아주자고?

놀이 경험의 의미

- 균형감 있게 카프라 블록을 쌓을 수 있다.
- 서로의 구성물을 연합하여 큰 구성물을 만들 수 있다.

⇒ 개인이 또는 친구들과 협동하여 만든 구성물을 사진으로 촬영하여 전시한다.

누리과정 관련 내용

- 신체운동 · 건강〉신체활동 즐기기〉신체 움직임을 조절한다.
- 사회관계〉더불어 생활하기〉친구와 서로 도우며 사이좋게 지낸다.
- 자연탐구〉생활 속에서 탐구하기〉물체의 위치와 방향, 모양을 알고 구별한다.

5 집 만들기

유아들의 놀이 들여다보기

블록을 쌓으며 자기 집에 대해 이야기하고 있다.

"난 8단지에 살아. 1동이야. 우리 집에 놀러올래? 너네 집은 어디야?"
"난 주택. 문으로 나가서 뒤로 죽 가서 마트 옆에가 우리 집이야"
"나 이걸로 조그마한 집 빨리 지을 수 있는데... 내가 들어가 볼까?"
"이 블록 있으면 큰 집도 지어!"

연계한 놀이

놀이명	집 만들기
놀이자료	유니트 블록, 종이 벽돌 블록, 우레탄 블록, 자석 블록, 할로우 블록

놀이 확장을 위한 상호작용

- 너희들은 어떠한 집에 사니? 주택.. 아파트....
- 우리 교실의 블록으로 사람이 들어갈 집을 지으려면 집안의 크기는 얼마나 되어야 할까?
- 집 주변에 어떤 부속물도 놓아주면 좋을까?
- 어떤 블록을 사용하여 집을 만들 것인지 생각해볼까?
- 같이 놀이하고 싶은 친구는 누구니?
- 다양한 블록으로 집을 만들어볼까?
- 각자 어느 부분을 맡아 집을 지을 건지 정했니?
- 집을 다 만들었네! 집 안으로 들어가서 놀이를 해봐도 되겠어

놀이 경험의 의미

- 다양한 블록을 조합하여 집을 구성함으로써 공간개념을 기른다.
- 각자 역할을 분담하여 집을 짓는다.

⇒ 동물원, 우체국, 회사 빌딩, 유아교육기관 등의 다양한 건물 형태를 구성해본다.

누리과정 관련 내용

- 사회관계〉더불어 생활하기〉친구와 서로 도우며 사이좋게 지낸다.
- 자연탐구〉생활 속에서 탐구하기〉물체의 위치와 방향, 모양을 알고 구별한다.

6 원형 탑 쌓기

유아들의 놀이 들여다보기

블록을 위로 위로 계속 높이 쌓아가고 있다.

"위로 위로...더 높이..."
"야! 떨어지겠어! 내가 잡아줄까?"
"나한테 블록을 주라."
"의자 위로 올라가. 다리도 잡아줄까?"

연계한 놀이

놀이명	원형 탑 쌓기
놀이자료	원형 종이 벽돌 블록

놀이 확장을 위한 상호작용

- 원형 종이 벽돌 블록을 높이 쌓고 있네~어떻게 쌓아야 높이 쌓을 수 있을까?
- 블록들을 균형을 잡아가며 쌓아올리려면 좋은 방법은 뭘까?
- 매우 높이 쌓았을 때 어떤 일이 벌어질 수 있을까?
- 어느 높이까지 쌓아야 안전할까?
- 쌓다가 무너지더라도 너희들이 다치지 않게 하려면 어떻게 하지?
- 블록을 다 쌓으니 기분이 어떠니?
- 높이 쌓기에 괜찮은 블록들엔 또 무엇이 있을까? 무엇으로도 쌓아볼까?

놀이 경험의 의미

- 소근육을 조절해 가며 원형 종이 벽돌 블록을 안정감 있게 쌓는다.
- 포기하지 않고 끝까지 완성하는 인내심을 기른다.

⇒ 카프라 블록을 다양한 방법으로 하나씩 쌓아 높은 구성물을 만든다.

누리과정 관련 내용

- 신체운동 · 건강〉신체활동 즐기기〉신체 움직임을 조절한다.
- 신체운동 · 건강〉안전하게 생활하기〉일상에서 안전하게 놀이하고 생활한다.
- 자연탐구〉생활 속에서 탐구하기〉물체의 위치와 방향, 모양을 알고 구별한다.

7 성 만들기

유아들의 놀이 들여다보기

관람한 애니메이션 OST를 보면서 성을 만들고 있다.

"~만화에서 나오는 성을 만들어보고 싶다"
"나도 시켜주라~"
"어디부터 만들까?"
"먼저 큰 블록으로 밑을 넓게 만들까?"

연계한 놀이

놀이명	성 만들기
놀이자료	유니트 블록, 종이 벽돌 블록, 우레탄 블록, 자석 블록

놀이 확장을 위한 상호작용

- 친구들과 어떤 성을 만들고 싶니?
- 성의 어느 부분부터 만들거니?
- 성벽 높이, 성문, 다리, 창문... 무엇으로 어떻게 표현하면 좋을까?
- 너희들이 말로 한 것을 그림으로 그린 다음에 만들면 더욱 근사하겠어!
- 누가 무엇을 맡을 건지 역할을 어떻게 나눌까?
- 각자 역할을 나눈 부분에 대해서 친구와 계속 이야기 나누면서 만들면 좋겠네!
- 성이 완성되었네! 사진 찍어달라고?
- 더 고쳐주고 싶은 곳이 있는지 살펴볼래?
- 완성한 성에 이름을 뭐라고 붙여줄까?

- 지금 정리하지 않고 내일도 이어서 더 만들어도 좋단다. 동생들에게도 보여줘도 좋겠다!

놀이 경험의 의미

- 다양한 크기, 모양, 재질의 블록으로 성을 쌓는다.
- 각자 역할을 분담하고 협력하여 성을 만든다.

⇒ 성을 만들기 전에 어떻게 할 것인지 그림으로 그린 후 만들어도 좋다. 협력하여 성을 만들었을 경우, 사진을 찍어 결과를 저장한다.

누리과정 관련 내용

- 사회관계〉더불어 생활하기〉친구와 서로 도우며 사이좋게 지낸다.
- 자연탐구〉생활 속에서 탐구하기〉물체의 위치와 방향, 모양을 알고 구별한다.

8 다양한 블록으로 자동차 만들기

유아들의 놀이 들여다보기

미니 자동차 굴리는 친구들 옆에서 블록으로 자동차를 만들고 있다.

"○○야, 나랑 자동차 만들래?"
"난 이걸로 자동차 놀이할 건데!"
"네 차 뒤에다가 이거 연결해서 만들어도 되겠다! 한번 해볼까?"

연계한 놀이

놀이명	다양한 블록으로 자동차 만들기
놀이자료	다양한 도형의 똑딱이 단추 블록, H블록

놀이 확장을 위한 상호작용

- 어떤 블록들로 자동차를 만들까? 연결이 가능한 블록들로 자동차를 만들고 싶구나!
- 어떤 종류의 자동차를 만들면 좋을까? 자동차의 어느 부분부터 만들거니?
- 만들고 있는데, 중간에 다른 친구가 같이 하고 싶다고 끼어들면 어떻게 하면 좋을까?
- 세 명이 함께 만들어도 되겠네!

놀이 경험의 의미

- 다양한 도형의 블록을 이용하여 자동차의 기능적 특성을 살려 만들 수 있다.
- 손가락의 힘을 조절하며 블록을 끼워 자동차를 완성한다.

⇒ 다양한 도형의 자석 블록(http://www.magformers.co.kr/)도 추가하여 만들 수 있다.

누리과정 관련 내용

- 신체운동 · 건강〉신체활동 즐기기〉신체 움직임을 조절한다.
- 자연탐구〉생활 속에서 탐구하기〉물체의 위치와 방향, 모양을 알고 구별한다.

2 역할놀이

1 생일파티 놀이

유아들의 놀이 들여다보기

아침인사 시간에 이달에 생일 맞은 친구들을 알아보고 있다.

"○○야, 생일 축하해. 나 초대해줘.
"(안아주며) 생일 축하해. 생일 초! 후~ 불었어?"
"조금 있다가 너한테 생일카드 써서 줄게"

연계한 놀이

놀이명	생일파티 놀이
놀이자료	생일케이크, 여러 가지 생일축하음식 모형, 가면, 머리띠, 축하 통, 축하카드, 선물, 종이, 사인펜

놀이 확장을 위한 상호작용

- 생일파티해본 적 있니? 친구의 생일을 축하해 주러 초대되어 본 적이 있니?
- 생일을 맞은 친구를 축하해 주는 방법엔 뭐가 있을까?
- 축하 통을 만든다면 거기에 무엇을 넣을까?
- 종이? 거기에 어떤 축하 말을 적어줄까((예: 건강하게 자라라, 사랑해 등)?
- 축하해주는 방법(예: 안아주기, 콩쥐팥쥐하기, 노래 불러주기, 재미있는 이야기 들려주기, 닭싸움하

기 등)으로 무엇을 적어줄 수 있을까?

- 필요하다면 선생님에게 받아 적어달라고 부탁해도 된단다.
- 생일파티에 더 필요한 소품이 무엇일지 생각해볼까? 직접 만들 수 있는 것은 무엇이니?
- 생일파티 상과 소품을 어느 곳에 둘까? 축하 장식은 어떻게 할까?
- 생일카드를 쓰고, 선물 포장하는 곳을 따로 만들어둘까?
- 생일 맞은 아이, 축하해 주러 온 친구.. 역할을 어떻게 나눌까? 더 필요한 역할은? 꽃 배달 서비스?
- 축하 통에서 하나를 뽑아 축하해줄까? 놀이하면서 축하통에 축하방법 쪽지를 바꿔줘도 좋겠네!

놀이 경험의 의미

- 생일을 축하해 주는 방법을 다양하게 표현한다.
- 생일을 축하받는 사람과 축하해 주는 사람의 태도를 익힌다.

⇒ 꽃 배달 서비스, 축전 발송, 선물 택배를 추가할 수 있다. 생일파티에 초대받아 갈 때 각자 몸을 꾸밀 수 있는 의상, 가면, 모자 등의 소품을 추가해도 좋다.

누리과정 관련 내용

- 의사소통〉듣기와 말하기〉상대방이 하는 이야기를 듣고 관련해서 말한다.
- 사회관계〉더불어 생활하기〉친구와 서로 도우며 사이좋게 지낸다.

2 가족놀이

유아들의 놀이 들여다보기

수 · 조작놀이에서 ○○와 □□가 가족 그림이 그려진 퍼즐을 맞추고 있다. ○○는 엄마의 모습을 맞추고 있고 □□는 아빠의 모습을 맞추고 있다.

"가족놀이를 하고 싶다"
"그래 좋아. 역할놀이영역에 가볼까?"
"물건들이 있나 잘 봐봐"

연계한 놀이

놀이명	가족놀이
놀이자료	도마, 칼 과일 등 음식 모형, 넥타이, 재킷, 아기 인형, 손수건, 빨대 달린 물병, 밥그릇, 안경, 지팡이, 모자, 청소기

놀이 확장을 위한 상호작용

- ○○과 □□가 역할놀이영역에 있는 물건들을 보고 있구나
- ~는 어떤 소품을 가지고 놀고 싶니?
- ~물건은 어떤 역할에게 어울릴까?
- 넥타이는 어떻게 가지고 놀 수 있을까? 넥타이는 가족에서 아빠만 하는 물건일까? 아빠 맡은 사람에게 더 필요한 물건은 뭘까?
- 역할을 다 정해보았니? 집마다 아빠와 엄마의 말과 행동이 모두 같진 않겠다!
- ~는 어떤 역할을 맡았니? ~는 관심 있는 역할이 무엇이니?
- ~는 지금 엄마라서 아기에게 우유를 주고 있구나. 잘 먹이네! 우유를 다 먹였으면 아가 등을 토닥토닥 두드려서 트림도 하게 도와줘야겠네!
- 너희가 필요하다면 쌓기놀이영역에서 블록을 가져다가 사용해도 된단다.

놀이 경험의 의미

- 가족구성원을 알고 가족구성원이 하는 일을 안다.
- 친구와 사이좋게 역할놀이를 한다.
- 자신이 하고 싶은 역할을 정하여 극놀이를 한다.

⇒ 가족이 등장하는 동화책을 읽고 동극으로 연계해도 좋다.

누리과정 관련 내용

- 사회관계〉더불어 생활하기〉가족의 의미를 알고 화목하게 지낸다.
- 사회관계〉더불어 생활하기〉친구와 서로 도우며 사이좋게 지낸다.
- 예술경험〉창의적으로 표현하기〉극놀이로 경험이나 이야기를 표현한다.

3 결혼식 놀이

유아들의 놀이 들여다보기

주말에 결혼식에 다녀온 경험을 신나게 이야기 나누고 있다.

"주례사 해주는 사람도 있었어"
"사진도 찍어주고"
"밥 먹고 가라고 식권 나눠주는 사람이 있었어"
"부케 던지는 것도 봤어"
"우리 입장할 때 저번에 결혼행진곡 들었던 거 틀어줘요"
"반지도 있어야겠어. 그런데 뭘로 만들지?"
"빵끈 어때?"
"꽃가루도 뿌려보자"

연계한 놀이

놀이명	결혼식 놀이
놀이자료	결혼행진곡/축혼행진곡 음원, 결혼식 사진, 결혼식 동영상, 결혼식 명화, 청첩장, 꽃가루, 부케, 드레스, 면사포, 카메라, 반지, 의자, 모형케이크, 케이크 칼

놀이 확장을 위한 상호작용

- 결혼식에 다녀왔구나! 다녀오니 어땠어? 무엇을 보았니? 신랑, 신부는 어떤 옷을 입었니?
- 결혼식을 보면서 가장 기억에 남는 장면은 무엇이었니?
- 결혼식 놀이를 하려면 무엇이 필요할까?

- 결혼식장을 어떻게 꾸며주면 좋을까? 어느 곳에 배치하면 놀이할 땐 편할까?
- 신랑 신부의 결혼을 축하해주려면 무엇을 준비할까? 너희들이 만들어볼래?
- 결혼식장에는 어떤 사람들이 있었니? 결혼식 진행을 도와주는 사람은 누굴까? 사회자는 어떤 일을 하니? 사회자가 잘 진행하려면 무엇이 필요할까?
- 신랑과 신부의 어머니와 아버지는 어디에 앉으실까? 결혼식 날 어떤 일을 하실까?
- 우리가 결혼식 놀이할 때는 축하 연주와 노래로 어떤 것이 어울릴까?
- 주례 선생님의 말의 내용은 뭘까? 우리가 내용을 정해볼까?
- 신부가 왜 부케를 던질까? 누가 받을까?
- 결혼식 놀이를 할 때 어떤 역할을 맡고 싶어?
- ~ 역할을 한다면 뭐라고 말하면 좋을까?
- 역할을 바꾸어서 또 해봐도 좋겠다.

놀이 경험의 의미

- 결혼식의 의미를 이해할 수 있다.
- 결혼식 놀이에서 각자 맡은 역할에 알맞은 말과 행동을 할 수 있다.
- 결혼식 놀이에 필요한 여러 가지 소품들로 결혼식장 장면을 꾸며줄 수 있다.

⇒ 결혼식 놀이 장면을 동영상 촬영하여 교실 TV에서 볼 수 있다. 사진이나 비디오테이프, 민속박물관 견학을 통해 우리나라 전통혼례놀이도 해볼 수 있다.

누리과정 관련 내용

- 의사소통〉듣기와 말하기〉자신의 경험, 느낌, 생각을 말한다.
- 사회관계〉더불어 생활하기〉친구와 서로 도우며 사이좋게 지낸다.
- 예술경험〉창의적으로 표현하기〉극놀이로 경험이나 이야기를 표현한다.

4 해변놀이

유아들의 놀이 들여다보기

여름방학동안 바닷가에서 겪었던 경험들을 토대로 놀이하고 있다.

"우리 이 블록들을 바닷가에 있는 돌멩이라고 할까?"
"나는 수영하고 올게요~ 난 낚시 다녀올게요~"
"어푸어푸 살려주세요"
"여보세요. 여기 물에 사람이 빠졌어요. 도와주세요"

연계한 놀이

놀이명	해변놀이
놀이자료	야외용 비치파라솔, 야외용 깔개(윗면을 푸른 천으로 박음), 모자, 수영복, 수경, 다양한 튜브, 비치볼, 자외선 차단 오일 통, 조개껍데기, 갈매기, 아이스박스, 야외용 그릇 용기와 모형 음식, 확성기, 호루라기, 모자, 아이스크림 판매 통

놀이 확장을 위한 상호작용

- 해변에서 무엇을 보았니? 무얼 하고 놀았니?
- 해변을 꾸밀 때 어떤 소품들이 필요할까? 어디에 무엇을 둘까?
- ○○는 긴 의자가 필요하다고? 누워 있을 곳을 무엇으로 만들면 좋을까? □□가 말한 대로 긴 유니트 블록을 가져다 만들어도 좋겠다!
- 너희들이 해변을 꾸미느라 시간이 많이 걸렸네! 놀이시간을 좀 더 늘려야겠다!
- 해변 놀이할 때 어떤 역할을 맡으면 좋을까? 놀러온 사람들, 해변에서 물건 파는 사람들, 안전요원…

- 각각 역할에 맞는 말과 행동은 뭘까?
- 역할을 정하여 놀이해보니 어땠니? 더 필요한 건 뭐니?

놀이 경험의 의미

- 해변에서의 경험을 회상하여 즐겁게 놀이한다.
- 해변에서 볼 수 있는 역할에 어울리는 말과 행동을 표현한다.

⇒ 다양한 준비운동 동작을 사진 자료로 만들어 수수께끼 통에 넣어 한 개를 뽑은 후 그대로 따라해 보게 할 수도 있다. 소풍놀이로 확장할 수 있다. '해변가의 매우 뜨거운 모래밭 위를 뛰기'를 신체로 표현하는 활동을 계획할 수도 있다. 「노란 잠수함을 타고」(조미자 저, 시공주니어) 그림책을 감상한 후 창작 극놀이로 확장할 수도 있다.

누리과정 관련 내용

- 의사소통〉듣기와 말하기〉바른 태도로 듣고 말한다.
- 사회관계〉더불어 생활하기〉친구와 서로 도우며 사이좋게 지낸다.

5 캠핑놀이

유아들의 놀이 들여다보기

캠핑장 동영상을 보며 캠핑장 경험에 대해 이야기 나누고 있다.

"나도 캠핑장에 딱 한 번 가봤어. 삼겹살도 구워 먹어봤어"
"텐트에서 잤는데 바닥이 뜨끈뜨끈하더라"
"나도 캠핑장에 가보고 싶다"

연계한 놀이

놀이명	캠핑놀이
놀이자료	캠핑장 사진(동영상), 텐트, 캠프파이어용 장작, 블록, 깔개, 피크닉 책상과 의자, 비닐, 낚싯대, 모형 물고기, 삼겹살 복사코팅지, 집게, 코펠, 접시 등

놀이 확장을 위한 상호작용

- 교실에 캠핑장을 어떻게 꾸미면 좋을까?
- 어떤 도구와 소품들이 필요할까?
- 너희들이 말한 텐트도 치고, 장작불 지피는 곳을 세팅해 봐도 좋겠어
- 캠핑장에 온 가족, 친구들 등 어떤 역할을 정해볼까?
- 텐트에 누워 있는 사람, 고기 구울 준비를 하는 사람, 악기로 노래하는 사람, 상 차리는 사람, 낚시하는 사람... 어울리는 말과 행동은 뭘까?
- 캠핑장 놀이에 더 필요한 소품은 뭘까? 미술놀이하면서 소품을 만들어도 되겠어!
- 또 어떤 역할을 더 추가할까?

놀이 경험의 의미

- 각자 역할을 맡아 캠핑장에서 어울리는 말과 행동을 표현한다.
- 도구와 소품을 활용하여 캠핑장을 구성한다.

⇒ 캠핑장을 경험해 보지 않은 유아를 위해 주변의 캠핑장에 사전에 현장학습을 다녀 올 수도 있다.

누리과정 관련 내용

- 의사소통〉듣기와 말하기〉상대방이 하는 이야기를 듣고 관련해서 말한다.
- 예술경험〉창의적으로 표현하기〉극놀이로 경험이나 이야기를 표현한다.
- 자연탐구〉생활 속에서 탐구하기〉도구와 기계에 대해 관심을 가진다.

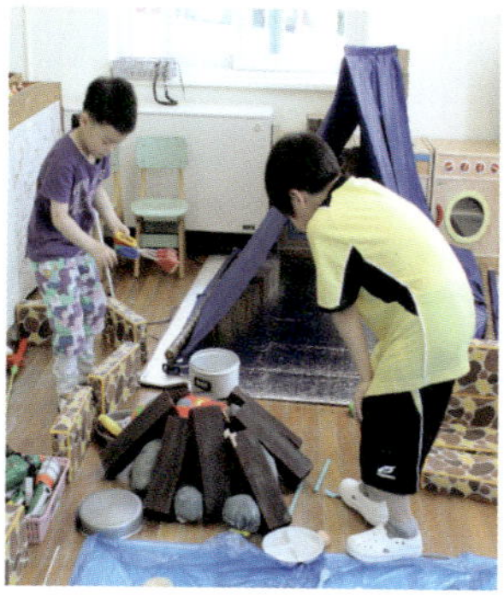

6 운전놀이

유아들의 놀이 들여다보기

의자 세 개를 길게 놓고 서로 운전대 돌리는 시늉을 하고 있다.

"9번 버스는 마트에 가고 있어요. 부릉부릉."
" ○○월드에도 가죠? 차가 많아서 길이 막히네요"
"네. 조금 있다가 5번 버스로 갈아타세요."

연계한 놀이

놀이명	운전놀이
놀이자료	의자 여러 개, 의자 시트, 운전대, 운전사 모자, 장갑, 모형 돈, 버스카드, 돈 상자, 카드, 버스 경로판

놀이 확장을 위한 상호작용

- 버스는 어디에서 타고 내릴까? 그 표시를 어디에 해두면 좋을까?
- 버스 탈 때 요금은 어떻게 내니? 버스카드는 어디에 갖다 대니?
- 버스 탈 때 버스운전기사가 무슨 말을 했었니?
- 버스 의자에 어떤 표시가 되어 있니?
- 버스놀이에 필요한 물건은 뭐니?
- 버스놀이할 때 어떤 역할이 필요하니?
- 각 역할에 어울리는 소품은 뭘까? 각 역할을 맡은 사람이 어떤 말과 행동을 하면 어울릴까?
- 운전사, 손님의 역할을 맡아서 해볼까?

- 다음 놀이에 더 추가하고 싶은 역할과 소품이 있을까?

놀이 경험의 의미

- 대중교통수단을 이용하는 방법을 안다.
- 운전사의 역할과 손님의 역할을 맡아 알맞은 말과 행동을 해본다.

⇒ 공항놀이로도 확장하여 놀이할 수 있다.

누리과정 관련 내용

- 의사소통〉듣기와 말하기〉상대방이 하는 이야기를 듣고 관련해서 말한다.
- 사회관계〉사회에 관심 갖기〉내가 살고 있는 곳에 대해 궁금한 것을 알아본다.

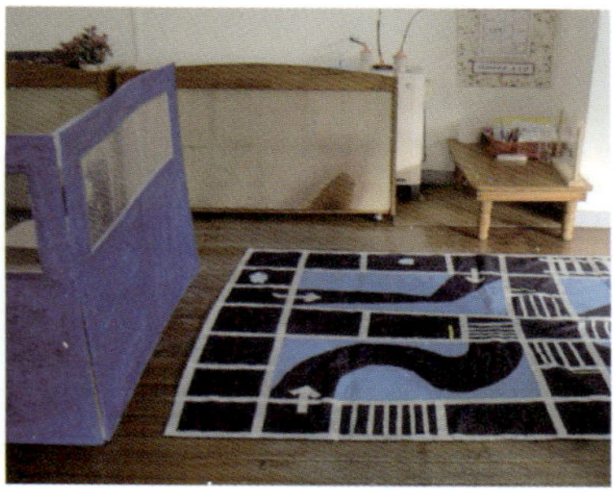

7 가수놀이

유아들의 놀이 들여다보기

아이돌 가수그룹을 흉내 내고 춤추며 노래 부르고 있다.

"♬♪♩ ~~♬♪♩ ~~"
"이번엔 ~~노래 부르자"
"나 혼자도 부르고 싶다"
"가면 쓰고 부르면 복면가왕 되겠다! 그치?"

연계한 놀이

놀이명	가수놀이
놀이자료	무대, 노래방 기계, 노래 메뉴판, 방송국 카메라, 마이크, 가수 의상, 선글라스, 모자, 가발, 탬버린, 마라카스 등

놀이 확장을 위한 상호작용

- 가수가 되어 부를 노래들은 무엇으로 정해볼까?
- 가수놀이를 할 때 무대를 어떻게 꾸밀까?
- 가수로 자기를 꾸밀 때 어떤 소품이 필요할까?
- 어느 곳을 무대로 할까? 어떻게 무대를 꾸밀까? 어떤 소품을 세팅할까?
- 노래 부를 차례를 어떻게 정하면 좋을까? 사회자를 정하면 좋겠니!
- 자기가 노래를 부를 순서가 된 사람은 옷과 액세서리로 꾸며도 되겠다. 옆 친구들이 꾸며줘도 좋겠네!
- 가수 말고도 어떤 역할을 정해서 놀이하면 좋을까? 청중, 방송국 카메라맨, 코디네

이터, 악기연주자…
- 무대 위에 올라간 가수가 노래를 부르는 동안 옆에서 누가 함께 무대에 있어주면 좋을까?

놀이 경험의 의미

- 악기를 사용하여 노래에 맞는 리듬을 표현한다.
- 각자 역할을 맡아 가수놀이에 알맞은 말과 행동을 해본다.

⇒ 유아들이 선정한 노래 메뉴판에 있는 노래들의 반주음원을 미리 녹음해서 활용할 수 있다. 방송국 놀이와 함께 할 수도 있다.

누리과정 관련 내용

- 의사소통〉듣기와 말하기〉자신의 경험, 느낌, 생각을 말한다.
- 예술경험〉창의적으로 표현하기〉노래를 즐겨 부른다.

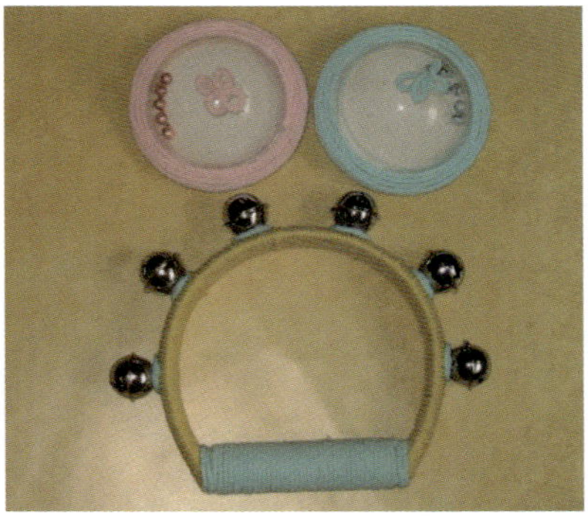

8 우주놀이

유아들의 놀이 들여다보기

블록을 귀에 대고 실로폰으로 두드리며 통신을 한다.

"두두두두. 여기는 기쁨반. 신호 보냅니다(실로폰을 두드려댄다)"
"K1 응답하라~우주에선 뭐가 보이나? 말하라!"
"우주의 모습을 사진으로 찍어 보내겠다. 오바"

연계한 놀이

놀이명	우주놀이
놀이자료	우주선, 산소통, 종이 벽돌 블록, 우레탄 블록, 큰 상자, 알루미늄 호일, 블랙라이트, 은색 레저 우주복, 무전기, 행성 모형

놀이 확장을 위한 상호작용

- 우주탐험과 달 착륙 책, 사진, VTR을 봐서 우주비행사에 대해서 관심이 커졌구나
- 우주비행사들의 옷은 어땠니?, 우주에서의 몸 움직임은 어땠어? 우주비행사들이 우주에서 하는 일은 뭐였니?
- 지구에서 연락을 받는 사람과 연락하는 방법은 뭘까?
- 놀이소품들은 어떻게 사용하면 좋을까? 다른 영역에서 더 가져올 소품들이 있을까?
- 우주놀이에 필요한 역할을 뭘까? 각각 역할을 맡은 사람들의 말과 행동으로 뭐가 어울릴까?
- 더 필요한 소품이 있니? 우주놀이에 더 세팅할 건 무엇일까?

놀이 경험의 의미

- 다양한 소품을 이용하여 우주에서의 생활을 상상하여 놀이한다.
- 각 역할의 말과 행동을 상상하여 표현해 본다.

⇒ 검은 천을 둘러 어둡게 하고 블랙라이트로 분위기를 살려줄 수 있다.

누리과정 관련 내용

- 의사소통〉듣기와 말하기〉상대방이 하는 이야기를 듣고 관련해서 말한다.
- 자연탐구〉탐구과정 즐기기〉궁금한 것을 탐구하는 과정에 즐겁게 참여한다.

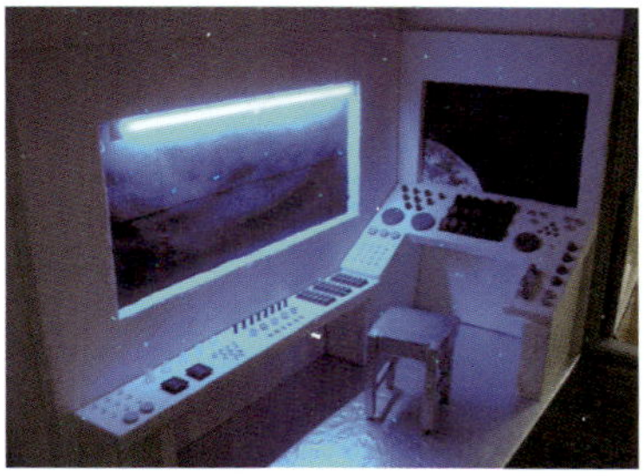

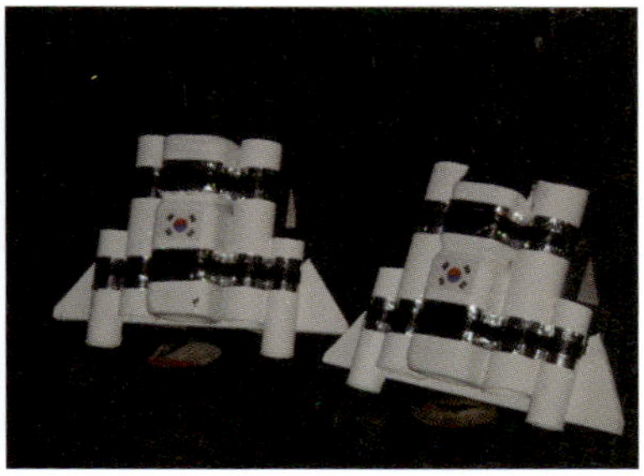

9 놀이기구 타기

유아들의 놀이 들여다보기

종이에 주말 지낸 일들을 그림으로 그리고 있다.

"나 어제 하늘 차 탔다~"
"하늘에서 가?"
"엄마랑 둘이 계속 페달을 밟아서 갔어. 아직도 다리가 아파"

연계한 놀이

놀이명	놀이기구 타기
놀이자료	안전벨트 커버 6개, 의자, 입장 인원수 카운트기, 키재기판, 자유이용 손목 팔찌

놀이 확장을 위한 상호작용

- 놀이동산에 가서 어떤 놀이기구를 봤니? 어떤 기구를 타 보았니?
- 조금 무서웠던 기구는 뭐야? 안전하게 놀이기구를 타려면 어떻게 해야 할까?
- 놀이기구 탈 때 어떤 사람들이 도와줬니?
- 놀이기구 타기 놀이를 할 때 필요한 역할은 뭘까? 각 역할에 어울리는 말과 행동은 뭘까?
- 놀이기구 직원, 손님 역할을 맡아서 놀이기구를 타도 되겠다.
- 역할을 바꾸어서도 더 해보면 재미있겠어!

놀이 경험의 의미

- 안전벨트를 착용하는 방법을 익힌다.
- 놀이기구를 안전하게 이용하는 습관을 기른다.
- 각 역할에 알맞은 말과 행동을 해본다.

⇒ 놀이기구 탈 때의 즐거움을 북돋우는 음악을 틀어줄 수도 있다.

누리과정 관련 내용

- 신체운동 · 건강〉안전하게 생활하기〉일상에서 안전하게 놀이하고 생활한다.
- 의사소통〉듣기와 말하기〉상대방이 하는 이야기를 듣고 관련해서 말한다.

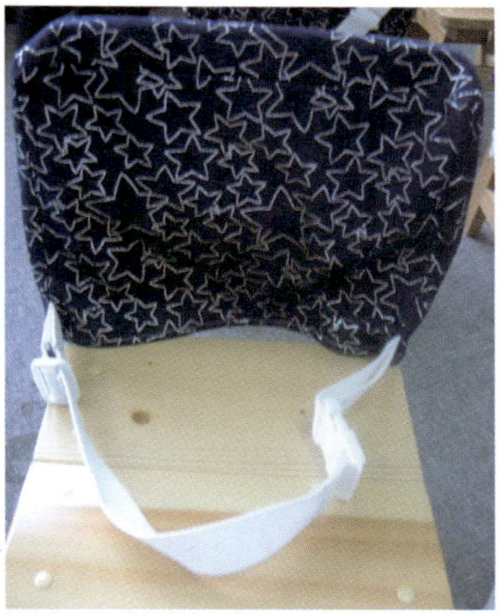

10 발명품 특허증 놀이

유아들의 놀이 들여다보기

둘이서 에디슨 발명품 관련 동화책을 보고 있다.

"이번엔 우리가 에디슨 책 볼게. 주라~"
"이것도 에디슨이! 오~~~에디슨! 발명 많이 했다."
"넌 무슨 발명할 거야?"

연계한 놀이

놀이명	발명품 특허증 놀이
놀이자료	여러 가지 폐품, 특허증 샘플, 특허증을 만들 수 있는 종이, 사인펜

놀이 확장을 위한 상호작용

- 요즘 너희들이 놀이하면서 '발명'이라는 말을 자주 하더라. '발명'이란 무엇일까?
- 어떤 발명가에 대해 알고 있니? 그 발명가는 무엇을 발명했니?
- 우리 주변에서 또 어떤 것들이 발명품일까?
- 그것을 만든 사람은 어떻게 해서 발명을 하게 되었을까? 어디에서 그런 아이디어를 얻은 걸까?
- 너희들도 지낼 때 불편한 점은 무엇이니? 그렇다면 좀 더 편하게 지내기 위해 어떻게 하면 좋을까?
- 너희들이 생각한 재미있는 아이디어를 실제로 디자인해 봐도 좋겠다!
- 어떤 재료를 이용하면 좋을까? 어디에서 만들기로 할까?

- '특허'라는 말을 들어본 적이 있니? '특허'란 이렇게 훌륭한 발명 아이디어를 보호하기 위해 만든 것이란다.
- 만약 두 사람이 서로 똑같은 아이디어를 냈다면 먼저 특허를 신청해서 '특허증'을 받은 사람이 그 아이디어의 주인이 된단다.
- 특허증에 무엇이 적혀 있는지 살펴보자.
- 특허번호는 무엇을 뜻하는 걸까?
- 발명의 명칭(이름)도 정확히 적어야 하는구나. 또 무엇이 적혀 있나 볼까? 특허증은 어떻게 만들까?
- 그런데 특허를 신청한다고 모두 특허증을 받을 수 있을까?
- '특허청'이라는 아이디어를 심사하고 나서 특허증을 준대. 컴퓨터에 가서 특허청에 대해 검색해 봐도 돼.
- 우리는 특허청 대신 누구에게 심사를 부탁해 볼까?
- 심사를 하는 사람이 뭐라고 물어보면 좋지? "아이디어가 지금까지 없던 최초의 아이디어인가요?", "이전의 ~와 비슷한데 여기에서 다른 점은 뭐죠?", "정말 쓸모 있는 아이디어인가요?"라고?
- 심사하는 사람이 물었을 때 뭐라고 대답하면 좋을까?
- 특허에 대해 이야기 나누느라 시간이 꽤 걸렸구나. 놀이시간을 좀 더 늘려야겠다!
- 발명품은 어디서 만들까? 심사대는? 누가 셋팅해줄래?
- 글을 적어야할 때 도움이 필요하면 선생님이 받아 적어줄 수도 있어.
- 특허증을 받기 위해 심사위원과 어떤 이야기를 나누었니?
- 어떤 발명품으로 특허증을 받았니?
- 발명 아이디어에 대해 어떻게 소개했는지 친구들에게 이야기해줘도 좋겠어!

놀이 경험의 의미

- 발명의 의미를 이해하고, 발명을 하게 되는 과정에 관심을 가진다.
- '특허'에 대해 알아보고, 특허의 소중함을 경험한다.
- 스스로 생각해 낸 아이디어를 지킬 수 있는 방법에 대해 알 수 있다.

⇒ 한국발명진흥회(www.kipa.org)에서는 발명에 관련된 정보(발명 만화, 발명 이야기, 발명사전, 발명 칼럼, 발명교실 등)를 찾아볼 수 있다. 기존의 특허발명품 중 유아들의 흥미를 끌 만한 물품을 특허청(http://www.kipris.or.kr/kor/main/main.jsp) 사이트에 방문하여 볼 수 있다.

누리과정 관련 내용

- 사회관계〉사회에 관심 갖기〉내가 살고 있는 곳에 대해 궁금한 것을 알아본다.
- 자연탐구〉탐구과정 즐기기〉주변 세계와 자연에 대해 지속적으로 호기심을 가진다.

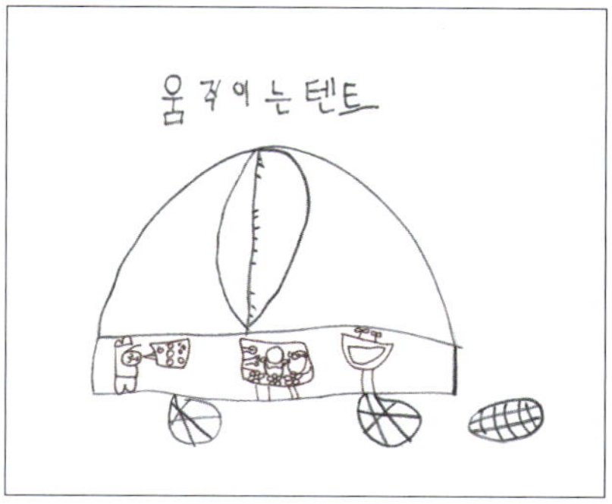

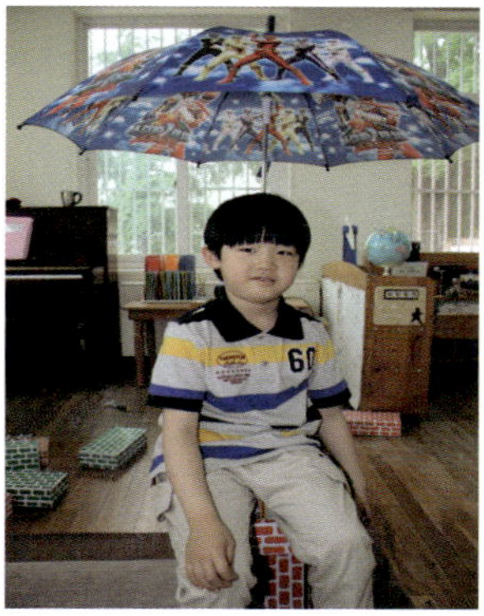

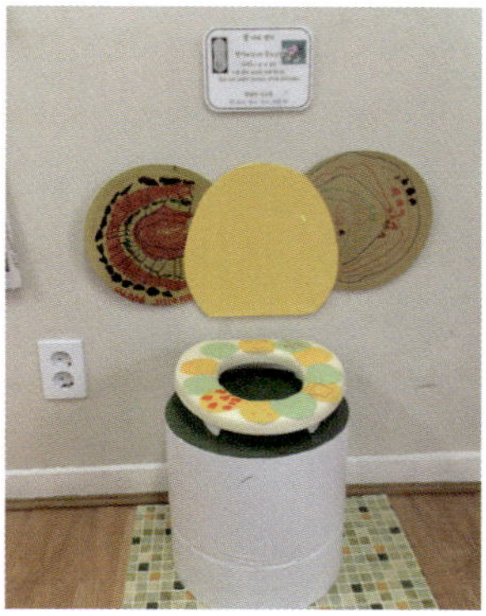

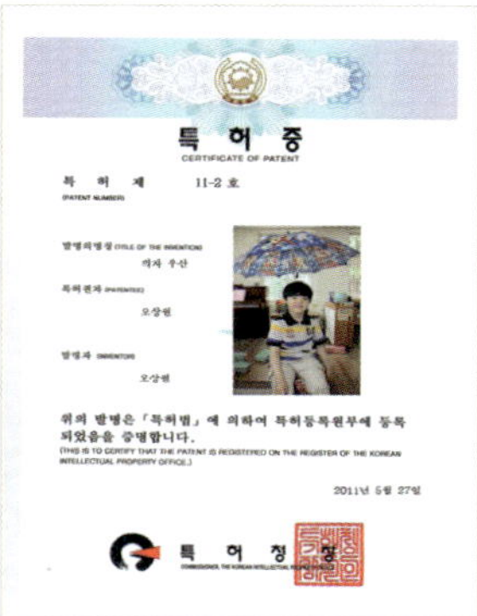
특 허 증
CERTIFICATE OF PATENT
특 허 제 11-2 호
위의 발명은 「특허법」에 의하여 특허등록원부에 등록되었음을 증명합니다.
2011년 5월 27일
특 허 청

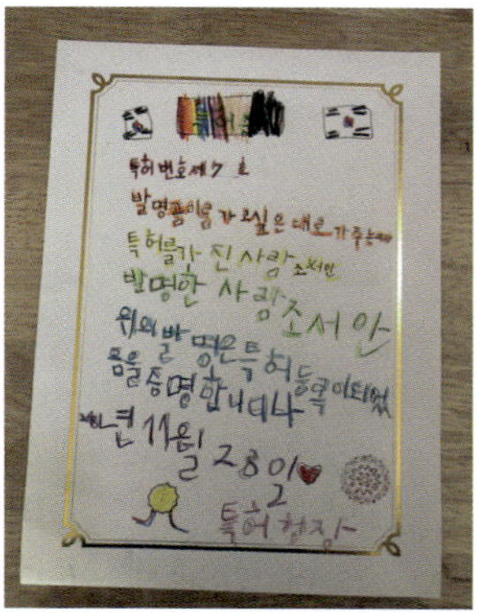

11 신호등 놀이

유아들의 놀이 들여다보기

교통안전교육을 하고 난 다음 바닥의 횡단보도에서 건너는 놀이를 하고 있다.

"아까 경찰관 아저씨랑 했던 거. 다시 하자"
"신호등이 있으면 좋겠다"
"그럼 난 차 맡아서 달릴게"

연계한 놀이

놀이명	신호등 놀이
놀이자료	횡단보도 판, 앞치마 신호등, 투명 우산, 박스로 만든 자동차(또는 상품화된 장난감 차)

놀이 확장을 위한 상호작용

- 횡단보도에서 어떻게 길을 건너야 할까? 가장 먼저 해야 할 일은 무엇일까?
- 횡단보도를 건널 때 어느 쪽으로 건너야 더 안전할까?
- 횡단보도를 건널 때 왜 손을 드는 걸까? 눈은 누구와 맞추어야 할까?
- 신호등엔 숫자가 나오는데 너희들은 놀이에서 건너가는 시간을 어떻게 나타낼 거야?
- 비 오는 날(눈 오는 날, 바람이 많이 부는 날) 길을 건널 때는 어떻게 해야 안전할까?
- 신호등 놀이할 때 어떤 역할을 정하면 좋을까? 보행자, 신호등, 자동차..
- 횡단보도판과 앞치마 신호등 말고도 어떤 역할(자료)을 추가하면 좋을까?

- □□가 시간이 다 되어갈 때 신호등에서 소리가 난다는 것을 말했는데, 이 부분은 어떻게 할 거니?

놀이 경험의 의미

- 안전하게 길을 건너는 방법을 안다.
- 신호등 놀이를 통하여 교통안전 규칙을 알고 실천한다.

⇒ '건너가는 길' 동요나 교통기관 효과음을 배경음으로 틀 수 있다. 운전자 놀이와 함께 할 수도 있다.

누리과정 관련 내용

- 신체운동 · 건강〉안전하게 생활하기〉교통안전 규칙을 지킨다.
- 신체운동 · 건강〉안전하게 생활하기〉일상에서 안전하게 놀이하고 생활한다.

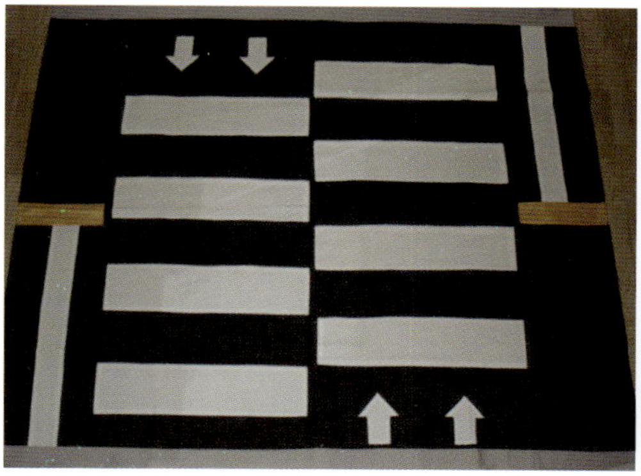

12 사진사 놀이

유아들의 놀이 들여다보기

모형사진기를 들고 여기저기 다니며 친구들의 모습을 찍어주고 있다.

"거기 서 봐봐. 내가 찍어줄게"
"그 다음 나도 찍어줘"
"잠깐만, 내가 만든 것하고 같이~"
"이번엔 나도 찍게 해주라. 나도 찍어보고 싶다"

연계한 놀이

놀이명	사진사 놀이
놀이자료	모형 사진기, 조명, 여러 가지 사진 배경, 의자, 종이, 풀, 폴라로이드 카메라, 핸드폰, 디지털 카메라, 소품, 의상, 분장도구 등

놀이 확장을 위한 상호작용

- 며칠 전에 우리 반끼리 단체사진 찍었지?
- 사진을 찍으러 사진관에 가 본 적 있니?
- 내 모습이 사진에 잘 나오게 하려면 어떻게 해야 할까?
- 혼자(2명, 여러 명) 사진을 찍을 때 어떤 모습으로 찍을까?
- 사진 촬영하는 사람이 어떤 말과 행동을 했니?
- 사진사 놀이를 할 때 필요한 소품은 뭘까? 어떻게 세팅할까?
- 사진을 촬영할 배경은 무엇으로 해둘까?
- 사진 촬영 공간을 어떻게 꾸밀까?

- 사진사 놀이할 때 어떤 역할이 있으면 좋을까? 사진사, 손님…

놀이 경험의 의미

- 사진사가 하는 일에 대해 안다.
- 다양한 포즈를 취하며 서로 사진 촬영을 한다.

⇒ 폴라로이드 사진기나 디지털 카메라를 이용하여 유아들이 직접 사진을 찍고 전시할 수 있다. 여러 가지 직업을 주제로 한 의상, 세계 여러 나라 전통의상, 졸업식 의상 등 의상을 다양하게 놓아줄 수 있다. 사진 촬영에 앞서 분장사 역할을 추가해도 된다.

누리과정 관련 내용

- 사회관계〉더불어 생활하기〉친구와 서로 도우며 사이좋게 지낸다.
- 사회관계〉사회에 관심 갖기〉내가 살고 있는 곳에 대해 궁금한 것을 알아본다.

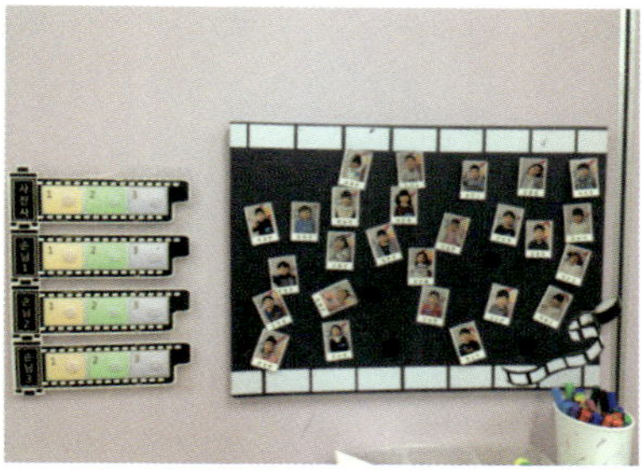

13 음식점 놀이

유아들의 놀이 들여다보기

미술놀이에서 주말에 푸드 코트에 가서 음식을 먹은 경험을 이야기하며 자유롭게 그리고 있다.

"푸드 코트에 갔었는데, 난 커서 돈 계산하는 사람 하고 싶다"
"난 떡볶이 만들어주는 아줌마!"
"나도 티비에 나오는 셰프 되는 거 좋아. 스파게티 만들어줄 거야"

연계한 놀이

놀이명	음식점 놀이
놀이자료	탁자와 의자, 테이블 보, 조화, 메뉴판, 음식 항목이 기록된 주문서, 필기류, 음식점 간판, 음식 모형, 식기류, 용기, 금전등록기, 모형 돈, 음식 쿠폰, 계산기, 신용카드, 영수증, 나비넥타이, 앞치마, 요리사 모자, 카세트와 음악 CD 등

놀이 확장을 위한 상호작용

- 음식점을 어디에 차려줄까? 지금 있는 교구장과 책상 위치를 그냥 둬도 괜찮을까?
- 음식점의 종류는 무엇으로 할까? 음식 메뉴는?
- 소품과 기구를 어디에 놓을까?
- 음식점 놀이를 하려면 어떤 것에 대해 서로 이야기할까? 계산하는 곳, 음식 나오는 곳, 손 씻는 곳, 화장실, 음식의 종류, 가격, 음식점 이름, 쿠폰 사용법, 샐러드 바 이용방법…
- 음식점 간판, 쿠폰, 음식 모형 등을 어떻게 만들까?
- 손님이 어떻게 음식을 주문하고 종업원이 주문을 어떻게 받을까?
- 선생님도 너희 음식점에 가서 사먹어야겠는데!

- 종업원과 손님은 어떤 말과 행동을 할까? 서로 지켜야 할 예의는 뭘까?
- 음식점 놀이에 좀 더 추가할 역할이나 소품이 있을까?

놀이 경험의 의미

- 음식점 주인과 손님의 역할에 알맞은 어휘를 사용한다.
- 메뉴판을 보며 음식을 주문할 수 있다.
- 음식점에서의 예절을 익힌다.

⇒ 사전활동으로 메뉴와 음식점 광고를 관찰하고, 음식점을 직접 방문하여 종업원의 역할을 관찰하고 인터뷰할 수 있다.

누리과정 관련 내용

- 의사소통〉듣기와 말하기〉상대방이 하는 이야기를 듣고 관련해서 말한다.
- 의사소통〉읽기와 쓰기에 관심 가지기〉주변의 상징, 글자 등의 읽기에 관심을 가진다.
- 사회관계〉더불어 생활하기〉약속과 규칙의 필요성을 알고 지킨다.

14 목욕탕 놀이

유아들의 놀이 들여다보기

쌓기놀이영역에서 자석블록과 종이벽돌 블록으로 목욕탕을 만들고 있다.

"좀 더 위로 쌓자"
"탕을 두 개 만들어서 연결할까?"
"얘들아, 목욕탕 만들었다~"

연계한 놀이

놀이명	목욕탕 놀이
놀이자료	종이 벽돌 블록, 자석 블록, 대야, 목욕탕용 의자, 수도꼭지, 실제 샤워기, 빈 샴푸 통, 때수건, 때 미는 탁자, 옷장, 열쇠, 표 받는 곳, 사우나실, 체중계, 빗, 드라이기, 거울, 음료수 등

놀이 확장을 위한 상호작용

- 욕탕을 종이 벽돌 블록으로(자석 블록) 만들었구나!
- 다른 친구들도 목욕탕 놀이를 함께 하고 싶대. 공간을 좀 더 넓혀주면 편하겠니?
- 목욕탕 소품과 기구를 어디에 놓아둘까?
- 목욕탕 놀이에 어떤 역할을 맡아서 하면 좋을까? 표 받는 사람, 음료수 파는 사람, 때 밀어주는 사람, 목욕하러 온 사람…
- 목욕탕에 가서 하는 일을 말과 몸으로 표현해볼래?
- 목욕탕 놀이할 때 더 추가할 역할과 소품이 있을까? (예: 때밀이와 마사지 담당자)
- 욕탕 모양을 바꾸지 않고 계속 그대로 할 거니? 너희들이 어떻게 만들지 구성할지 의논해서 꾸며볼래? (예: 온탕과 냉탕 등)

놀이 경험의 의미

- 목욕탕에서의 여러 상황을 역할놀이로 표현한다.
- 목욕탕 놀이를 통하여 자신의 몸을 깨끗이 하는 습관을 기른다.

⇒ 매일의 역할놀이를 하기 전 욕탕을 다르게 만들고 탕 이름도 정한 후 놀이할 수 있다(예: 녹차탕, 아이스크림탕, 얼음탕 등). 목욕탕 내에서 볼 수 있는 글자를 써 붙이거나 경고 문구를 새로 만들어서 붙여도 좋다(예: 바닥이 미끄러우니 뛰지 마세요. 우리는 물 부족 국가!).

누리과정 관련 내용

- 신체운동 · 건강〉건강하게 생활하기〉자신의 몸과 주변을 깨끗이 한다.
- 예술경험〉창의적으로 표현하기〉극놀이로 경험이나 이야기를 표현한다.

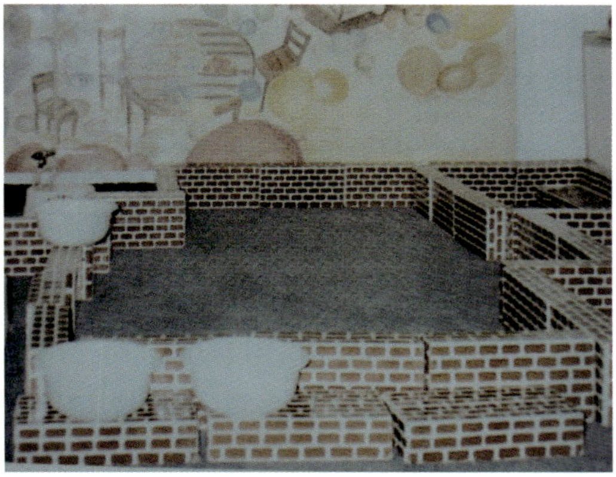

15 우체국 놀이

유아들의 놀이 들여다보기

우체국을 방문한 경험에 대해 이야기하고 있다.

"나는 엄마 회사에 편지 붙였다"
"집배원 분께서 편지를 엄청 빨리 나누시더라. 그치"
"가방에 편지 넣는 것도 봤어"

연계한 놀이

놀이명	우체국 놀이
놀이자료	집배원 가방, 편지, 소포 꾸러미, 유니폼, 모자, 사인 종이, 펜, 우체통, 우표, 저울, 스탬프와 도장, 엽서, 편지지, 편지봉투, 사인펜 등

놀이 확장을 위한 상호작용

- 지난번에 우체국에 다녀온 거 생각나니?
- 집에서 편지를 받아본 적이 있니?
- 우리가 다른 사람에게 편지나 물건을 보내려면 어떻게 해야 할까?
- 우체국 놀이 소품으로 무엇이 필요할까?
- 우체국 놀이를 하려면 우체국에서 봤던 것처럼 어느 어느 곳으로 배치하면 좋을까? 우체통, 편지 분류하는 곳, 우체국 직원 창구, 편지 쓰는 곳, 소포 포장하는 곳...
- 어떤 소품들로 놔줄까?
- 어떤 역할이 필요할까? 우체국 창구에서 일하는 직원, 집배원, 편지 분류하는 사람, 손님..
- 각 역할에 맞는 말과 행동은 무엇일까?

놀이 경험의 의미

- 우체국에서 하는 일에 관심을 갖는다.
- 우편물이 배달되기까지의 과정을 이해한다.
- 각 역할을 맡아 알맞은 말과 행동을 해본다.

⇒ 글씨를 잘 못 쓰는 유아는 그림편지로 써도 된다. 개인 우편물 함 만들기, 우표 만들기, 편지지 만들기, 소포 만들기 등 미술놀이와 연계할 수 있다.

누리과정 관련 내용

- 의사소통〉듣기와 말하기〉상대방이 하는 이야기를 듣고 관련해서 말한다.
- 의사소통〉읽기와 쓰기에 관심 가지기〉자신의 생각을 글자와 비슷한 형태로 표현한다.
- 사회관계〉사회에 관심 갖기〉내가 살고 있는 곳에 대해 궁금한 것을 알아본다.

16 병원 놀이

유아들의 놀이 들여다보기

교구장 위에 놓인 정형외과의 뼈 촬영 사진과 치과의 교정용 치아 모형을 보며 이야기하고 있다.

"나도 다리 다쳐서 병원에 갔다 온 적 있다. 이건 팔 찍은 사진이지?"
"가만히 있으라고 해. 그때 사진 찍게"
"이가 몇 개야? 여기 큰 칫솔로 닦아줘 봐야 겠다"
"난 주사 맞는 게 제일로 싫어"

연계한 놀이

놀이명	병원 놀이
놀이자료	놀이용 진료기구, 전화, 처방전, 의사 가운, 약사 가운, 마스크, 장갑, 붕대, 가위, 의자, 탁자, 간호사 가운, 모자, 바늘 뺀 주사기, X-ray 차트, 치과의 교정용 치아 모형, 의료보험증, 링거 줄, 체중계, 신장계, 필기도구, 약과 약 봉투, 컴퓨터, 대기실 잡지 및 동화책 등

놀이 확장을 위한 상호작용

- ~~병원은 어디가 불편할 때 갈까?
- 치과, 안과, 소아과, 산부인과, 외과 등의 전문병원 중 어떤 병원을 꾸밀까?
- 약국은 어느 곳에 배치할까?
- 병원과 약국 소품을 볼까? 어떻게 사용할까? 이때 어떤 말과 행동을 하면 어울릴까?
- 병원과 약국의 이름을 너희들이 의논해서 정해 봐도 좋겠어.
- 병원놀이를 하려면 어떤 역할이 필요할까? 의사, 간호사, 손님, 약사...

• 병원의 어떤 시설도 추가하여 놀이하면 좋을까?

놀이 경험의 의미

• 놀이를 통하여 병원의 종류와 기능을 경험한다.
• 각 역할에 알맞은 말과 행동을 해본다.

⇒ 역할놀이해보고 싶은 전문 병원을 몇 곳 선정하여 근처 병원을 방문하면 놀이 확장에 도움이 된다. 수술실과 주사실을 따로 꾸밀 수 있음. 동물병원 놀이, 한약방 놀이로 확장시켜도 재미있다.

누리과정 관련 내용

• 의사소통〉듣기와 말하기〉상대방이 하는 이야기를 듣고 관련해서 말한다.
• 사회관계〉사회에 관심 갖기〉내가 살고 있는 곳에 대해 궁금한 것을 알아본다.

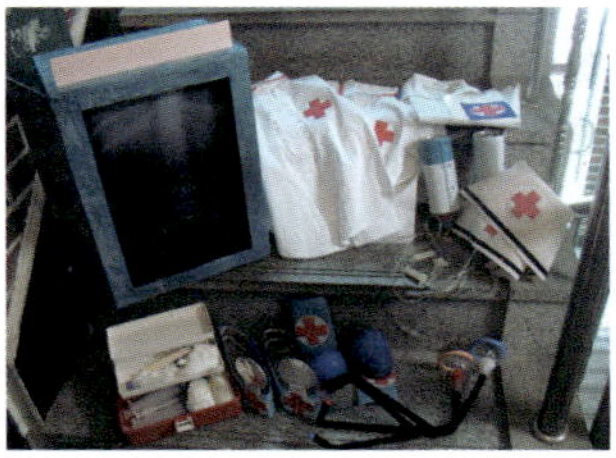

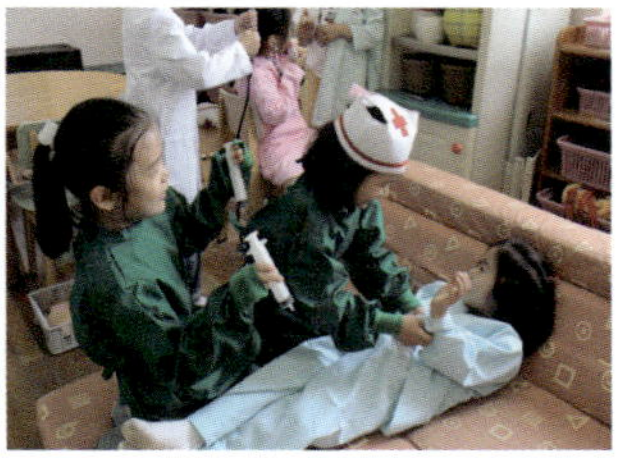

17 미술관 놀이

유아들의 놀이 들여다보기

벽에 전시된 친구들의 그림을 감상하고 있다.

"○○ 잘 그렸다~ ○○야! 뭘 그린 거야? 응?"
"음. 내가 팽이를 돌리는 건데, 불빛도 나오고 삼단으로 튀는 특수 팽이를 그린 거야"
"설명을 들으니까 알겠다. 난 네 게 마음에 들어"
"□□ 생각도 재미있네. 난 ~~게 표현했는데! 내 거 볼래?"

연계한 놀이

놀이명	미술관 놀이
놀이자료	미술관 포스터, 모빌, 입체 조형물, 명화, 유아 작품, 큐레이터 마이크, 팸플릿, 입장표

놀이 확장을 위한 상호작용

- 어떤 종류의 미술작품을 감상해 보았어?
- 너희들이 미술관 놀이할 때 어떠한 미술작품을 전시할까? 어디에 배치하면 좋을까?
- 큐레이터의 설명을 들으면서 감상해 본 적이 있니?
- 미술관에 어떤 표시들이 있었지? 어떤 그림이나 글로 표시하면 잘 알아볼 수 있을까?
- 미술작품을 감상할 때 올바른 태도는 뭐니?
- 미술관의 이름은 무엇으로 정할까? 포스터는 어떻게 꾸밀까?
- 미술관 놀이를 하려면 어떤 역할이 필요할까? 손님, 큐레이터, 표 파는 직원, 체험 교실 선생님…

- 작품을 언제 바꾸어 전시하면 좋을까? 어떤 작품으로 바꿀까? 더 필요한 소품이나 역할은 무엇일까?

놀이 경험의 의미

- 미술관 놀이를 통해 미술작품 감상태도를 기른다.
- 작품 전시와 작품에 대한 설명을 직접 해본다.

⇒ 어린이미술박물관을 사전에 견학하고, 이때 큐레이터의 설명을 들으면 더욱 좋다. 전시 담당자가 되어 미술 영역에서 완성된 자신들의 작품을 골고루 전시해보게 할 수도 있다. 사진전시회도 할 수 있으며 박물관 놀이로 확장시킬 수 있다.

누리과정 관련 내용

- 의사소통〉듣기와 말하기〉상대방이 하는 이야기를 듣고 관련해서 말한다.
- 사회관계〉사회에 관심 갖기〉내가 살고 있는 곳에 대해 궁금한 것을 알아본다.
- 예술경험〉예술 감상하기〉다양한 예술을 감상하며 상상하기를 즐긴다.

18 미용실 놀이

유아들의 놀이 들여다보기

친구의 머리카락을 빗어주다가 헤어 롤로 감으려 하고 있다.

"너 머리가 자꾸 뒤죽박죽 돼. 아휴 힘들어"
"내가 긴 머리 잡고 있을까?"
"끝에다 롤을 대. 이제 감아"

연계한 놀이

놀이명	미용실 놀이
놀이자료	여러 가지 빗, 가운, 드라이어, 다양한 굵기의 헤어롤, 파마약통, 고대기, 머리씌우개, 거울, 머리스타일 책자, 잡지 등

놀이 확장을 위한 상호작용

- 너희들이 미용실 놀이를 하고 싶다고 해서 미장원을 다녀왔었지?
- 미용사가 무슨 일을 했었지? 가장 해보고 싶은 미용사의 일은 뭐니?
- 헤어 롤을 잘 마는 방법을 순서대로 다시 봤으면 좋겠니?
- 미장원 놀이 소품들을 잘 봐봐. 어떻게 사용할까?
- 미용실 놀이에 필요한 역할은 무엇일까?
- 각 역할에 맞는 말과 행동은 무엇일까?
- 미용실 셋팅을 어떻게 할까?
- 미용실 놀이할 때 더 추가하면 재미있을 만한 것들이 또 무엇이 있을까? 머리스타일을 고르는 책도 필요하다고? 그건 어떻게 만들까?

놀이 경험의 의미

- 미용사와 손님에게 알맞은 말과 행동을 직접 해본다.
- 미용실 소품들을 적절하게 사용할 수 있다.

⇒ 네일숍으로 확장하여 놀이할 수도 있다.

누리과정 관련 내용

- 의사소통〉듣기와 말하기〉상대방이 하는 이야기를 듣고 관련해서 말한다.
- 자연탐구〉생활 속에서 탐구하기〉도구와 기계에 대해 관심을 가진다.

19 지하철 놀이

유아들의 놀이 들여다보기

블록으로 지하철역을 만들고 있다.

"난 지하철 3번이나 갈아타 본 적 있다~"
"환승하라고 방송 나오잖아! 표시도 나오고"
"어떻게 하면 진짜 지하철역 같게 만들지?"
"자판기도 해주자. 진짜처럼."
"지하철에 문도 만들어주고, 불도 들어올 수 있게 해주면 되지"
"지하철은 엄청 길어. 경복궁역-독립문역-홍제역... 다 연결해서 길게 길게 만들어주고 싶다"

연계한 놀이

놀이명	지하철 놀이
놀이자료	다양한 블록(유니트 블록, 자석 블록, 할로우 블록 등), 종이, 매직, 가위, 지하철 노선도, 상자

놀이 확장을 위한 상호작용

- 지하철을 타고 여러 군데 다녀와 봤구나!
- 지하철역에서 무엇을 봤니?
- 어떤 블록으로 개찰구(문, 경사로, 자판기, 터널...)를 만들어줄 거니?
- ~ 표시를 하려면 무엇이 필요할까?
- ○○ 다음은 무슨 역이야? 그 다음은?

- 지하철 길을 점점 더 길게 만들고 싶다면 어떻게 하면 좋을까?
- 정리해도 사라지지 않게 하려면 어떻게 하면 좋을까?

놀이 경험의 의미

- 다양한 블록을 이용하여 지하철역을 구성할 수 있다.
- 서로 협동하여 지하철 길을 만든다.

⇒ 자신만의 지하철을 그림으로 표현하고 다양한 재료로 만들어볼 수 있다.

누리과정 관련 내용

- 사회관계〉더불어 생활하기〉친구와 서로 도우며 사이좋게 지낸다.
- 자연탐구〉탐구과정 즐기기〉궁금한 것을 탐구하는 과정에 즐겁게 참여한다.
- 자연탐구〉생활 속 탐구하기〉물체의 위치와 방향, 모양을 알고 구별한다.

20 시상식놀이

유아들의 놀이 들여다보기

유아들이 '풍선을 옮겨요' 게임놀이를 하고 있다.

"우와. 내가 1등이다"
"너는 1등이니까 금메달, 나는 2등이니까 은메달"
"그럼 나는 동메달이네?"
"뭐야~ 메달도 없고 시상대도 없잖아"
"풍선을 열심히 옮겼네! 메달을 받지 못한 친구들도 있으니 시상식 놀이를 해봐도 재미있겠네!"
"종이블록으로 시상대를 만들면 어때?"

연계한 놀이

놀이명	시상식놀이
놀이자료	쌓기놀이영역에서 만든 시상대, 금은동메달, 꽃다발, 사진기, 마이크

놀이 확장을 위한 상호작용

- 시상식 놀이를 위해 종이블록으로 시상대를 만들었구나.
- 시상식 놀이를 위해 어떤 자료들도 필요할까?
- 시상식 놀이할 때 메달을 받는 선수 말고도 어떤 역할들이 있으면 좋을까?
- 꽃다발을 주는 사람도 있겠구나!
- 시상대 앞쪽은 어떻게 꾸며주면 좋을까?
- 시상대 앞쪽은 누가 앉으면 좋을까?

- 관중들이 앉아서 축하해줄 수 있게 관중석을 만들 수도 있겠네~
- 메달을 주는 사람은 어느 쪽에서 나오면 좋을까?
- ~ 포즈를 취해서 사진 촬영도 할 수 있겠다!
- 메달을 받고 소감으로 어떤 말을 할까?

놀이 경험의 의미

- 시상식의 모습에 관심을 가지고 다양한 역할을 정한다.
- 친구들과 역할을 나누어 극놀이를 즐긴다.

⇒ 매일 아침달리기에서 1, 2, 3등을 한 친구에게 시상을 할 수 있다.

누리과정 관련 내용

- 사회관계〉더불어 생활하기〉친구와 서로 도우며 사이좋게 지낸다.
- 예술경험〉창의적으로 표현하기〉극놀이로 경험이나 이야기를 표현한다.

21 마트놀이

유아들의 놀이 들여다보기

점심시간에 ○○가 반찬을 보며 옆에 앉은 □□와 마트에서의 경험에 대해 이야기한다.

"나 이거 마트에서 봤어. 반찬을 파는 곳에서 팔고 있었어"
"나도 마트에서 이 숟가락, 젓가락을 봤어. 직원 아저씨가 예쁜 숟가락 구경하고 가라고 했어"
"당근은 천원~ 배추는 삼천원입니다~"
"와~ 정말 싸네요. 이거 하나 살게요"
"○○와 □□는 마트에 다녀왔구나! 밥을 다 먹고 나서 마트놀이를 해도 재미있겠구나!"

연계한 놀이

놀이명	마트놀이
놀이자료	장난감, 과자, 종이로 만든 지폐와 동전, 계산기, 카트

놀이 확장을 위한 상호작용

- ○○는 그 물건이 마음에 드는 구나!
- ○○는 그 물건을 가지고 무엇을 할 거니?
- ○○는 카트에 무엇을 사서 담을 거야?
- ○○는 마트에서 무엇을 하고 싶니?
- 마트 안에는 무슨 일을 하는 사람들이 있을까?

- 마트 안에서 계산을 할 때 필요한 물건들이 여기에 있단다. 한번 살펴보겠니?
- 더 필요한 물건이 있다면 더 갖다놔 줄 수도 있어
- ○○는 무엇을 팔고 있니?
- 이 장난감들은 손님들이 잘 사가게 진열이 잘 되었네!
- 손님이 오셨네요~
- 계산을 하는구나. 거스름돈을 어떻게 주면 좋을까?

놀이 경험의 의미

- 마트에 가보았던 자신의 경험을 극놀이로 표현한다.
- 마트에 가보았던 자신의 경험을 이야기하고 상황에 맞게 표현한다.
- 친구들과 역할을 나누어 극놀이를 즐긴다.

⇒ 마트에 놓아줄 소품들을 미술놀이하면서 직접 만들 수 있다.

누리과정 관련 내용

- 의사소통〉듣기와 말하기〉자신의 경험, 느낌, 생각을 말한다.
- 사회관계〉더불어 생활하기〉친구와 서로 도우며 사이좋게 지낸다.
- 예술경험〉창의적으로 표현하기〉극놀이로 경험이나 이야기를 표현한다.

3 운동놀이

1 발판의 발바닥을 따라 걸음을 옮겨요

유아들의 놀이 들여다보기

유희실 바닥에 깔린 게임판을 놓고 있다.

"우리 다 깔아놓자"
"판 위를 밟아야지~"
"너무 멀어~ 아 다리 아파"

연계한 놀이

놀이명	발판의 발바닥을 따라 걸음을 옮겨요
놀이자료	발자국 모양의 게임판

놀이 확장을 위한 상호작용

- 게임판 위로만 걸으려면 어떤 간격으로 놓여있어야 편할까?
- 몇 명이 하면 좋을까? 역할을 어떻게 나누면 재미있을까?
- 발판을 놓아주는 사람은 어떻게 놓아주어야 위에서 걷는 사람이 잘 걸어갈 수 있을까? 속도는? 거리는?
- 위에서 걷는 사람은 발판을 놓아주는 사람과 신호를 어떻게 나누면 좋을까?

- 도착점을 어디로 할까? 다시 돌아서 시작점으로 도착하기로 할까?
- 어떻게 해야 빨리 걸음을 옮겨 도착할 수 있을까?

놀이 경험의 의미

- 주어진 공간에서 발바닥 모양에 따라 걸으며 신체 균형을 바르게 잡는다.
- 두 명이 역할을 분담하여 협력할 수 있다.

⇒ 정사각형 계란판을 몇 장 겹쳐서 발판으로 활용하여 놀이할 수 있다.

누리과정 관련 내용

- 신체운동 · 건강〉신체활동 즐기기〉신체 움직임을 조절한다.
- 사회관계〉더불어 생활하기〉친구와 서로 도우며 사이좋게 지낸다.

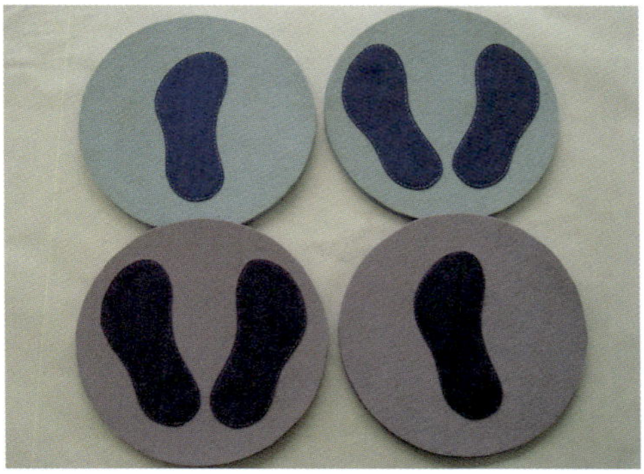

2 몸을 흔들어 봐요

유아들의 놀이 들여다보기

줄을 당겨 진동하며 움직이는 장난감을 작동하며 웃고 있다.

"드드드드~~~ 막 흔들려"
"(머리 흔들며) 나봐라. 나 장난감 같지!"

연계한 놀이

놀이명	몸을 흔들어 봐요
놀이자료	진동 칫솔기 또는 줄을 당기면 진동하며 움직이는 장난감, 레인보우 스틱

놀이 확장을 위한 상호작용

- 이 장난감이 어떻게 하고 있니? 이 장난감처럼 너희들이 몸을 움직이고 있구나.
- 진동을 직접 만져보고 느껴 봐도 좋단다. 직접 만져볼래?
- 네 몸도 어떻게 되는 것 같아? 보여줄까?
- 너희들이 흔들 때 소리를 함께 넣어줘도 재미있겠다.
- 몸을 저 장난감처럼 떨어볼까? 몸에 힘을 빼고 흔들흔들 흔들어 볼까?
- 몸 전체를 흔들지 말고 어느 곳만 흔들어 볼까?
- 어깨(엉덩이, 머리, 손 등)? 또 어느 곳도 흔들어 볼까?
- 신체 부위 중 두 곳을 동시에 흔들어 봐도 좋겠다. 머리와 손?(다리와 손, 엉덩이와 손 등)..

놀이 경험의 의미

- 각각의 신체 부위를 흔들 수 있다.
- 두 곳의 신체 부위를 동시에 흔들어 본다.

⇒ 몸을 흔들 때 오션드럼과 레인보우 스틱을 함께 사용할 수 있다.

누리과정 관련 내용

- 신체운동 · 건강〉신체활동 즐기기〉신체를 인식하고 움직인다.
- 신체운동 · 건강〉신체활동 즐기기〉기초적인 이동운동, 제자리 운동, 도구를 이용한 운동을 한다.

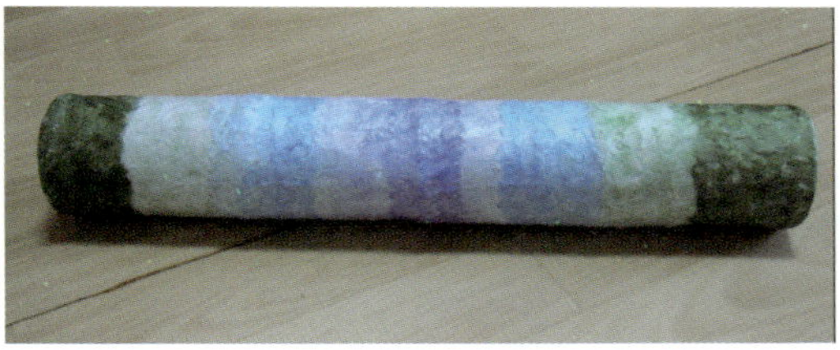

3 여러 자세로 몸 형태를 만들어 봐요

유아들의 놀이 들여다보기

여러 자세를 빚은 점토 인형을 관찰하고 있다.

"똑같이 해볼까? 이렇게 뻗어서! 등을 구부리고~"
"나 어때? 똑같아 보여? 너도 해봐"
"우리 엄마가 집에서 요가 하는데. 이렇게"
"나 잘 구부리지? 다른 것도 해볼까?"

연계한 놀이

놀이명	여러 자세로 몸 형태를 만들어 봐요
놀이자료	여러 자세로 빚은 점토 인형, 폴라로이드 사진기(또는 사진기), 동작이 담긴 사진

놀이 확장을 위한 상호작용

- 이 인형은 몸을 어떻게 하고 있니?
- 이런 몸짓을 하려면 내 몸을 어떻게 해야 할까? 팔은? 등은? 다리는?
- 이 인형처럼 몸을 만들어 볼까?
- 와! ~의 몸이 매우 부드럽구나!
- 너희들이 인형처럼 몸으로 나타내었을 때 사진 찍어달라고 하면 찍어줄 수도 있어.
- 둘씩 짝지어 서로가 원하는 몸 형태를 만들어볼까?
- 서로의 표현을 감상해볼까?
- ○○와 △△야! 다시 한 번 친구들 앞에서 너희가 표현한 것을 몸으로 보여줄 수 있니?

놀이 경험의 의미

- 몸을 구부리고 뻗을 수 있다.
- 친구와 협동하여 여러 가지 몸 형태를 만들 수 있다.

⇒ 미술놀이에서 유점토로 여러 스트레칭 자세를 한 인형을 빚어서 흉내내볼 수 있다. 교육부의 종일제 특성화프로그램(체육)의 자료에서 '유아 요가' 부분의 활동을 참고할 수 있다.

누리과정 관련 내용

- 신체운동 · 건강〉신체활동 즐기기〉기초적인 이동운동, 제자리 운동, 도구를 이용한 운동을 한다.
- 사회관계〉더불어 생활하기〉친구와 서로 도우며 사이좋게 지낸다.

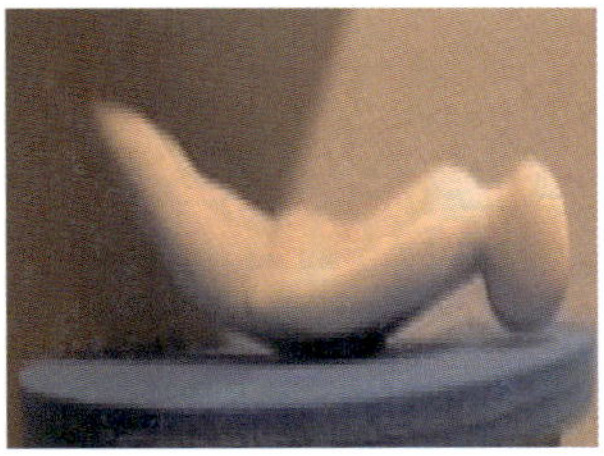
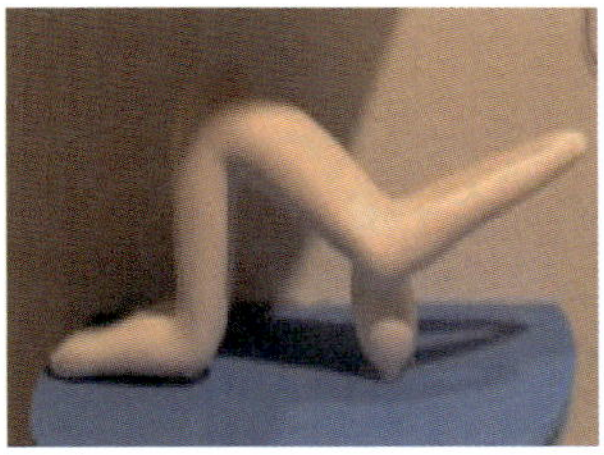
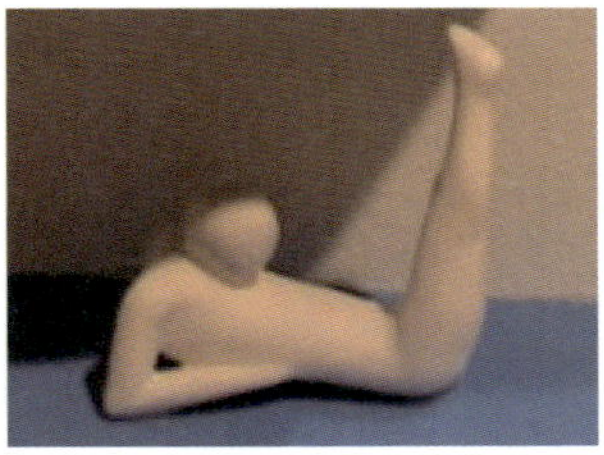

4 투호

유아들의 놀이 들여다보기

바깥놀이터에 있는 투호 통 안의 화살을 들고 위에서 아래로 던지고 있다.

"쉬웅, 쉬웅."
"멀리 떨어져서 던지는 거야. 나 봐봐"
"그럼 안 들어가잖아"

연계한 놀이

놀이명	투호
놀이자료	투호 통 높이(30cm×지름 20cm), 화살 길이(40cm×20개), 테이프

놀이 확장을 위한 상호작용

- 몸을 어떻게 해야 화살을 통 안에 잘 넣을 수 있을까?
- 양쪽 어깨의 균형을 잘 잡아야한대.
- 어깨 균형을 잘 잡으며 투호 던지는 연습을 해봐도 좋겠다. ○○는 어깨를 흔들지 않고 화살을 잘 던지네! □□는 약간 화살을 위로 뜨게 던지니까 투호 통 안에 쏙 들어가는구나!
- 우선 가까운 곳을 출발선으로 잡아서 던져볼까?
- 여기 테이프가 있으니 거리가 다른 출발선 표시를 너희들이 해도 좋단다.
- 각자 화살을 몇 개씩 넣었니? 세어볼까?

놀이 경험의 의미

- 투호에 쓰이는 도구의 이름과 방법을 알고 전통놀이에 관심을 갖는다.
- 눈과 손의 협응력을 기른다.
- 거리를 측정하여 화살을 던진다.

⇒ 화살통의 위치를 출발선으로부터 1m, 2m, 3m 등 거리를 조절하여 던질 수 있다. 과녁 맞히기로도 확장시킬 수 있다.

누리과정 관련 내용

- 신체운동 · 건강〉신체활동 즐기기〉신체 움직임을 조절한다.
- 자연탐구〉생활 속에서 탐구하기〉일상에서 길이, 무게 등의 속성을 비교한다.

5 카드 보물찾기 놀이

유아들의 놀이 들여다보기

바로 전에 게임했던 카드 뒤집기 활동자료를 만지작거리고 있다.

"보물찾기 했을 때처럼 이 카드를 숨겨서 놀이하면 재미있겠다"
"어디어디에 숨기지?"
"너무 밑에다 쑥~ 밀어 넣으면 못 찾아"
"자기가 숨긴 건 자기가 찾지 않기로 하는 건 어때?"
"여기 종을 쳐주는 사람도 정하자."
"카드 보물찾기 할 사람~~~ 여기 여기 붙어라~~"

연계한 놀이

놀이명	카드 보물찾기 놀이
놀이자료	15×15cm 카드 20장, 종, 바구니

놀이 확장을 위한 상호작용

- 카드를 가지고 다른 방법으로 놀이해보고 싶구나~
- 카드를 보물이라고 생각하고 교실 어디에 숨길지 생각해야겠네! 어디에 숨겨야 친구가 쉽게 찾지 못할까?
- 너희들이 모두 동시에 게임할 거니?
- 모두가 각자 카드를 숨겼다면, 자기가 숨긴 카드는 어떻게 하면 좋을까?
- 카드를 숨기는 시간은 얼마동안으로 할 거니? 카드를 찾는 시간은?
- 게임을 보다 재미있게 하려면 너희들이 어떤 규칙을 정하면 좋을까?

- 모두가 동시에 게임을 한다면 어떤 일도 벌어질 수 있을까? 안전하게 게임하려면 어떤 약속도 정할까?

놀이 경험의 의미

- 주어진 시간 내 숨겨진 물건들을 찾을 수 있다.
- 게임방법을 스스로 정하여 놀이할 수 있다.

⇒ 다른 물건으로 바꾸어 교실 안팎에서 보물찾기놀이를 할 수 있다.

누리과정 관련 내용

- 의사소통〉듣기와 말하기〉자신의 경험, 느낌, 생각을 말한다.
- 사회관계〉더불어 생활하기〉약속과 규칙의 필요성을 알고 지킨다.

6 백업 막대 위로 뛰어 봐요

유아들의 놀이 들여다보기

쌓기놀이 영역 바닥의 블록들을 폴짝 폴짝 뛰어 넘어 다니고 있다.

"뛰지 마. 내가 만든 거 부수지 않게 조심해"
"안 부셔! 걱정 마"
"바깥에 가서 뛰면 되잖아"

연계한 놀이

놀이명	백업 막대 위로 뛰어 봐요
놀이자료	백업, 유아용 의자 2개, 매트

놀이 확장을 위한 상호작용

- 밖이니까 맘껏 뛰렴.
- (유아용 의자 두 개 사이에 끼운 백업의 높이를 조절하며) 막대기를 건드리지 않고 위로 뛰어 볼 수 있니?
- 뛸 때 백업을 건드리지 않으려면 다리를 어떻게 해야 할까?
- 위로 뛸 때 팔은 어떻게 해야 될까?
- 백업을 조금 더 올리자고? 높이가 높아졌는데 괜찮겠어?
- □□가 뒤에서부터 달려와서 뛰어넘자고 하는데, 그 방법도 있겠네!
- 백업에 다리가 걸렸으면 다시 뛰자고? 걸렸다는 것을 확인하도록 막대기에 어떤 표시를 하면 좋을까?

놀이 경험의 의미

- 제자리에서 백업 위로 뛸 수 있다.
- 여러 높이에서 바른 자세로 점프할 수 있다.

⇒ 유니바 놀이로 확장시킬 수 있음. 수준을 고려하여 2단, 3단 높이를 달리 할 수 있다. 친구 두 명이 백업을 양쪽에서 잡은 상태에서 유아들 스스로 높이를 조절하며 뛰어볼 수도 있다.

누리과정 관련 내용

- 신체운동 · 건강〉신체활동 즐기기〉기초적인 이동운동, 제자리 운동, 도구를 이용한 운동을 한다.
- 신체운동 · 건강〉신체활동 즐기기〉 신체 움직임을 조절한다.

7 다양한 공차기

유아들의 놀이 들여다보기

바깥놀이에서 축구공으로 공을 차고 있다.

"내 볼 간다~ 받아"
"앗 놓쳤다!"
"축구공으로 계속 차니까 발가락이 아프다. 공 바꿔서 찰래?"

연계한 놀이

놀이명	다양한 공차기
놀이자료	다양한 재질과 무게의 공(고무공, 헝겊 공, 배구공, 비치볼), 목표물

놀이 확장을 위한 상호작용

- 공을 어떻게 찼니? 친구들에게 서로 보여줘도 좋겠다.
- ○○는 한 발은 세우고 다른 한 발을 뒤로 뺐다가 앞으로 돌려서 뻥!
- 여기에 공을 놓을 테니 같은 발로 차볼까? 몇 번씩 차볼까?
- 이번에 발을 바꾸어 차볼까?
- 저 벽에 있는 목표물 중 어디에 공을 차서 맞추고 싶니?
- 뒤에서부터 달려와서 공을 차보는 방법도 있다고? 이번엔 어느 목표물을 맞힐까?
- 굴러오는 공을 차는 건 어려운데 한번 차보는 건 어때?
- □□는 발 옆으로 걷어차는구나! 또 발의 어디로 찰 수 있을까?

놀이 경험의 의미

- 양발로 목표물을 향해 공을 찰 수 있다.
- 제자리 또는 공과 떨어진 거리에서 달려와 공을 찰 수 있다.
- 눈과 다리의 움직임을 협응한다.

⇒ 맞아도 아프지 않도록 종이봉투 속에 신문지 등을 구겨 넣어 종이 공으로 차볼 수 있다.

누리과정 관련 내용

- 신체운동 · 건강〉신체활동 즐기기〉기초적인 이동운동, 제자리 운동, 도구를 이용한 운동을 한다.
- 신체운동 · 건강〉신체활동 즐기기〉신체 움직임을 조절한다.

8 미니 운동회

유아들의 놀이 들여다보기

가족운동회를 앞두고 바깥놀이에서 50M 달리기를 하고 있다.

"달리기 시작!"
"나 몇 초에요?... 12초..으으윽"
"그럼 나는요? 19초? 앗싸! 내가 더 많아. 내가 이겼다"

연계한 놀이

놀이명	미니 운동회
놀이자료	과자 따먹기(포장용 끈, 무명실, 링 과자, 탬버린), 사탕 먹기(사탕, 밀가루, 접시 2, 책상), 줄, 5cm 너비의 고무줄

놀이 확장을 위한 상호작용

- 우리 반끼리 미니 운동회를 하자고 했는데, 어떤 경기로 하지?
- 먹는 것으로? 과자 따먹기 게임을 하기 위해서는 어떻게 세팅을 하면 좋을까? 어떻게 매달지? 포장용 끈에 실로 묶은 과자를 매달아서 두 명이 잡는다고?
- 몇 명이 과자 따먹기 하면 좋을까? 어떻게 과자를 따먹고 오기로 할까? 두 명 또는 네 명이 달려가 손을 사용하지 않고 몸을 구부려 입으로만 과자를 먹고 돌아오는 걸로?
- 키가 작은 친구가 있다면 어떻게 도와줄까?
- 사탕 먹기 게임을 위해서는 어떻게 세팅을 하면 좋을까?
- 어떤 방법으로 사탕 먹는 걸로 할까? 양 팀에서 한 명씩 나와 빨리 달려가 손을 사용하지 않은 채 접시 위의 사탕 한 개를 입에 넣는 걸로?
- 줄다리기 팀은 어떻게 나눌까? 몇 명씩?
- 줄의 양쪽에 한 팀씩 줄을 잡고 앉아볼까?

- '시작' 신호는 누가 하기로 할까? 심판? 심판은 어떤 일을 하면 좋을까?
- 함께 줄을 당길 때 밀려 넘어지지 않으려면 어떻게 해야 할까?
- 달리기 선수들은 어디에서 뛰는 것으로 할까?
- 출발선 표시는 무엇으로 할까? '시작' 신호는 누가 할까?
- 도착점은 무엇으로 표시할까? 누가 이겼다고 할까?
- 미니 운동회에 더 추가하고 싶은 운동이 있니?

놀이 경험의 의미

- 빠른 속도로 뛰어가서 몸을 구부려 음식을 입에 넣을 수 있다.
- 여러 명이 힘을 모아 줄을 당김으로써 협동심을 기른다.

⇒ 혼합연령으로 두 팀으로 나누어 응원과 게임을 할 수도 있다.

누리과정 관련 내용

- 신체운동 · 건강〉신체활동 즐기기〉기초적인 이동운동, 제자리 운동, 도구를 이용한 운동을 한다.
- 사회관계〉더불어 생활하기〉친구와 서로 도우며 사이좋게 지낸다.

9 팽이놀이

유아들의 놀이 들여다보기

세 명의 유아가 팽이 놀이를 하고 있다.

"이것봐! 색깔이 변했어"
"내 건 천천히 오랫동안 도는 팽이야"
"내 팽이가 더 잘 돌아가지? 딱지에 눈알 붙여도 엄청 잘 돌아가는데"

연계한 놀이

놀이명	팽이놀이
놀이자료	팽이

놀이 확장을 위한 상호작용

- 팽이놀이를 오늘도 하고 있구나
- 팽이놀이를 위해 어떤 놀잇감이 더 필요하니?
- 어디서 팽이를 돌리면 너희들이 더욱 편할까?
- 팽이가 더 오래 돌게 하려면 어떻게 해야 하니?
- 더 튼튼한 팽이를 만들어보려면 어떻게 하면 좋을까?
- 팽이에 무슨 색들을 입혔니? 팽이가 돌면 무슨 색으로 보일까?

놀이 경험의 의미

- 팽이가 오래 돌 수 있게 힘 조절을 잘 할 수 있다.
- 팽이 위의 색이 회전하면서 색의 혼합을 경험할 수 있다.

⇒ 팽이 재질이나 크기, 바닥면을 달리하여 돌려볼 수도 있다.

누리과정 관련 내용

- 신체운동 · 건강〉신체활동 즐기기〉기초적인 이동운동, 제자리 운동, 도구를 이용한 운동을 한다.
- 자연탐구〉생활 속에서 탐구하기〉물체의 특성과 변화를 여러 가지 방법으로 탐색한다.

4 모래·물놀이

1 빨래하기

유아들의 놀이 들여다보기

역할놀이영역에서 가족놀이 하다가 아가 돌보며 이야기하고 있다.

"아가야. 쉬~ 했구나. 기저귀가 젖었네"
"엄마, 아가 옷도 젖었어요. 빨아줘야겠어요"
"아가 옷 갈아입혀주고 빨래 해야겠다"

연계한 놀이

놀이명	빨래하기
놀이자료	책상, 방수 앞치마, 빨래판, 대야 2, 빨래비누, 비누통, 소형 빨래걸이, 집게, 작은 빨랫감(양말, 손수건, 인형 옷 등), 손수건, 마른 걸레

놀이 확장을 위한 상호작용

- 어디에서 빨래를 하고 빨랫감을 말려야 할까? 개수대 근처에...? 어떻게 책상을 세팅해야 빨래할 때 편할까?
- 빨래하는 순서는?
- 옷이 젖지 않으려면? 방수 앞치마...
- □□도 빨래를 하고 싶다고 하네! 대야를 하나 더 갖다 주어야겠구나!

• 여기 도구들을 어떻게 사용할까? 비누칠을 하고 빨랫감을 비빈다.
• 몇 번 헹궈야 비누가 다 빠질까? 헹군 뒤에 물기를 쉽게 짜는 방법은?
• 바닥에 뿌려져 있는 물을 치우는 방법은?
• 다 빤 빨랫감을 어디에 널어야할까?

놀이 경험의 의미

• 빨래를 통하여 대 · 소근육의 발달을 돕는다.
• 빨래를 통하여 주변을 깨끗이 하는 습관을 기른다.

⇒ 장난감 인형 목욕시키기, 장난감 씻어주기도 할 수 있다.

누리과정 관련 내용

• 신체운동 · 건강〉신체활동 즐기기〉신체 움직임을 조절한다.
• 신체운동 · 건강〉건강하게 생활하기〉자신의 몸과 주변을 깨끗이 한다.

2 물 풍선 터뜨리기

유아들의 놀이 들여다보기

바깥놀이터 수조에서 여러 가지 놀잇감에 물을 담았다가 부으며 놀이하고 있다.

"풍선에 물을 넣으니까 큰 물방울 같다"
"만져봐. 출렁출렁거려"
"앗. 미끄러워. 물이 다 빠졌다."
"선생님~ 풍선 묶어주세요"

연계한 놀이

놀이명	물 풍선 터뜨리기
놀이자료	물 풍선, 통, 스티커, 수조, 여러 가지 놀잇감, 큰 바구니

놀이 확장을 위한 상호작용

- 풍선을 묶고 싶은 사람이 더 있니?
- ○○는 손 위에 물 풍선을 놓고 튕기고 있구나! 굴러서 터졌다!
- 물 풍선으로 어떻게도 놀 수 있을까?
- 물 풍선이 터지려면 어떻게 던져야 할까?
- 출발선을 어디로 할까? 출발선을 다르게 할 수 있을까?
- 한 번에 몇 명이 던질까? 순서는 어떻게 정할 거니?
- 물 풍선을 성공적으로 터뜨린 친구에겐 어떻게 표시해줄까? 스티커를 붙여줘?
- 물 풍선을 터뜨리기 좋은 곳은 어디일까? 물 풍선은 어디에 담아둘까?

놀이 경험의 의미

- 목표물을 향해 물 풍선을 던진다.
- 물 풍선이 터지는 장면을 관찰함으로써 성취감을 느낀다.

⇒ 목표 지점에 과녁을 걸어 점수를 매겨도 좋다. 어린이날 축하잔치를 할 때 실외놀이에서 할 수 있다.

누리과정 관련 내용

- 신체운동 · 건강〉신체활동 즐기기〉신체 움직임을 조절한다.

3 물로 벽에 그림을 그려요

유아들의 놀이 들여다보기

바깥놀이터에 있는 수조에서 물을 담아 물총놀이를 하다가 벽에 물을 쏘고 있다.

"난 물총으로 쏴야지. 난 멀리 간다"
"스프레이도 있다! 난 이걸로 그려봐야지"
"너 저리로 가서 그려. 내 거랑 합쳐져서 안 보여"
"금세 마르네"

연계한 놀이

놀이명	물로 벽에 그림을 그려요
놀이자료	물, 스프레이, 물총, 빈 마요네즈나 케첩 용기, 굵은 붓(페인트용 넓적한 붓), 스펀지 막대기, 사진기

놀이 확장을 위한 상호작용

- ○○가 바깥놀이터에서 물놀이 하고 싶다고 했는데, 바깥놀이터 흰 벽에 물 그림을 그려봐도 좋겠어.
- 무엇으로 물 그림을 그리면 좋지? 물총? 스프레이?(또는 빈 케첩 용기)
- 굵은 붓으로 벽에 그림을 그려봐도 좋겠다.
- 물로 그린 그림이 점점 어떻게 되는지 봐봐. 내 그림을 남기려면 어떻게 하면 좋을까?
- 사진 촬영이 필요한 사람은 말해주렴.
- 또 어떤 도구로도 물 그림을 그려보면 좋을까? 나무젓가락 사이에 스펀지를 끼운 도구..

- 물로 벽에 그림을 그릴 때 어떻게 하면 좀 더 편하게 할 수 있을까? 더 놓아줄 자료가 있을까?

놀이 경험의 의미

- 물의 증발과 햇빛의 관계를 이해한다.
- 다양한 그림도구를 이용하여 자유롭게 물로 그림을 그린다.

⇒ 기온이 높은 날, 수영복 차림으로 물총과 호스로 쏘는 놀이를 할 수 있다. 바깥놀이터 벽에 켄트지 전지를 3장 연결하여 붙인 후, 그 위에 여러 색의 미농지를 찢어 붙여 스프레이로 물을 뿌려 색 혼합 놀이도 할 수 있다.

누리과정 관련 내용

- 예술경험〉창의적으로 표현하기〉다양한 미술 재료와 도구로 자신의 생각과 느낌을 표현한다.
- 자연탐구〉자연과 더불어 살기〉날씨와 계절의 변화를 생활과 관련짓는다.

4 낚시놀이

유아들의 놀이 들여다보기

자기가 그린 물고기 그림을 서로 보여주며 설명하고 있다.

"무지개 물고기보다 더 예쁘지?"
"너 몇 마리 그렸어?"
"여기 통에 담으니까 낚시 통 같다"

연계한 놀이

놀이명	낚시놀이
놀이자료	모형 고기, 아이들이 그린 물고기 코팅그림, 낚시용 의자 2, 끝에 자석 달린 낚싯대 2, 수조, 물고기 통, 모래시계

놀이 확장을 위한 상호작용

- □□가 물고기 그림으로 낚시하고 싶다고 해서 코팅했어. 여기 모형 고기들과 함께 어떻게 놀이하면 재미있을까?
- 낚시 놀이 세팅을 어떻게 할까?
- 몇 명이서 할까?
- 시합하는 놀이로도 해보자고? 얼마 동안 고기를 잡을까? 무엇으로 시간을 재어보면 좋을까? 모래시계...
- 시작 신호는 누가 하기로 할까?
- 모형 고기는 어디로 두기로 할까? 반환점에? 수조 속에 모형 고기를 넣어둔다고?
- 또 방법을 바꿔? 두 명이 동시에 뛰어가서 어떻게 낚시 게임을 하기로 할까?

놀이 경험의 의미

- 낚시도구로 힘을 조절하여 물고기를 잡아본다.
- 유아들이 스스로 놀이방법을 정하여 물속의 모형 고기를 낚시한다.

⇒ 낚시놀이를 할 수 있는 도구를 다양하게 할 수 있다.

누리과정 관련 내용

- 신체운동 · 건강〉신체활동 즐기기〉기초적인 이동운동, 제자리 운동, 도구를 이용한 운동을 한다.
- 사회관계〉더불어 생활하기〉친구와 서로 도우며 사이좋게 지낸다.

5 계란 판에 모래 담기

유아들의 놀이 들여다보기

모래놀이영역에 3~4명의 유아가 둘러앉아 모래놀이도구로 모래를 파고 있다.

"이 통에 담자. 공사를 해야 해"
"여기 위에 모래 떡 올려놔. 모래 케이크도 만들어야지"
"물을 조금 뿌려. 물 갖고 와! 공사!"

연계한 놀이

놀이명	계란 판에 모래 담기
놀이자료	계란 판, 모래놀이기구, 깔때기, 물 조리개, 물

놀이 확장을 위한 상호작용

- 계란 판에 마른 모래를 어떤 도구로 담아줄까?
- 마른 모래에 물을 부으면 어떻게 될까?
- □□는 젖은 모래를 담아서 엎었네!
- 젖은 모래는 어떤 느낌이니? 마른 모래와 어떤 점이 달라?
- 젖은 모래를 부은 계란판과 마른 모래를 담은 계란 판을 들어 무게를 비교해 봐도 좋겠어.
- 계란 판을 다르게도 사용해보면 어때? 여러 장으로 겹쳐서?

놀이 경험의 의미

- 도구를 활용하여 모래를 담아본다.
- 마른 모래와 젖은 모래의 차이점을 안다.

⇒ 요리용 틀(예: 하트, 별, 차, 나무 등)에 젖은 모래를 꾹꾹 채워 담은 후 엎어 모양을 만들어 볼 수 있다. 아이스크림 푸는 스쿱(scoop)으로 모래를 퍼서 플라스틱 컵에 담아 아이스크림 놀이도 할 수 있다. 젖은 모래를 동그랗게 빚으며 떡 놀이도 할 수 있다.

누리과정 관련 내용

- 자연탐구〉생활 속에서 탐구하기〉물체의 특성과 변화를 여러 가지 방법으로 탐색한다.

6 물 뿌리개

유아들의 놀이 들여다보기

미술놀이에서 만든 페트병 물 뿌리개를 바깥놀이터에 들고 나왔다.

"구멍 다섯 개 뚫어줘요. 여기…요기..여기에요"
"난 밑에만 다섯 개 뚫어줘요"
"텃밭에 물 줘야지"
"난 그냥 흙에 뿌려줄 거야. 미세먼지 없어지라고"
"와~ 빙글빙글 돌려봐. 물이 춤춰"
"분수 같다"

연계한 놀이

놀이명	물 뿌리개
놀이자료	밑 부분을 자른 1.5L 페트병(뚜껑 포함), 끈, 유성매직, 송곳, 수조

놀이 확장을 위한 상호작용

- 1.5L 페트병에 유성매직으로 어떻게 꾸며준 거니?
- 유아가 원하는 곳에 송곳으로 구멍을 뚫어줄 수 있단다. 페트병의 어느 곳에 구멍을 뚫길 원하니?
- 바깥놀이터 어느 곳에다 물을 줄까?
- 수조에 가서 물을 담을까?
- 페트병에 뚫은 구멍에서 물줄기가 어떻게 뿜어져 나오는지 보겠니?
- 구멍을 더 뚫고 싶은 사람은 더 뚫어도 된단다.

놀이 경험의 의미

- 물을 그릇에 담고 뿌리는 놀이를 통하여 물의 특성을 이해한다.
- 페트병의 구멍 위치와 물이 뿜어져 나오는 거리와의 관계를 인식한다.

⇒ 페트병에 스킨이나 고구마를 키울 수 있다.

누리과정 관련 내용

- 자연탐구〉생활 속에서 탐구하기〉물체의 특성과 변화를 여러 가지 방법으로 탐색한다.
- 자연탐구〉생활 속에서 탐구하기〉일상에서 길이, 무게 등의 속성을 비교한다.

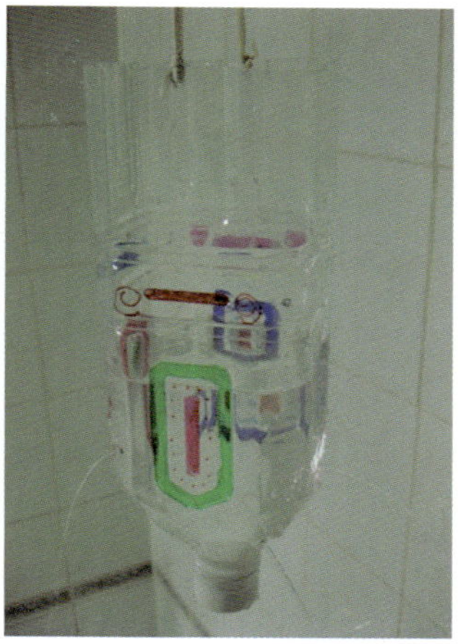

7 색모래 만들기

유아들의 놀이 들여다보기

미술놀이영역에서 파스텔로 색칠하고 있다.

"파스텔이 너무 작아졌다"
"작은 조각으로 뭘 하지?"
"여기 통에 조각을 모으자"

연계한 놀이

놀이명	색모래 만들기
놀이자료	채, 모래, 용기, 파스텔 가루, 절구, 아이스크림 숟가락, 지퍼 백(또는 작은 비닐 봉투)

놀이 확장을 위한 상호작용

- 파스텔 조각들을 모아놨네. 이 조각들로 무엇을 하면 좋을까?
- 너희들이 좋아하는 미술영역 재료 중에서 무얼 만들면 좋을까?
- 색 모래를 만들 때 이걸 어떻게 사용하면 좋을까?
- 고운 모래를 모으려면 어떻게 할까? 모래를 채에 몇 번을 거를까?
- 모래와 파스텔 가루가 섞이려면 어떻게 해줄까?
- 모은 고운 모래를 어디에 담을까? 지퍼백..
- 어떤 색의 파스텔 가루를 좋아하니? 몇 숟가락을 넣어줄 거니?
- 완성된 색 모래를 어디에 보관할까? 어떤 놀이할 때 이 가루를 사용하면 재미있을까?

놀이 경험의 의미

- 채로 모래를 걸러보고 모래의 입자를 비교할 수 있다.
- 고운 모래와 파스텔 가루를 섞어 원하는 색의 모래를 즐겁게 만든다.

⇒ '색모래 그림'으로 연계해도 좋다.

누리과정 관련 내용

- 예술경험〉아름다움 찾아보기〉예술적 요소에 관심을 갖고 찾아본다.
- 자연탐구〉생활 속에서 탐구하기〉물체의 특성과 변화를 여러 가지 방법으로 탐색한다.

연습문제

1. 유아교육기관에 비치된 다양한 블록으로 쌓기놀이를 해보세요. 그리고 자신 또는 동료와 함께 만든 결과물을 사진 찍어 보시오.

2. 네 명이 한 모둠이 되어 놀이 상황을 기술한 후 그에 따른 쌓기놀이의 실제 계획안을 작성해 보시오. 모의수업을 해본 후, 주변의 유아교육기관을 방문하여 쌓기놀이 영역에서 유아들에게 실제로 적용해 보시오.

3. 한 모둠 당 여덟 명으로 구성하여 모의수업실의 역할놀이 영역에 역할놀이 소품을 세팅한 후 놀이지원하는 모의수업을 하고, 피드백해 보시오.

4. 7장의 운동놀이를 직접 해보고, 3~5세에게 알맞은 운동놀이를 한 가지씩 개발해 보시오.

5. 온라인상에서 교재 · 교구 사이트를 검색하여 쌓기놀이, 역할놀이, 운동놀이, 물 · 모래놀이별로 자료를 목록화해 보시오.

찾아보기

〈인명〉

〈내용〉

❊ ㄱ

저자 소개

박찬옥

중앙대학교 유아교육과 명예교수
전, 중앙대학교 사범대학 부속 유치원 원장

〈주요 저서〉
유아교사를 위한 논리 창의교육(2010, 정민사)
유치원 다닐 때 꼭 알아야 할 65가지(2011, 애플비)
보육학개론(2012, 정민사)
유아사회교육(2013, 양성원)
영유아 안전관리와 안전교육(2018, 파워북)
유아교육과정(2020, 정민사)

정남미

숭의여자대학교 유아교육과 교수
숭의여자대학교 부설 유치원 원장

〈주요 저서〉
문학적 접근에 의한 통합적 유아교육프로그램(2000, 정민사)
영유아의 개념형성을 돕는 총체적 언어교육 프로그램(2006, 정민사)
영유아를 위한 그림책과 놀이지도(2009, 창지사)
유아리더십교육의 이론과 실제(2009, 창지사)
유아교육실습(2015, 정민사)
유아언어교육(2020, 창지사)

곽현주

배화여자대학교 유아교육과 교수
전, 배화여자대학교 부속 배화유치원 원장

〈주요 저서〉
바른 인성 함양을 돕는 동요(2013, 정민사)
아동음악(2019, 정민사)
특수아동의 이해와 실제(2022, 양성원)
유아교육과정(2020, 정민사)
6주 보육실습(2020, 양성원)

2019 개정 누리과정에 기초한 영유아 놀이지원

놀이지도 [개정판]

1판 1쇄 발행 — 2020년 2월 25일
2판 1쇄 발행 — 2023년 1월 31일
2판 3쇄 발행 — 2025년 1월 31일

저 자 – 박찬옥 정남미 곽현주
발 행 인 – 강철원
발 행 처 – 양성원
주 소 – 경기도 파주시 검산로 173번길 29-12
전 화 – 031-946-3861(代)
팩 스 – 031-946-3864
이 메 일 – tnwpub@naver.com
홈페이지 – tnwpub.co.kr
출판등록 – 2015년 8월 31일 제2015-000211호

ISBN 979-11-6126-501-8

정가 23,000원